U0786940

“十二五”普通高等教育本科国家级规划教材

南开大学数学教学丛书

实变函数

(第三版)

周性伟　孙文昌　编著

科学出版社

北京

内 容 简 介

本书是作者在多年教学经验的基础上撰写的一部实变函数教材，第二版在第一版使用9年的基础上作了修订，第三版特别增加了部分习题参考答案与提示. 本书内容包括：集合与实数集、Lebesgue 测度、可测函数、Lebesgue 积分、微分和积分、L^p 空间. 每章后均附习题与例题，以便于读者学习和掌握实变函数论的基础知识.

本书可供高等院校数学类各专业本科生、研究生阅读，也可供其他有关学科教师和科研人员参考.

图书在版编目（CIP）数据

实变函数/周性伟，孙文昌编著. —3 版. —北京：科学出版社，2014. 4
（“十二五”普通高等教育本科国家级规划教材 · 南开大学数学教学丛书）
ISBN 978-7-03-040451-0

Ⅰ. ①实… Ⅱ. ①周… ②孙… Ⅲ. ①实变函数–高等学校–教材
Ⅳ. ①O174.1

中国版本图书馆 CIP 数据核字 (2014) 第 078051 号

责任编辑：王　静／责任校对：宣　慧
责任印制：吴兆东／封面设计：陈　敬

科学出版社 出版
北京东黄城根北街 16 号
邮政编码：100717
http://www.sciencep.com
北京中石油彩色印刷有限责任公司印刷
科学出版社发行　各地新华书店经销
*
1998 年 9 月第　一　版　开本: 720 × 1000　B5
2007 年 1 月第　二　版　印张: 12
2014 年 5 月第　三　版　字数: 241 000
2025 年 1 月第二十八次印刷
定价：35. 00 元
（如有印装质量问题，我社负责调换）

丛书第三版序

《南开大学数学教学丛书》于 1998 年在科学出版社出版, 2007 年出版第二版, 整套丛书列入 "普通高等教育 '十一五' 国家级规划教材" 中. 又过去几年了, 整套丛书又被列入 "'十二五' 普通高等教育本科国家级规划教材" 中. 这些都表明本丛书得到了使用者、读者以及南开大学, 特别是科学出版社的有效支持与帮助, 我们特向他们表示衷心的感谢!

我们曾被问及这套丛书的主编, 编委会是哪些人. 这套丛书虽然没有通常意义上的主编和编委会, 但是有一位 "精神主编": 陈省身先生. 中国改革开放后, 年事已高的陈省身先生回到祖国, 为将中国建设成数学大国、数学强国奋斗不息. 他这种崇高的精神感召我们在他创建的南开大学数学试点班的教学中尽我们的力量. 这套丛书就是我们努力的记录和见证.

陈省身先生在《庄子显灵记》一书的序中提到, 他在爱因斯坦书房的书架上看到一本德译本老子的《道德经》.《道德经》第一句话说: "道可道, 无常道." 道总是在发展着的. 我们曾说: "更高兴地期待明天它 (《南开大学数学教学丛书》) 被更新、被更好的教材取而代之." 当然这需要进行必要的改革.《道德经》还说: "治大国若烹小鲜." 就是说要改革, 但不能瞎折腾.

我们虽已年过古稀 (有一位未到古稀但也逾花甲), 但仍想为建设数学强国出一点力, 因此推出这套丛书的第三版. 同时也藉此感谢支持帮助过我们的诸位! 陈省身先生离开我们快十周年了, 我们也藉此表示对陈省身先生的深切怀念!

全体编著者

2013 年 9 月于南开大学

丛书第一版序

海内外炎黄子孙都盼望中国早日成为数学大国，也就是"实现中国数学的平等和独立"①. 平等和独立是由中国出类拔萃的数学家及其杰出的研究工作来体现的，要有出类拔萃的数学家就要培养一批优秀的研究生、大学生. 这批人不在多，而在精，要层次高. 也就是要求他们热爱数学、基础扎实、知识面广、能力强.

20 世纪 80 年代中期，国家采纳了陈省身先生的几个建议. 建议之一是为培养高质量的数学专业的大学生，需要建立数学专业的试点班. 经过胡国定先生等的努力，1986 年在南开建立了数学专业的试点班. 这些做法取得了成功，并在基础学科的教学中有了推广. 1990 年在全国建立"国家理科基础学科研究和教学人才培养基地"，南开数学专业成为基地之一. 从 1986 年到现在的 10 余年中南开数学专业是有成绩的，如他们 4 次参加全国大学生数学竞赛获 3 次团体第一，一次团体第三. 在全国和国际大学生数学建模比赛中均获一等奖. 毕业生中的百分之八十继续攻读研究生，其中许多人取得了很好的成绩.

当然，我们能取得这些成绩，是与陈省身先生的指导、帮助分不开的，是与国内外同行们的支持与帮助分不开的. 他们或参与教学计划、课程设置、课程内容的制订，或到南开任教等. 有了这些指导、帮助与支持，南开基础数学专业得以广泛吸收国内外先进的数学教学经验，并以此为基础对数学教学进行了许多改革、创新.

这套丛书是南开大学的部分教材，编著者们长期在南开数学专业任教，不断地把自己的心得体会融合到基础知识和基本理论的讲述中去，日积月累地形成了这套教材. 所以可以说这些教材不是"编"出来的，而是在长期教学中"教"出来的，"改"出来的，凝聚了我们的一点心血. 这些教材的共同点，也是我们教学所遵循的共同点是：首先要加强基础知识、基础理论和基本方法的教学；同时又要适当地开拓知识面，尤其注意反映学科前沿的成就、观点和方法；教学的目的是提高学生的能力，因此配置的习题中多数是为了巩固知识和训练基本方法，也有一点习题是为训练学生解题技巧与钻研数学的能力.

我们要感谢科学出版社主动提出将这套教材出版. 这对编著者是件大好事. 编著者虽然尽了很大努力，一则由于编著者的水平所限，二则数学的教育和所有学科的教育一样是在不断发展之中，因此这套教材中的缺欠和不足肯定存在. 我们恳请

① 陈省身：在"二十一世纪中国数学展望"学术讨论会开幕式上的讲话.

各位同行不吝指正, 从而使编著者更明确了解教材及教学中的短长, 进而扬长避短, 改进我们的教学. 同时通过这套教材也可向同行们介绍南开的经验教训以供他们参考, 或许有益于他们的工作.

我们再次感谢帮助过南开的前辈、同行们, 同时也希望能继续得到他们的帮助. 办好南开的数学专业, 办好所有学校的数学专业, 把中国数学搞上去. 使中国成为数学大国是我们的共同愿望! 这个愿望一定能实现!

全体编著者

1998 年 6 月于南开大学

第三版前言

这本实变函数书的第三版与前两版主要的不同是附上了该书大部分习题参考解答与提示. 自 1998 年第一版出版以后, 著者收到的读者关于这本书的意见或问题, 集中在每章之后的习题上: 或者询问某题怎么做; 或者干脆希望有一本该书习题的解答集. 现在第三版的这种变动可以说是顺应了读者的要求. 著者真诚希望这能使读者对实变函数知识的掌握与能力的提高起到积极的作用!

和《南开大学数学教学丛书》中其他图书一样, 本书自第一版起, 就得到科学出版社的大力支持和帮助. 对科学出版社相关的广大工作者, 特别是编辑们长期付出的默默无闻的辛勤劳动, 在此表示衷心的感谢!

周性伟

2014 年 4 月 10 日

第二版前言

这本实变函数书是南开大学数学基地班众多教材中的一本, 是为该班第四学期实变函数课编写的. 1998 年 9 月作为丛书之一, 由科学出版社出版了第一版. 到 2005 年 10 月总共印刷了 8 次, 总计 23300 册, 其中仅在第二次印刷时对个别字符作了修改. 应该说这确实是一本 "教材", 因为本书百分之九十以上的内容就是该门课实际讲授的内容.

实变函数是数学分析的继续、深化和推广, 是一门培养学生数学素质的重要课程. 事实上实变函数中那些表面上看似抽象、陌生的概念和结论, 都与学生的已有知识有着密切的关系. 如果能够把学生已有的那些直观的、浅层的、特殊的知识提出来, 然后和学生一起讨论, 如何把那些浅层的知识深化, 把那些特殊的知识一般化, 那么学生不仅能把实变函数中那些新的概念和结论掌握的更好, 而且可以窥见科学研究的一般方法: 从特殊到一般, 从具体到抽象, 由表及里地从已知探寻出新的现象及其规律.

自本书第一版出版以来, 作者收到众多读者, 特别是兄弟院校教师的来信, 对本书提出了不少评论和建议, 也提出了不少问题. 下面仅就本书前 4 章中的主要概念谈谈作者的一些想法和实际教学中的一些做法.

第 1 章中 "基数" 是一个崭新的概念. 学生都知道有两种方法比较两个有限集中元素的多少. 一种方法是把每一有限集中的元素计算出来, 然后再比较. 而另一种方法是按某种法则把这两个有限集的元素对应起来再比较. 后一种方法的一个典型例子是比较一个教室中的学生和椅子哪一个多. 对此问题, 相信所有学生都会按第二种方法来回答, 即鉴于学生和椅子是一一对应的, 所以如果没有空椅子, 说明两者一样多; 有空椅子, 说明椅子多! 正是这种对应的方法, 可以用来推广比较两个无限集中元素的多少. 此时可以完全不管学生如何理解 "一个无限集中有多少元素" 这个概念, 而是可以直接问 "直角边和斜边中的点哪个多"、"不同半径圆周上的点哪个多"、"长为 1 的线段和长为 2 的线段中的点哪个多" 等问题. 相信此时大多数学生稍加思索, 都会仿照上述对应方法给出一种答案: 一样多! 但同时他们又会有所疑惑: 区间 $[0,2]$ 中的点明显地比区间 $[0,1]$ 中的点多, 怎么它们又一样 "多" 呢? 学习的兴趣由此产生! 如果再问 "正方形一条边上的点与正方形内部的点哪个多?" 所有学生大概都会茫然. 从而促使他们去思考, 去研究. 在这种蒙蒙然、似是而非的背景下, 教师可以和学生一起讨论如何合理地定义两个集合中的元素一样多 (即有相同的基数). 此时相信绝大部分学生会对 "基数" 有深刻的印象.

第 2 章的主题是 Lebesgue 测度. 首先要强调测度是通常区间的长度、长方形面积、长方体体积等的推广. 这种推广有两个不可分割的方面: 一方面是期望对更大一类集族中的每一个集赋予一个 "测度"; 另一方面, 这个赋予了测度以后的集族应满足一些法则, 而这些法则同样是我们通常已认可的一些法则的推广. 例如平面上一个由有限个两两不相交有面积的图形构成的集合, 它也应该有面积, 而且其面积就是所有单个面积的和, 这通常称为 "有限可加法". 这个已经认可的法则的推广无非是把 "有限" 变成 "可数", 于是就要求测度有 "可数可加性". 此外在一维情形, 由于实线上的开集是至多可数个两两不相交的开区间 (即构成区间) 的并, 所以用这些开区间的长度之和来定义该开集的测度是极其自然的. 这样, 假若学生对下确界有较好的掌握, 那么外测度的定义也会是一件比较自然而且容易理解的事.

可测集与开集和闭集 "差不多", 是本章中需要强调的另一点, 也是实变函数中第一个 "差不多". 如果学生对外测度的定义有较好的了解, 那么对这个 "差不多" 的精确含义就容易理解 (定理 2.5.1). "差不多" 这种形象的说法不仅对学生的记忆有帮助, 而且通过在本章及后面章节中的多次运用, 学生会对下列方法有深刻印象: 一个涉及可测集的命题, 经常可以先假设这个可测集是开集或闭集, 看看这个命题是否成立. 然后通过这个 "差不多", 再研究该命题对一般可测集是否成立.

第 3 章的主题是 Lebesgue 可测函数. 这里的定义是遵照传统的方法. 但介绍完定义后, 应特别介绍简单函数和连续函数这两类可测函数. 因为一方面它们容易理解 (如简单函数) 或者早已熟悉 (如连续函数), 另一方面任何一个可测函数正恰是一列简单函数逐点收敛的极限 (定理 3.2.1), 同时也是一列连续函数几乎处处收敛的极限 (定理 3.3.3 及该章习题 16). 这样就产生了实变函数中的第二个 "差不多", 即可测函数与简单函数和连续函数是 "差不多" 的. 与第一个 "差不多" 类似, 通过本章及后面章节中对第二个 "差不多" 的多次应用, 学生会对下列方法有深刻的印象: 一个涉及可测函数的命题, 经常可以先假设这个可测函数是简单函数或连续函数, 看看命题是否成立. 然后根据这第二个 "差不多", 再研究该命题对一般可测函数是否成立.

第 4 章的主题是 Lebesgue (L) 积分. 学生已经熟悉 Riemann (R) 积分. 因此在讲授这一章的过程中, 非常重要的一点是要使学生明了: 两种积分是对同一事物的两种不同的处理方式! 鉴于简单函数的 L 积分是整个 L 积分定义的基础, 所以容易列举一些日常生活中的例子来说明两种积分的差别. 例如: 有人背着一麻袋硬币到银行去兑换成纸币. 假设有 10000 枚硬币, 每一硬币的面值为 $\lambda_1 = 1$ 元, $\lambda_2 = 0.5$ 元, $\lambda_3 = 0.1$ 元, $\lambda_4 = 0.05$ 元, $\lambda_5 = 0.02$ 元及 $\lambda_6 = 0.01$ 元这 6 种币值中的某一个. 银行工作人员需要计算它们的总币值. 这里有两种方法. 一种方法是把一个个硬币的币值逐个相加; 另一种方法是把所有这些硬币按币值分成 6 类, 用乘法计算每一类的总币值, 然后相加.

解决上述例子中问题的方法一般中学生都知道. 而讲授这一章, 就是要使学生明了, 这第一种方法就是 R 积分, 第二种方法就是 L 积分. 事实上若在区间 $[0,10000]$ 上定义函数 $f(x)$ 如下: 对每一整数 $n, 1 \leqslant n \leqslant 10000$, $f(x)$ 在区间 $[n-1,n)$ 上是常数, 该常数是上述 6 种币值中的某一个. 此时求总币值就是求这个简单函数 $f(x)$ 的积分, 几何上就是求 10000 个长方形的面积之和. 此时上述第一种方法对应的是 R 积分中的和 $\sum\limits_{n=1}^{10000} f(n)[(n+1)-n] = \sum\limits_{n=1}^{10000} f(n)$, 而第二种方法就是 L 积分中的和 $\sum\limits_{i=1}^{6} \lambda_i m\{f=\lambda_i\}$, 其中 $m\{f=\lambda_i\}$ 是区间 $[0,10000]$ 中使 $f(x)=\lambda_i$ 的 x 全体的测度, 其值就是币值为 λ_i 的硬币的个数.

上述问题虽然非常特殊, 只需求和, 不需要求极限, 但由求解这个特殊问题的两种不同方法一般化后引导出的两种积分, 其差别正是在求和的方法上. 通常总认为 R 积分有很强的几何意义, 直观, 好理解. 而实际上 L 积分同样直观, 甚至在某些场合更便于应用. 难道银行工作人员不是用 L 积分来计算总币值的吗?

上面这些想法和做法只能说是作者教学中的一些体会, 不尽正确.

读者看到, 与同类书相比, 本书较为简明. 但在实际讲授中如何再适当补充, 使学生不仅看到实变函数这门课的骨架, 而且看到这是一个有丰富内容, 充满哲理的知识体, 是一个既有趣, 也值得为之付出的课题. 作者希望这本教材和它众多不附解答的习题能给广大读者一个再创造的空间. 作者也衷心希望与兄弟院校广大教师一起探讨, 共同为不断提高实变函数课的教学效果而努力!

最后作者衷心感谢科学出版社的编辑在本书两版出版过程中认真细致的工作, 衷心感谢孙文昌教授打印了本书第一版, 衷心感谢我的学生在第一版的基础上打印了本书第二版. 没有他们的辛勤劳动, 本书的出版是不可能的.

周性伟

目　　录

第 1 章　集合与实数集

本章可以看成是一个预备篇, 介绍集合论中一些最基本的概念和性质.

1.1　集合及其运算

设 X 是一个集合, 若 x 是 X 中一个元, 则我们记

$$x \in X,$$

并称 x **属于** X 或 X **包含** x; 若 x 不是 X 中的元, 则记

$$x \notin X.$$

不包含任何元素的集合称为**空集**, 记为 $\varnothing$.

以后, $\mathbf{R}$ 表示实数全体.

若一个集合只含一个元素 x, 则该集称为**单元素集**, 并记为 $\{x\}$. 类似地, $\{x_1, x_2, \cdots, x_n\}$ 表示含元素 $x_1, x_2, \cdots, x_n$ 的集. 为简单计, 这样的集也可写成 $\{x_k\}_{1\leqslant k\leqslant n}$.

若对集 X 中每一元素 x, 有一个命题 $P(x)$ 与之对应, 则记号 $\{x \in X : P(x)\}$ 表示 X 中使命题 $P(x)$ 成立的一切元素 x 所构成的集.

例如对每一 $x \in \mathbf{R}$, 令 $P(x)$ 表示命题 "$0 < x < 1$", 则 $\{x \in \mathbf{R} : P(x)\}$ 就是开区间 $(0, 1)$.

设 A 和 B 是两个集. 若 A 中所有元素同时也是 B 的元素, 则我们称 A 是 B 的**子集**, 记为

$$A \subset B.$$

若 $A \subset B$ 同时 $B \subset A$, 则我们称 A 和 B **相等**, 记为

$$A = B.$$

我们规定, 空集 $\varnothing$ 是任一集合的子集.

下面的定理是显而易见的, 其证明留作习题.

定理 1.1.1　(i) 对任何集合 A 有 $A \subset A$;

(ii) 若对集合 A, B 和 C 有 $A \subset B$, $B \subset C$, 则 $A \subset C$.

设 X 是一个集合, A 和 B 都是 X 的子集. 我们来定义下面几种运算.

并: 由 A 中所有元与 B 中所有元汇合在一起构成的集称为 A 和 B 的并, 记成 $A\bigcup B$, 即

$$A\bigcup B=\{x:x\in A\text{ 或 }x\in B\}.$$

交: 既属于 A 又属于 B 的所有元构成的集称为 A 和 B 的交, 记成 $A\bigcap B$, 即

$$A\bigcap B=\{x:x\in A\text{ 且 }x\in B\}.$$

差: 属于 A 但不属于 B 的所有元构成的集称为 A 和 B 的差, 记成 $A-B$, 即

$$A-B=\{x:x\in A\text{ 但 }x\notin B\}.$$

补: 特别, $X-A$ 称为 A 关于 X 的补集, 记成 A^c, 即

$$A^c=X-A.$$

定理 1.1.2　设 A,B 和 C 都是 X 的子集, 则:

(i) $A\bigcup B=B\bigcup A, A\bigcap B=B\bigcap A$;

(ii)$(A\bigcup B)\bigcup C=A\bigcup(B\bigcup C),(A\bigcap B)\bigcap C=A\bigcap(B\bigcap C)$;

(iii)$(A\bigcup B)\bigcap C=(A\bigcap C)\bigcup(B\bigcap C)$,

$(A\bigcap B)\bigcup C=(A\bigcup C)\bigcap(B\bigcup C)$;

(iv)$(A\bigcup B)^c=A^c\bigcap B^c,(A\bigcap B)^c=A^c\bigcup B^c$.

上述定理中的 (iv) 称为 De Morgan 公式.

证明　我们只证 (iv). 若 $x\in(A\bigcup B)^c$, 则 $x\notin A\bigcup B$, 从而 $x\notin A$ 且 $x\notin B$, 因此 $x\in A^c$ 且 $x\in B^c$, 从而 $x\in A^c\bigcap B^c$. 这样, $(A\bigcup B)^c\subset A^c\bigcap B^c$. 反之, 若 $x\in A^c\bigcap B^c$, 则 $x\in A^c$ 且 $x\in B^c$, 从而 $x\notin A$ 且 $x\notin B$. 这样, $x\notin A\bigcup B$. 于是, $x\in(A\bigcup B)^c$, 从而 $A^c\bigcap B^c\subset(A\bigcup B)^c$, 因此 $(A\bigcup B)^c=A^c\bigcap B^c$. (iv) 中第二个等式可类似来证. 定理证毕.

并和交的运算可以推广到更多个集合的情形. 设集合 $\mathcal{X}$ 的每个元都是集 X 的子集, 此时也称 $\mathcal{X}$ 是 X 上的一个**集族**. 例如 $\mathbf{R}$ 中所有开区间就是 $\mathbf{R}$ 上的一个集族.

今若 $\mathcal{X}$ 是 X 上的一个集族, 则我们把集

$$\{x:\text{ 存在 }A\in\mathcal{X}\text{ 使 }x\in A\}$$

称为**集族 $\mathcal{X}$ 的并**, 并记成 $\bigcup\{A:A\in\mathcal{X}\}$. 此外把集

$$\{x:\text{ 对每一 }A\in\mathcal{X}\text{ 有 }x\in A\}$$

称为**集族 $\mathcal{X}$ 的交**, 并记成 $\bigcap\{A:A\in\mathcal{X}\}$.

通常若对集 Λ 中每一元 λ 有集 X 的一个子集 A_λ 与之对应, 则我们就得到 X 上的一个集族 $\mathcal{X}=\{A_\lambda:\lambda\in\Lambda\}$, 此时该集族的并和交分别记为

$$\bigcup\{A_\lambda:\lambda\in\Lambda\} \text{ 及 } \bigcap\{A_\lambda:\lambda\in\Lambda\},$$

也可以写成 $\bigcup\limits_{\lambda\in\Lambda}A_\lambda$ 及 $\bigcap\limits_{\lambda\in\Lambda}A_\lambda$.

集族的并和交有和定理 1.1.2 中类似的结论. 例如我们有 (其证明留作习题)

定理 1.1.3 (De Morgan 公式) 设 $\{A_\lambda:\lambda\in\Lambda\}$ 是集 X 上的一个集族, 则

$$\left(\bigcup_{\lambda\in\Lambda}A_\lambda\right)^c=\bigcap_{\lambda\in\Lambda}A_\lambda^c,\quad \left(\bigcap_{\lambda\in\Lambda}A_\lambda\right)^c=\bigcup_{\lambda\in\Lambda}A_\lambda^c.$$

特别地, 若 $\Lambda=\{1,2,\cdots,n\}$, 则集族 $\{A_\lambda:\lambda\in\Lambda\}$ 记成 $\{A_k\}_{1\leqslant k\leqslant n}$, 其并和交分别记为 $\bigcup\limits_{k=1}^{n}A_k$ 和 $\bigcap\limits_{k=1}^{n}A_k$; 又若 Λ 为正整数全体, 则集族 $\{A_\lambda:\lambda\in\Lambda\}$ 记成 $\{A_n\}_{n\geqslant1}$, 它称为一个**集合序列**, 其并和交分别记为 $\bigcup\limits_{n=1}^{\infty}A_n$ 和 $\bigcap\limits_{n=1}^{\infty}A_n$.

若 A 和 B 是两个集, 则定义

$$A\Delta B=(A-B)\bigcup(B-A),$$

它称为 A 和 B 的**对称差**. 容易证明下面定理 (其证明留作习题).

定理 1.1.4 (i) $A\Delta B=(A\bigcup B)-(A\bigcap B)$;

(ii) $A\Delta B=B\Delta A$.

下面再介绍集合直积的概念.

设 X_1 和 X_2 是两个集. 任取 $x_1\in X_1$ 和 $x_2\in X_2$, 我们就得到一个序对 (x_1,x_2). 所有这样的序对全体构成的集称为 X_1 和 X_2 的**直积**, 记为 $X_1\times X_2$, 即

$$X_1\times X_2=\{(x_1,x_2):x_1\in X_1,x_2\in X_2\}.$$

$X_1\times X_2$ 中的两个元 (x_1,x_2) 和 (y_1,y_2) 称为相等的, 若 $x_1=y_1,x_2=y_2$.

类似地, 若 $\{X_k\}_{1\leqslant k\leqslant n}$ 是 n 个集, 则它们的直积, 记为 $\prod\limits_{k=1}^{n}X_k$, 定义为

$$\prod_{k=1}^{n}X_k=\{(x_1,x_2,\cdots,x_n):x_k\in X_k,1\leqslant k\leqslant n\},$$

即 $\prod\limits_{k=1}^{n}X_k$ 中的元是一个 “n 维向量”$(x_1,x_2,\cdots,x_n)$, 它的第 k 个 “分量”$x_k\in X_k,1\leqslant k\leqslant n$.

最后集合序列 $\{X_k\}_{k\geqslant 1}$ 的直积 $\prod\limits_{k=1}^{\infty} X_k$ 定义为

$$\prod_{k=1}^{\infty} X_k = \{(x_1, x_2, \cdots, x_k, \cdots) : x_k \in X_k, k \geqslant 1\},$$

即 $\prod\limits_{k=1}^{\infty} X_k$ 中的元是一个序列 $(x_1, x_2, \cdots, x_k, \cdots)$, 其中 $x_k \in X_k, k \geqslant 1$.

我们知道$\mathbf{R}$表示实数全体，即实线. 此时 $\mathbf{R}^2 = \mathbf{R} \times \mathbf{R}$ 理解为平面; $\mathbf{R}^3$, 即三个 $\mathbf{R}$ 的直积理解为空间. 一般 n 个 $\mathbf{R}$ 的直积记为 $\mathbf{R}^n$.$\mathbf{R}^n$ 中的元的一般形状是 $(x_1, x_2, \cdots, x_n)$, 其中每一 $x_k, 1 \leqslant k \leqslant n$, 都是实数, 它们统称为 $(x_1, x_2, \cdots, x_n)$ 的分量. $\mathbf{R}^n$ 中分量全为 0 的元就记为 0，称为原点.

设 $x = (x_1, x_2, \cdots, x_n)$ 和 $y = (y_1, y_2, \cdots, y_n)$ 是 $\mathbf{R}^n$ 中两个元, λ 是一个实数. 则 x 和 y 的加法定义为

$$x + y = (x_1 + y_1, x_2 + y_2, \cdots, x_n + y_n),$$

x 和 λ 的数乘定义为

$$\lambda x = (\lambda x_1, \lambda x_2, \cdots, \lambda x_n).$$

此外 x 和 y 的 Euclid 距离 (欧氏距离) 定义为

$$d(x, y) = \left(\sum_{k=1}^{n} |x_k - y_k|^2\right)^{\frac{1}{2}}.$$

容易证明上述距离具有如下性质:

(i)$d(x, y) \geqslant 0$ 并且为使 $d(x, y) = 0$, 充分必要条件是 $x = y$;

(ii)$d(x, y) = d(y, x)$ (对称性);

(iii)$d(x, y) \leqslant d(x, z) + d(z, y)$ (三角不等式).

有了加法、数乘及欧氏距离后的 $\mathbf{R}^n$ 称为 $\boldsymbol{n}$ **维欧氏空间**.

1.2 集合序列的极限

设 $\{A_n\}_{n\geqslant 1}$ 是一个集合序列.

若 $A_1 \subset A_2 \subset \cdots \subset A_n \subset \cdots$, 则称该序列**单增**;

若 $A_1 \supset A_2 \supset \cdots \supset A_n \supset \cdots$, 则称该序列**单减**.

现在任给一个集合序列 $\{A_n\}_{n\geqslant 1}$, 则我们可以构成两个新的集合序列 $\{B_n\}_{n\geqslant 1}$ 和 $\{C_n\}_{n\geqslant 1}$, 其中

$$B_n = \bigcup_{k=n}^{\infty} A_k, C_n = \bigcap_{k=n}^{\infty} A_k.$$

它们分别对应集合序列 $\{A_k\}_{k\geqslant n}$ 的并和交. 显然 $\{B_n\}$ 单减, $\{C_n\}$ 单增. 此时我们把 $\{B_n\}$ 的交称为 $\{A_n\}$ 的**上极限**, 记为 $\overline{\lim\limits_{n\to\infty}} A_n$, 即

$$\overline{\lim_{n\to\infty}} A_n = \bigcap_{n=1}^{\infty} \bigcup_{k=n}^{\infty} A_k;$$

把 $\{C_n\}$ 的并称为 $\{A_n\}$ 的**下极限**, 记为 $\underline{\lim\limits_{n\to\infty}} A_n$, 即

$$\underline{\lim_{n\to\infty}} A_n = \bigcup_{n=1}^{\infty} \bigcap_{k=n}^{\infty} A_k.$$

若 $\{A_n\}$ 的上极限和下极限相等, 则称 $\boldsymbol{\{A_n\}}$ **有极限**, 并把其上极限 (也即下极限) 称为 $\{A_n\}$ 的极限, 记为 $\lim\limits_{n\to\infty} A_n$.

例 1.2.1 令 $A_n = \left\{\dfrac{m}{n} : m\text{是整数}\right\}, n \geqslant 1$. 求证:

$$\overline{\lim_{n\to\infty}} A_n = \mathbf{Q}(\text{有理数全体}), \quad \underline{\lim_{n\to\infty}} A_n = \mathbf{Z}(\text{整数全体}).$$

证明 事实上对每一 $n \geqslant 1$ 有 $\mathbf{Z} \subset A_n \subset \mathbf{Q}$. 从而易知

$$\mathbf{Z} \subset \underline{\lim_{n\to\infty}} A_n, \quad \overline{\lim_{n\to\infty}} A_n \subset \mathbf{Q}.$$

现对任何 $x \in \underline{\lim\limits_{n\to\infty}} A_n = \bigcup\limits_{n=1}^{\infty} \bigcap\limits_{k=n}^{\infty} A_k$, 必有某 n 使 $x \in A_n \bigcap A_{n+1}$, 因此有整数 m_n 和 m_{n+1} 使 $x = \dfrac{m_n}{n} = \dfrac{m_{n+1}}{n+1}$. 由此得 $x = m_{n+1} - m_n$ 是整数. 这样 $\underline{\lim\limits_{n\to\infty}} A_n \subset \mathbf{Z}$. 从而 $\underline{\lim\limits_{n\to\infty}} A_n = \mathbf{Z}$.

其次对每一 $\dfrac{q}{p} \in \mathbf{Q}$(其中 p 为正整数), 对任何 $n \geqslant 1$ 有 $\dfrac{q}{p} = \dfrac{nq}{np} \in \bigcup\limits_{k=n}^{\infty} A_k$, 因此 $\dfrac{q}{p} \in \bigcap\limits_{n=1}^{\infty} \bigcup\limits_{k=n}^{\infty} A_k = \overline{\lim\limits_{n\to\infty}} A_n$. 这样 $\mathbf{Q} \subset \overline{\lim\limits_{n\to\infty}} A_n$. 从而 $\overline{\lim\limits_{n\to\infty}} A_n = \mathbf{Q}$.

定理 1.2.1 设 $\{A_n\}_{n\geqslant 1}$ 是一个集合序列.

(i) 为使 $x \in \overline{\lim\limits_{n\to\infty}} A_n$, 充分必要条件是对任何 N, 存在 $n \geqslant N$ 使 $x \in A_n$, 即 $\{A_n\}_{n\geqslant 1}$ 中有无穷项包含 x;

(ii) 为使 $x \in \underline{\lim\limits_{n\to\infty}} A_n$, 充分必要条件是存在 N_x, 使对一切 $n \geqslant N_x$ 有 $x \in A_n$, 即 $\{A_n\}_{n\geqslant 1}$ 中不含 x 的项只有有限项;

(iii) $\underline{\lim\limits_{n\to\infty}} A_n \subset \overline{\lim\limits_{n\to\infty}} A_n$;

(iv) 当 A_n 单增或单减时, $\{A_n\}$ 有极限. 此时

$$\lim_{n\to\infty} A_n = \begin{cases} \bigcup_{n=1}^{\infty} A_n, & 若 \{A_n\} 单增, \\ \bigcap_{n=1}^{\infty} A_n, & 若 \{A_n\} 单减. \end{cases}$$

证明　(i) 设 $x \in \overline{\lim_{n\to\infty}} A_n = \bigcap_{n=1}^{\infty} \bigcup_{k=n}^{\infty} A_k$, 则对任何 N 有 $x \in \bigcup_{k=N}^{\infty} A_k$, 从而有某 $n \geqslant N$ 使 $x \in A_n$. 反之, 若 (i) 中的条件成立, 则对任何 $n \geqslant 1$ 有 $x \in \bigcup_{k=n}^{\infty} A_k$, 从而我们有 $x \in \bigcap_{n=1}^{\infty} \bigcup_{k=n}^{\infty} A_k = \overline{\lim_{n\to\infty}} A_n$.

(ii) 的证明与 (i) 类似, 只需注意 $\underline{\lim_{n\to\infty}} A_n = \bigcup_{n=1}^{\infty} \bigcap_{k=n}^{\infty} A_k$.

(iii) 是 (i) 和 (ii) 的直接推论.

(iv) 先设 $\{A_n\}_{n\geqslant 1}$ 单增. 此时易知对任何 $n \geqslant 1$ 有 $\bigcup_{k=n}^{\infty} A_k = \bigcup_{k=1}^{\infty} A_k$, 并且 $\bigcap_{k=n}^{\infty} A_k = A_n$, 从而

$$\overline{\lim_{n\to\infty}} A_n = \bigcap_{n=1}^{\infty} \bigcup_{k=n}^{\infty} A_k = \bigcup_{n=1}^{\infty} A_n, \quad \underline{\lim_{n\to\infty}} A_n = \bigcup_{n=1}^{\infty} \bigcap_{k=n}^{\infty} A_k = \bigcup_{n=1}^{\infty} A_n.$$

这样 $\{A_n\}$ 的上极限和下极限相等, 而且就是 $\bigcup_{n=1}^{\infty} A_n$.

其次, 若 $\{A_n\}_{n\geqslant 1}$ 单减, 则对任何 $n \geqslant 1$ 有 $\bigcup_{k=n}^{\infty} A_k = A_n$, 并且 $\bigcap_{k=n}^{\infty} A_k = \bigcap_{k=1}^{\infty} A_k$. 从而

$$\overline{\lim_{n\to\infty}} A_n = \bigcap_{n=1}^{\infty} \bigcup_{k=n}^{\infty} A_k = \bigcap_{n=1}^{\infty} A_n, \quad \underline{\lim_{n\to\infty}} A_n = \bigcup_{n=1}^{\infty} \bigcap_{k=n}^{\infty} A_k = \bigcap_{n=1}^{\infty} A_n.$$

这样 $\{A_n\}$ 的上极限和下极限也相等, 而且就是 $\bigcap_{n=1}^{\infty} A_n$. 定理证毕.

1.3　映　　射

设 X 和 Y 是两个集合. 若按某种对应关系或法则, 使得对每一 $x \in X, Y$ 中有惟一的一个元 y 与之对应, 则我们说给出了从 X 到 Y 的一个**映射**. 若用 f 表示此映射, 则 f, X 和 Y 之间的关系可用

$$f : X \to Y$$

表示; 此外上述 x 和 y 之间的关系表示为

$$y = f(x).$$

y 称为 x 在映射 f 下的**像**, x 称为 y 在 f 下的**原像**. 若对任何 $y \in Y$, 存在 $x \in X$使$y = f(x)$, 则 f 称为是**完全映射**; 若对 X 中任何两个不同的元 x_1 和 x_2 有 $f(x_1) \neq f(x_2)$, 则 f 称为是**一一映射**.

仍设 $f : X \to Y$. 令 $\mathcal{X}$ 表示 X 的子集全体, $\mathcal{Y}$ 表示 Y 的子集全体. 对每一 $A \in \mathcal{X}$ 及 $B \in \mathcal{Y}$ 令

$$f(A) = \{f(x) : x \in A\},$$
$$f^{-1}(B) = \{x : f(x) \in B\},$$

则 $f(A)$ 称为 A 在 f 下的像, $f^{-1}(B)$ 称为 B 在 f 下的原像. 这样, 给了 $f : X \to Y$, 按上述法则, 我们诱导出两个新的映射:

$$f : \mathcal{X} \to \mathcal{Y}, \quad f^{-1} : \mathcal{Y} \to \mathcal{X}.$$

现在, 特别地若 $f : X \to Y$ 是完全一一映射, 则对每一 $y \in Y, X$ 中有且只有一个元 x 使 $f(x) = y$. 此时若定义

$$f^{-1}(y) = x \quad (y = f(x)),$$

则 f^{-1} 是 Y 到 X 的一个完全一一映射, 它称为 f 的**逆映射**.

现设给了三个映射:

$$f : X \to Y, \quad g : Y \to Z, \quad h : Z \to W.$$

此时对每一 $x \in X$, 定义

$$u(x) = g(f(x)),$$

则 u 成为 X 到 Z 的映射, 它称为 g 和 f 的**复合**，记为

$$u = g \circ f.$$

按照此定义, $h \circ (g \circ f)$ 及 $(h \circ g) \circ f$ 都是 X 到 W 的映射. 下面定理的证明留作习题.

定理 1.3.1 设 $f : X \to Y, g : Y \to Z, h : Z \to W$, 则:

(i) $h \circ (g \circ f) = (h \circ g) \circ f$;

(ii) 若 f 和 g 都是完全一一映射, 则 $g \circ f : X \to Z$ 也是完全一一映射.

若 $A \subset X$, 则

$$\chi_A(x) = \begin{cases} 1, & x \in A, \\ 0, & x \in X - A \end{cases}$$

称为集合 A 的**特征函数**. 例如若 $\mathbf{Q}$ 表示 [0,1] 中有理数全体, 则 $\chi_{\mathbf{Q}}$ 就是我们熟知的 Dirichlét 函数.

1.4 集合的等价、基数

我们分四部分介绍本节内容.

(一) 基本定义

若在集 A 和集 B 之间存在一个完全一一映射, 则我们称 A 和 B **等价**, 记为 $A \sim B$.

例如若 $a < b, f(x) = a + (b-a)x$, 则 $f : [0,1] \to [a,b]$ 是完全一一映射, 所以 $[0,1] \sim [a,b]$.

又如

$$g(x) = \tan x,$$

则 $g : \left(-\dfrac{\pi}{2}, \dfrac{\pi}{2}\right) \to \mathbf{R}$ 是完全一一映射, 从而 $\left(-\dfrac{\pi}{2}, \dfrac{\pi}{2}\right) \sim \mathbf{R}$.

下面定理的证明留作习题.

定理 1.4.1 (i) 对任何集 A 有 $A \sim A$;

(ii) 若 $A \sim B$, 则 $B \sim A$;

(iii) 若 $A \sim B$ 且 $B \sim C$, 则 $A \sim C$.

定理 1.4.2 设 $\{A_\lambda : \lambda \in \varLambda\}$ 是一个两两不相交的集族, $\{B_\lambda : \lambda \in \varLambda\}$ 也是一个两两不相交的集族. 若对每一 $\lambda \in \varLambda$ 有 $A_\lambda \sim B_\lambda$, 则

$$\bigcup\{A_\lambda : \lambda \in \varLambda\} \sim \bigcup\{B_\lambda : \lambda \in \varLambda\}.$$

证明 由条件, 对每一 $\lambda \in \varLambda$, 令 $f_\lambda : A_\lambda \to B_\lambda$ 是完全一一映射. 现对每一 $x \in \bigcup\{A_\lambda : \lambda \in \varLambda\}$, 有且只有一个 $\lambda \in \varLambda$ 使 $x \in A_\lambda$, 此时就定义

$$f(x) = f_\lambda(x), \quad x \in A_\lambda, \lambda \in \varLambda.$$

于是易知 $f : \bigcup\{A_\lambda : \lambda \in \varLambda\} \to \bigcup\{B_\lambda : \lambda \in \varLambda\}$ 是完全一一映射. 定理证毕.

除了 $A \sim B$, 有时也用 $\overline{\overline{A}} = \overline{\overline{B}}$ 表示 A 与 B 等价, 其中 $\overline{\overline{A}}$ 和 $\overline{\overline{B}}$ 分别称为 A 和 B 的**基数**或**势**. 这样, "两个集合有相同的基数" 是两个集合等价的另一种说法.

(二) 有限集、无限集、可数集

若有正整数 n, 使集合 A 与 $\{1,2,\cdots,n\}$ 等价, 则 A 称为**有限集**; 不然称 A 为**无限集**. 特别地若 $A\sim\mathbf{N}$(正整数全体), 则 A 称为**可数集**. 很明显, 为使 A 可数, 充分必要条件是 A 中的全体元素可以排列成 $a_1,a_2,\cdots,a_n,\cdots$ 的形状.

有限集和可数集统称为**至多可数集**.

定理 1.4.3 (i) 任一无限集必含一个可数子集;

(ii) 可数集的任一无限子集是可数集;

(iii) 至多可数个可数集的并是可数集.

证明 (i) 设 A 为无限集. 取 $a_1\in A$, 则 $A-\{a_1\}$ 是无限集. 取 $a_2\in A-\{a_1\}$, 则 $A-\{a_1,a_2\}$ 是无限集. 再取 $a_3\in A-\{a_1,a_2\}$, 如此等等. 于是就得到 A 的一个可数子集 $\{a_1,a_2,\cdots,a_n,\cdots\}$.

(ii) 设 E 是可数集 $A=\{a_1,a_2,\cdots,a_n,\cdots\}$ 的一个无限子集. 令

$$
\begin{aligned}
&n_1=\min\{n:a_n\in E\},\\
&n_2=\min\{n:a_n\in E \text{ 且 } n>n_1\},\\
&n_3=\min\{n:a_n\in E \text{ 且 } n>n_2\},\\
&\cdots\cdots\cdots\cdots
\end{aligned}
$$

由于 E 是无限集, 故按上述方式得到无限个正整数 $n_1<n_2<\cdots<n_k<\cdots$. 易知

$$
E=\{a_{n_1},a_{n_2},\cdots,a_{n_k},\cdots\},
$$

这是一个可数集.

(iii) 我们仅对 $\{A_n\}_{n\geqslant1}$ 是可数个两两不相交的可数集的情形来证 $\bigcup\limits_{n=1}^{\infty}A_n$ 可数. 此时对每一 $n\geqslant1$, 令

$$
A_n=\{a_1^{(n)},a_2^{(n)},\cdots,a_k^{(n)},\cdots\},\quad n=1,2,\cdots.
$$

现在对每一 $m\geqslant1$, 令

$$
B_m=\{a_m^{(1)},a_{m-1}^{(2)},\cdots,a_1^{(m)}\},
$$

则很明显 B_m 是有限集, $\bigcup\limits_{m=1}^{\infty}B_m$ 是可数集. 但是 $\bigcup\limits_{n=1}^{\infty}A_n=\bigcup\limits_{m=1}^{\infty}B_m$, 所以 $\bigcup\limits_{n=1}^{\infty}A_n$ 是可数集. 定理证毕.

推论 有理数全体是可数集.

证明 对每一 $n\geqslant1$, $A_n=\left\{\dfrac{1}{n},\dfrac{2}{n},\cdots\right\}$ 是可数集. 从而由定理 1.4.3, 正有理数全体 $\bigcup A_n$ 是可数集. 于是负有理数全体是可数集. 再由本定理, 有理数全体是可数集.

例 1.4.1　**R** 中任一两两不相交的开区间族 $\{I_\lambda\}_{\lambda\in\Lambda}$ 中的元至多可数.

事实上对每一 $\lambda\in\Lambda$, 可取 I_λ 中的有理数 r_λ. 由于 $\{I_\lambda\}$ 中的元两两不相交, 因此当 $\lambda_1\neq\lambda_2$ 时 $r_{\lambda_1}\neq r_{\lambda_2}$. 这样 $\{I_\lambda\}$ 与有理数全体的一个子集等价. 但由定理 1.4.3 知后者至多可数. 故 $\{I_\lambda\}$ 中的元至多可数.

定理 1.4.4　设 A 为无限集, B 是至多可数集, 则 $A\sim A\bigcup B$.

证明　不妨设 $A\bigcap B=\varnothing$.

由定理 1.4.3, 取 A 的可数子集 A_1. 此时 $A_1\bigcup B$ 可数, 因此

$$A-A_1\sim A-A_1,\quad A_1\sim A_1\bigcup B,$$
$$(A-A_1)\bigcap A_1=\varnothing,\quad (A-A_1)\bigcap(A_1\bigcup B)=\varnothing.$$

从而由定理 1.4.2,

$$A=(A-A_1)\bigcup A_1\sim(A-A_1)\bigcup(A_1\bigcup B)=A\bigcup B.$$

定理证毕.

若把两个集合等价理解为它们所含元素的“个数”相等, 则定理 1.4.4 说明对无限集来说, 加入一个至多可数集后, 其“个数”不变.

(三) 连续统势

本段说明无限集不一定是可数集.

定理 1.4.5　闭区间 [0,1] 是不可数集.

证明　假设

$$[0,1]=\{a_1,a_2,\cdots,a_n,\cdots\}$$

是一个可数集. 于是有 [0,1] 中的闭区间 I_1 使 $a_1\notin I_1$, 有 I_1 中的闭区间 I_2 使 $a_2\notin I_2$, 有 I_2 中的闭区间 I_3 使 $a_3\notin I_3$, 等等. 这样我们得到 [0,1] 中的单减闭区间列 $\{I_n\}_{n\geqslant1}$, 使 $a_n\notin I_n, n=1,2,\cdots$. 这样由数学分析中的闭区间套定理知存在 $\xi\in\bigcap\limits_{n=1}^{\infty}I_n$. 显然 $\xi\in[0,1]$, 但对任何 n 有 $\xi\neq a_n$, 此为矛盾. 因此 [0,1] 不可数. 定理证毕.

以后我们把与 [0,1] 等价的集称为有**连续统势**. 下面我们来介绍一些重要的具有连续统势的集. 首先我们有下面的定理.

定理 1.4.6　任何区间具有连续统势. 特别地. 实数全体 **R** 有连续统势.

上面定理的证明留作习题.

设 n 是一个大于 1 的正整数. 若数列 $\{a_k\}_{k\geqslant1}$ 中的项仅由 $0,1,\cdots,n-1$ 这 n 个数组成, 则 $\{a_k\}$ 称为一个 ***n* 元数列**; 又若 $\{a_k\}$ 中只有有限项不为 0, 则 $\{a_k\}$ 称为**有限 *n* 元数列**; 不然 $\{a_k\}$ 称为**无限 *n* 元数列**.

定理 1.4.7 设 $n \geqslant 2$, 则 n 元数列全体有连续统势.

证明 首先容易证明有限 n 元数列全体是可数的. 所以由定理 1.4.4, 为证本定理, 只需证明 (0,1] 与无限 n 元数列全体等价.

为此设 $x \in (0,1]$. 于是有惟一的正整数 $k_1, 1 \leqslant k_1 \leqslant n$, 使

$$\frac{k_1-1}{n} < x \leqslant \frac{k_1}{n},$$

取 $a_1 = k_1 - 1$. 又有惟一的 $k_2, 1 \leqslant k_2 \leqslant n$, 使

$$\frac{k_1-1}{n} + \frac{k_2-1}{n^2} < x \leqslant \frac{k_1-1}{n} + \frac{k_2}{n^2},$$

取 $a_2 = k_2 - 1$. 再有惟一的 $k_3, 1 \leqslant k_3 \leqslant n$, 使

$$\frac{k_1-1}{n} + \frac{k_2-1}{n^2} + \frac{k_3-1}{n^3} < x \leqslant \frac{k_1-1}{n} + \frac{k_2-1}{n^2} + \frac{k_3}{n^3},$$

取 $a_3 = k_3 - 1$, 如此等等. 一般地,

$$\sum_{i=1}^{m} \frac{k_i-1}{n^i} < x \leqslant \sum_{i=1}^{m-1} \frac{k_i-1}{n^i} + \frac{k_m}{n^m}, \tag{1.1}$$

其中 $m \geqslant 1, 1 \leqslant k_m \leqslant n$. 此外令 $a_m = k_m - 1$.

在式 (1.1) 中令 $m \to \infty$, 即得

$$x = \sum_{i=1}^{\infty} \frac{a_i}{n^i}. \tag{1.2}$$

由 a_i 的取法及式 (1.1), $\{a_i\}_{i \geqslant 1}$ 是一个无限 n 元数列. 这样由式 (1.2), 我们得到从 (0,1] 到无限 n 元数列全体的一个映射 f: 对每一 $x \in (0,1]$

$$f(x) = \{a_1, a_2, \cdots, a_i, \cdots\}.$$

容易得知 f 是完全一一映射. 从而无限 n 元数列全体有连续统势. 定理证毕.

注意, 若 $n = 10$, 则式 (1.2) 就是通常的十进制小数表示法.

定理 1.4.8 可数集的子集全体有连续统势.

证明 设 A 是正整数全体 $\mathbf{N}$ 的任一非空子集. 定义

$$a_n = \begin{cases} 1, & n \in A, \\ 0, & n \in \mathbf{N} - A, \end{cases}$$

并令

$$f(A) = \{a_1, a_2, \cdots\}, \quad f(\varnothing) = \{0, 0, \cdots\}.$$

则易知 f 建立了 $\mathbf{N}$ 的子集全体与二元数列全体之间的一个完全一一映射. 但后者具有连续统势, 故 $\mathbf{N}$ 的子集全体有连续统势. 从而可数集的子集全体有连续统势. 定理证毕.

定理 1.4.9　至多可数个有连续统势的集的直积有连续统势.

证明　不妨设对每一 $n \geqslant 1, X_n$ 是二元数列全体, $X = \prod_{n=1}^{\infty} X_n$ 是它们的直积. 为证本定理, 只需证明 X 与二元数列全体等价.

此时对每一 $x = (x_1, x_2, \cdots, x_n, \cdots) \in X$, 令

$$\begin{aligned} f(x) =& \{x_1^{(1)}, x_2^{(1)}, x_1^{(2)}, x_3^{(1)}, x_2^{(2)}, x_1^{(3)}, \cdots, \\ & x_n^{(1)}, x_{n-1}^{(2)}, \cdots, x_1^{(n)}, \cdots\}, \end{aligned}$$

其中

$$x_n = \{x_1^{(n)}, x_2^{(n)} \cdots, x_k^{(n)}, \cdots\}, \quad n = 1, 2, \cdots$$

是二元数列. 按照上述法则, f 是 X 到二元数列全体的一个映射, 它显然是一一映射. 其次对任何二元数列 $\{a_1, a_2, \cdots, a_n, \cdots\}$, 令

$$\begin{aligned} & x_1^{(1)} = a_1 \\ & x_2^{(1)} = a_2 \quad x_1^{(2)} = a_3 \\ & x_3^{(1)} = a_4 \quad x_2^{(2)} = a_5 \quad x_1^{(3)} = a_6, \\ & \cdots\cdots\cdots\cdots \end{aligned}$$

并令

$$x_n = \{x_1^{(n)}, x_2^{(n)}, \cdots x_k^{(n)}, \cdots\}, \quad n = 1, 2, \cdots,$$

则 $x = (x_1, x_2, \cdots, x_n, \cdots) \in X$, 并且

$$f(x) = \{a_1, a_2, \cdots, a_n, \cdots\}.$$

从而 f 也是完全映射. 因此本定理得证.

推论 1　平面 $\mathbf{R}^2$ 及空间 $\mathbf{R}^3$ 都有连续统势.

推论 2　实数列全体有连续统势.

(四) 基数的比较

我们先证明下面的

定理 1.4.10　设 A_0, A_1, A_2 是三个集, 满足

$$A_0 \supset A_1 \supset A_2. \tag{1.3}$$

若 $A_0 \sim A_2$, 则 $A_0 \sim A_1$.

证明 由条件 $A_0 \sim A_2$, 于是有完全一一映射 $h: A_0 \to A_2$, 并且

$$A_2 = h(A_0).$$

由此 h, 我们可以归纳地定义集

$$A_{n+2} = h(A_n), \quad n = 1, 2, \cdots. \tag{1.4}$$

注意, 此时对每一 $n \geqslant 1, A_n \sim A_{n+2}$, 并且 $h: A_n \to A_{n+2}$ 是完全一一映射. 由式 (1.3) 易知 $\{A_n\}$ 是单减的. 令

$$A_{-1} = \bigcap_{n=0}^{\infty} A_n.$$

则

$$A_0 = A_{-1} \bigcup \left[\bigcup_{n=0}^{\infty} (A_{2n} - A_{2n+2}) \right], \tag{1.5}$$

$$A_1 = A_{-1} \bigcup \left[\bigcup_{n=0}^{\infty} (A_{2n+1} - A_{2n+3}) \right]. \tag{1.6}$$

由式 (1.4) 及 $\{A_n\}$ 的单减性, $A_{2n+2} - A_{2n+3} = h(A_{2n} - A_{2n+1})$, 即

$$A_{2n+2} - A_{2n+3} \sim A_{2n} - A_{2n+1}, \quad n = 0, 1, 2, \cdots. \tag{1.7}$$

但是

$$A_{2n+1} - A_{2n+2} \sim A_{2n+1} - A_{2n+2}, \quad n = 0, 1, 2, \cdots. \tag{1.8}$$

现对每一 $n \geqslant 0$, 利用定理 1,4,2, 式 (1.7) 和 (1.8) 左端两集的并与右端两集的并等价, 即

$$A_{2n+1} - A_{2n+3} \sim A_{2n} - A_{2n+2}, \quad n = 0, 1, \cdots. \tag{1.9}$$

结合式 (1.5), 式 (1.6) 和式 (1.9), 并再次利用定理 1.4.2, 得到 $A_0 \sim A_1$. 定理证毕.

设 A 和 B 是两个集. 若 A 与 B 的一个子集等价, 则我们记 $\overline{\overline{A}} \leqslant \overline{\overline{B}}$, 读作 “$A$ 的基数小于等于 B 的基数”; 若 $\overline{\overline{A}} \leqslant \overline{\overline{B}}$ 但 A 不与 B 等价, 则记作 $\overline{\overline{A}} < \overline{\overline{B}}$, 读作 “$A$ 的基数小于 B 的基数”.

此外, 若 A 是有限集并且 $A \sim \{1, 2, \cdots, n\}$, 则记 $\overline{\overline{A}} = n, n$ 就是 A 中元素的个数; 若 A 是可数集, 则记 $\overline{\overline{A}} = a$; 若 A 有连续统势, 则记 $\overline{\overline{A}} = c$. 这样由上述定义, 对每一正整数 $n, n < a$ 并且 $a < c$.

下面我们要证明上述记号 “$\leqslant$” 与通常实数的大小关系有相同的性质.

定理 1.4.11 (i) 对任何集 $A, \overline{\overline{A}} \leqslant \overline{\overline{A}}$;

(ii) 若 $\overline{\overline{A}} \leqslant \overline{\overline{B}}, \overline{\overline{B}} \leqslant \overline{\overline{C}}$, 则 $\overline{\overline{A}} \leqslant \overline{\overline{C}}$;

(iii) 若 $\overline{\overline{A}} \leqslant \overline{\overline{B}}, \overline{\overline{B}} \leqslant \overline{\overline{A}}$, 则 $\overline{\overline{A}} = \overline{\overline{B}}$.

上述 (iii) 通常称为 Bernstein 定理.

证明　(i) 和 (ii) 十分明显, 我们只证 (iii).

由 $\overline{\overline{A}} \leqslant \overline{\overline{B}}$,

$$A \sim B_1, \quad 其中\ B_1 \subset B. \tag{1.10}$$

由 $\overline{\overline{B}} \leqslant \overline{\overline{A}}$,

$$B \sim A_1, \quad 其中\ A_1 \subset A. \tag{1.11}$$

从而

$$B_1 \sim A_2, \quad 其中\ A_2 \subset A_1. \tag{1.12}$$

由式 (1.10) 和 (1.12), $A \sim A_2$, 并且 $A \supset A_1 \supset A_2$. 由定理 1.4.10 得 $A \sim A_1$. 再由式 (1.11) 得 $A \sim B$, 即 $\overline{\overline{A}} = \overline{\overline{B}}$. 定理证毕.

作为上面定理的应用, 我们给出下面的例题.

例 1.4.2　[0,1] 上连续函数全体有连续统势 c.

事实上令 $\mathcal{F}$ 是 [0,1] 上连续函数全体. 对任何实数 $\lambda, f_\lambda : [0,1] \to \{\lambda\}$ 是 $\mathcal{F}$ 中的元. 这样 $\mathbf{R}$ 与 $\mathcal{F}$ 的一个子集等价, 所以 $c \leqslant \overline{\overline{\mathcal{F}}}$. 另一方面令 $\{r_n\}_{n\geqslant 1}$ 是 [0,1] 中有理数全体, 并对每一 $f \in \mathcal{F}$, 构造实数列

$$f(r_1), f(r_2), \cdots, f(r_n), \cdots.$$

由于 $\mathcal{F}$ 中的元是连续的, 所以对 $\mathcal{F}$ 中两个不同的元, 所对应的实数列也不同. 这样 $\mathcal{F}$ 与实数列全体的一个子集等价. 但实数列全体有连续统势 (定理 1.4.9 的推论 2). 从而 $\overline{\overline{\mathcal{F}}} \leqslant c$. 这样由定理 1.4.11, $\overline{\overline{\mathcal{F}}} = c$.

我们知道若一个有限集 A 有 n 个元素, 则 A 的子集全体 (包括空集) 共有 2^n 个元素. 这样若集 A 的基数为 μ, 我们把 A 的子集全体构成的集族的基数记为 2^μ. 例如我们已证明可数集的子集全体有连续统势 (定理 1.4.8), 所以我们可以写 $2^a = c$.

下面的定理说明, 不存在基数最大的集.

定理 1.4.12　$\mu < 2^\mu$.

证明　设集 A 的基数为 μ. 由定义, 集 A 的所有子集构成的集族 $\mathcal{A}$ 的基数为 2^μ. 很明显, A 与 $\mathcal{A}$ 的子集 $\{\{x\} : x \in A\}$ 是等价的, 故 $\mu \leqslant 2^\mu$. 为证 $\mu < 2^\mu$, 只需证明 A 与 $\mathcal{A}$ 不等价. 用反证法. 假设 A 与 $\mathcal{A}$ 等价, 于是存在完全一一映射

$$f : A \to \mathcal{A}.$$

此时对每一 $x \in A, f(x)$ 是 A 的一个子集. 令

$$A^* = \{x \in A : x \notin f(x)\}.$$

由于 f 是完全的, 所以对 A 的上述子集 A^*, 应有 $x^* \in A$ 使 $f(x^*) = A^*$. 若 $x^* \in f(x^*)$, 则应有 $x^* \notin A^*(= f(x^*))$, 矛盾; 若 $x^* \notin f(x^*)(= A^*)$, 则应有 $x^* \in A^*(= f(x^*))$, 矛盾. 这就说明 A 和 $\mathcal{A}$ 不可能等价. 定理证毕.

1.5 $\mathbf{R}^n$ 中的拓扑

像 1.1 节那样, 本节 $d(x,y)$ 表示 $\mathbf{R}^n$ 中两个点 x 和 y 的距离. 若 $\{x_k\}_{k\geqslant 1}$ 是 $\mathbf{R}^n$ 中的点列, 并且 $d(x_k,x) \to 0(k \to \infty)$, 则称 x_k **收敛于** x, 记为 $x_k \to x$. 下面我们分段来叙述.

(一) 邻域

若 $x \in \mathbf{R}^n, \varepsilon > 0$, 则

$$V(x,\varepsilon) = \{y \in \mathbf{R}^n : d(x,y) < \varepsilon\}$$

称为 x 的ε **邻域**.

若 $x \in \mathbf{R}^n, E \subset \mathbf{R}^n$, 并且有 $\varepsilon > 0$, 使 $V(x,\varepsilon) \subset E$, 则 E 称为 x 的一个**邻域**.

定理 1.5.1 $V(x,\varepsilon)$ 是其每一点的邻域.

证明 若 $y \in V(x,\varepsilon)$, 则 $d(x,y) < \varepsilon$. 取

$$\delta = \varepsilon - d(x,y) > 0,$$

则对任何 $z \in V(y,\delta)$, 由距离所满足的三角不等式知

$$d(z,x) \leqslant d(z,y) + d(y,x) < \delta + d(x,y) = \varepsilon,$$

即 $z \in V(x,\varepsilon)$. 由此 $V(y,\delta) \subset V(x,\varepsilon)$. 这样由定义知 $V(x,\varepsilon)$ 是 y 的邻域. 定理证毕.

(二) $\mathbf{R}^n$ 中的开集和闭集

设 $G \subset \mathbf{R}^n$. 若 G 是其每一点的邻域, 则 G 称为**开集**. 由定理 1.5.1, 对任何 $x \in \mathbf{R}^n$ 及 $\varepsilon > 0, V(x,\varepsilon)$ 是开集. 我们规定: 空集 $\varnothing$ 是开集. 下面定理的证明留作习题.

定理 1.5.2 (i)$\mathbf{R}^n$ 和 $\varnothing$ 是开集; (ii) 任何两个开集的交是开集; (iii) 任何一族开集的并是开集.

设 $F \subset \mathbf{R}^n$. 若 $F^c = \mathbf{R}^n - F$ 是开集, 则 F 称为**闭集**. 相应于定理 1.5.2, 我们有下面的定理.

定理 1.5.3　(i) $\mathbf{R}^n$ 和 $\varnothing$ 是闭集; (ii) 任何两个闭集的并是闭集; (iii) 任何一族闭集的交是闭集.

此外我们有下面的定理.

定理 1.5.4　为使 $F \subset \mathbf{R}^n$ 是闭集, 充分必要条件是对 F 中任何点列 $\{x_k\}$, 若 $x_k \to x$, 则 $x \in F$.

证明　设 F 是闭集, $x_k \in F$ 且 $x_k \to x$. 若 $x \notin F$, 则 $x \in F^c$. 但 F^c 是开集, 从而有 $\varepsilon > 0$ 使 $V(x,\varepsilon) \subset F^c$. 这样对任何 $k, x_k \notin V(x,\varepsilon)$, 此与 $x_k \to x$ 矛盾. 这样 $x \in F$. 必要性得证. 反之设条件满足, 我们要证 F 是闭集, 或等价地要证 F^c 是开集. 假设 F^c 不是开集, 则有 $x \in F^c$, 使 F^c 不是 x 的邻域. 于是对任何 $k \geqslant 1, V\left(x, \dfrac{1}{k}\right)$ 中有 F 的点 x_k. 显然 $x_k \to x$. 由条件得知 $x \in F$, 此与 $x \in F^c$ 矛盾. 因此 F^c 是开集, F 是闭集. 定理证毕.

(三) $\mathbf{R}$ 中的开集

显然 $\mathbf{R}$ 中的开区间 (a,b) 是开集.

设 G 是$\mathbf{R}$中的开集, (a,b) 是开区间. 若 $(a,b) \subset G$ 但 $a \notin G$ 且 $b \notin G$, 则 (a,b) 称为 G 的一个**构成区间**. 注意, 上述 a 可以是 $-\infty, b$ 可以是 ∞.

引理 1.5.1　设 G 是 $\mathbf{R}$ 中开集. 则 G 中每一点必属于 G 的一个构成区间.

证明　设 $x \in G$. 由于 G 是开集, 所以有 $\varepsilon > 0$ 使 $(x-\varepsilon, x+\varepsilon) \subset G$. 现令

$$b = \sup\{b' > x : (x,b') \subset G\}, \quad a = \inf\{a' < x : (a',x) \subset G\}.$$

则易知 (a,b) 是 G 的构成区间并且 $x \in (a,b)$.

定理 1.5.5　若 G 是 $\mathbf{R}$ 中的开集, 则 G 是至多可数个两两不相交的开区间的并.

证明　由引理 1.5.1, G 是它的所有构成区间的并. 但由构成区间的定义易知任何两个不同的构成区间不相交. 这样, G 就是一族两两不相交的开区间的并. 而这样一族开区间是至多可数的 (定理 1.4.3 后的例). 定理证毕.

(四) $\mathbf{R}^n$ 中集的内点, 内核, 附着点和闭包

设 $E \subset \mathbf{R}^n, x \in \mathbf{R}^n$. 若 E 是 x 的邻域, 则称 x 是 E 的**内点**; E 的内点全体称为 E 的**内核**, 记为 E°; 若 x 的任一邻域与 E 有非空交, 则 x 称为 E 的**附着点**; E 的附着点全体称为 E 的**闭包**, 记为 $\overline{E}$. 例如, $E = (0,1]$, 则 $E^\circ = (0,1), \overline{E} = [0,1]$.

由定义我们首先有

定理 1.5.6　为使 $x \in \overline{E}$, 存分必要条件是有 E 中的点列 $\{x_k\}$ 使 $x_k \to x$.

其次我们有下面的定理.

定理 1.5.7　(i) $E^\circ \subset E, E^\circ$ 是开集而且是 E 中最大开集; (ii) $\overline{E} \supset E, \overline{E}$ 是闭集而且是包含 E 的最小闭集.

证明 (i) $E^\circ \subset E$ 是明显的, 现证 E° 是开集. 设 $x \in E^\circ$, 即 E 是 x 的邻域. 从而有 $\varepsilon > 0$ 使 $V(x,\varepsilon) \subset E$. 由定理 1.5.1 知 E 也是 $V(x,\varepsilon)$ 中所有点的邻域. 因此 $V(x,\varepsilon) \subset E^\circ$. 这样 E° 是开集. 其次若开集 G 满足 $E^\circ \subset G \subset E$, 则 G 中所有点都是 E 的内点, 从而 $G \subset E^\circ$. 所以 $G = E^\circ$. 这就是说 E° 是 E 中最大开集.

(ii) $\overline{E} \supset E$ 是明显的. 现若 $x_k \in \overline{E}, x_k \to x$, 则易知 $x \in \overline{E}$. 故由定理 1.5.4, $\overline{E}$ 是闭集. 其次设闭集 F 满足 $F \supset E$. 对任何 $x \in \overline{E}$, 有 $x_k \in E$ 使 $x_k \to x$. 但此时 $x_k \in F$ 并且 F 是闭集, 由定理 1.5.4, 有 $x \in F$. 这样 $\overline{E} \subset F$. 这就说明 $\overline{E}$ 是包含 E 的最小闭集. 定理证毕.

推论 $E = E^\circ$ 是 E 为开集的存分必要条件, $E = \overline{E}$ 是 E 为闭集的充分必要条件.

(五) 聚点、导集、孤立点及完备集

设 $E \subset \mathbf{R}^n, x \in \mathbf{R}^n$. 若对 x 的任何邻域 V 都有 $(V - \{x\})\bigcap E \neq \varnothing$, 则 x 称为 E 的**聚点**; E 的聚点全体称为 E 的**导集**, 记为 E'; 若 $x \in E$ 但 x 不是 E 的聚点, 则 x 称为 E 的**孤立点**; 没有孤立点的闭集称为**完备集**.

例如, 若 $E = (0,1]$, 则 $E' = [0,1]$, 并且 E 没有孤立点. 此外, 任何闭区间是完备集.

由定义, 我们立即有下述的定理.

定理 1.5.8 为使 $x \in E'$, 充分必要条件是有 E 中点列 $\{x_k\}$, 使 $x_k \neq x$ 且 $x_k \to x$.

定理 1.5.9 对任何 $E \subset \mathbf{R}^n, \overline{E} = E\bigcup E'$. 并且为使 E 是完备集, 充要条件是 $E = E'$.

上面两定理的证明留作习题.

(六) 疏集与稠集

设 $E \subset \mathbf{R}^n$, 若 $\mathbf{R}^n$ 中任何非空开集必有非空开子集与 E 不相交, 则 E 称为**疏集**; 若 $\mathbf{R}^n$ 中任何非空开集与 E 有非空交, 则 E 称为**稠集**.

例如整数全体是 $\mathbf{R}$ 中疏集, 有理数全体是 $\mathbf{R}$ 中稠集.

下面定理的证明留作习题.

定理 1.5.10 设 $E \subset \mathbf{R}^n$.

(i) 为使 E 是疏集, 充要条件是 $(\overline{E})^\circ = \varnothing$;

(ii) 为使 E 是稠集, 充要条件是 $\overline{E} = \mathbf{R}^n$.

通常若 $A \subset B$ 且 $\overline{A} \supset B$, 则 A 也称为 B 的**稠子集**. 例如 (0,1) 中的有理数全体是 (0,1) 的稠子集.

(七) $\mathbf{R}$ 中的完备集、Cantor 完备集与 Cantor 函数

设 F 是 $\mathbf{R}$ 中的完备集. 由定义, 首先 F 是闭集, 从而 F^c 是开集. 由定理 1.5.5,

F^c 是至多可数个两两不相交的开区间的并, 不妨设

$$F^c = \bigcup_{n=1}^{\infty} (a_n, b_n), \tag{1.13}$$

其中 $\{(a_n, b_n)\}$ 两两不相交. 其次 F 没有孤立点, 所以 $\{(a_n, b_n)\}$ 中任两个开区间没有公共端点. 反之若 (1.13) 中的开区间列 $\{(a_n, b_n)\}_{n\geqslant 1}$ 两两不相交且无公共端点, 则 F 是完备集. 这样我们有下面的定理.

定理 1.5.11 为使 $\mathbf{R}$ 中的集 F 是完备的, 充分必要条件是 $F^c = \mathbf{R} - F$ 是至多可数个两两不相交且无公共端点的开区间的并.

下面我们构造 $\mathbf{R}$ 中的 Cantor 完备集.

第一步, 在 [0,1] 中取走中间长为 $\frac{1}{3}$ 的开区间 $I_{1,1} = \left(\frac{1}{3}, \frac{2}{3}\right)$, 并定义

$$f(x) = \frac{1}{2}, \quad x \in I_{1,1}.$$

第二步, 在 [0,1] 中剩下的两个区间中各取走中间长为 $\frac{1}{9}$ 的两个开区间 $I_{2,1} = \left(\frac{1}{9}, \frac{2}{9}\right), I_{2,2} = \left(\frac{7}{9}, \frac{8}{9}\right)$ 并定义

$$f(x) = \frac{2k-1}{2^2}, \quad x \in I_{2,k}, \quad k = 1, 2.$$

容易验证此时 $f(x)$ 在 $\bigcup\{I_{n,k} : 1 \leqslant k \leqslant 2^{n-1}, 1 \leqslant n \leqslant 2\}$ 上是单增的.

第三步, 在 [0,1] 中剩下的四个区间中各取走中间长为 $\frac{1}{27}$ 的 4 个开区间 $I_{3,1} = \left(\frac{1}{27}, \frac{2}{27}\right), I_{3,2} = \left(\frac{7}{27}, \frac{8}{27}\right), I_{3,3} = \left(\frac{19}{27}, \frac{20}{27}\right), I_{3,4} = \left(\frac{25}{27}, \frac{26}{27}\right)$, 并定义

$$f(x) = \frac{2k-1}{2^3}, \quad x \in I_{3,k}, \quad k = 1, 2, 3, 4.$$

容易验证此时 $f(x)$ 在 $\bigcup\{I_{n,k} : 1 \leqslant k \leqslant 2^{n-1}, 1 \leqslant n \leqslant 3\}$ 上是单增的, 等等.

一般通过 n 步后, [0,1] 中已取走 $2^n - 1$ 个两两不相交且无公共端点的开区间 $\{I_{m,k} : 1 \leqslant k \leqslant 2^{m-1}, 1 \leqslant m \leqslant n\}$, 此外 $f(x)$ 在这些开区间上已有定义而且是单增的. 此时 $[0, 1]$ 中剩下 2^n 个长度都为 $\frac{1}{3^n}$ 的区间. 在这 2^n 个区间中各取走中间长度为 $\frac{1}{3^{n+1}}$ 的开区间, 这 2^n 个区间自左至右排列, 记为 $I_{n+1,k}, k = 1, 2, \cdots, 2^n$, 并定义

$$f(x) = \frac{2k-1}{2^{n+1}}, x \in I_{n+1,k}, k = 1, 2, \cdots, 2^n. \tag{1.14}$$

容易验证此时 $f(x)$ 在 $\bigcup\{I_{m,k} : 1 \leqslant k \leqslant 2^{m-1}, 1 \leqslant m \leqslant n+1\}$ 上同样是单增的.

上述过程无限进行下去, 我们就取走了 [0,1] 中的开集 $G = \bigcup\{I_{n,k} : 1 \leqslant k \leqslant 2^{n-1}, n \geqslant 1\}$, 其中 $\{I_{n,k}\}$ 是两两不相交且无公共端点的开区间族, 而且它们都不以 0 和 1 为其端点. 于是由定理 1.5.11,

$$C = \mathbf{R} - [(-\infty, 0)\bigcup G \bigcup (1, \infty)] = [0, 1] - G$$

是一个完备集, 它称为 Cantor 完备集.

注意, G 中所有开区间的长度之和为

$$\frac{1}{3} + \frac{2}{3^2} + \frac{2^2}{3^3} + \cdots = \sum_{n=1}^{\infty} \frac{2^{n-1}}{3^n} = 1. \tag{1.15}$$

此时容易证明:

(i) Cantor 完备集 C 没有内点;

从而

(ii) $G = [0,1] - C$ 是 [0,1] 中稠子集, 即 $\overline{G} = [0, 1]$, 等价地, 对任何 $(a, b) \subset [0, 1], (a, b)$ 中有 G 的点.

另一方面从 (1.15), 似乎 Cantor 完备集中没有多少点了! 但事实上不然, 我们有下面的定理.

定理 1.5.12 Cantor 完备集有连续统势.

证明 在 1.4 节 (三) 中, 我们知道对 (0,1) 中每一点 x, 有惟一的一个无限三元数列 $\{a_n\}_{n\geqslant 1}$, 使

$$x = \sum_{n=1}^{\infty} \frac{a_n}{3^n}. \tag{1.16}$$

现在对 $I_{1,1} = \left(\frac{1}{3}, \frac{2}{3}\right)$ 中的所有点 x 必定 $a_1 = 1$, 对 $I_{2,1} = \left(\frac{1}{9}, \frac{2}{9}\right)$ 及 $I_{2,2} = \left(\frac{7}{9}, \frac{8}{9}\right)$ 中的所有点 x 必定 $a_2 = 1, I_{3,k}(1 \leqslant k \leqslant 4)$ 中的所有点 x 必定 $a_3 = 1$, 等等. 即对 G 中所有点 x, (1.16) 中所对应的 $\{a_n\}$ 中必有等于 1 的项. 因此 (1.16) 中仅由 0 和 2 构成的无限三元数列 $\{a_n\}$ 所对应的 x 都在 C 中. 而这样的 $\{a_n\}$ 全体有连续统势. 从而定理得证.

下面我们再来讨论由 (1.14) 所定义的 G 上的函数 f. 首先由定义知 f 是 G 上的单增函数. 再定义如下的函数 g :

$$g(1) = 1,$$
$$g(x) = \inf\{f(y) : y > x, y \in G\}, 0 \leqslant x < 1.$$

这样定义的 g 很明显是 [0,1] 上的单增函数, 并且 $0 \leqslant g(x) \leqslant 1$. 此外当 $x \in G$ 时

$g(x)=f(x)$. 又 $g(G)=f(G)=\left\{\dfrac{2k-1}{2^n}:1\leqslant k\leqslant 2^{n-1},n\geqslant 1\right\}$ 是 $[0,1]$ 的稠子集, 从而 $g([0,1])$ 是 $[0,1]$ 的稠子集. 这样容易证明 g 在 $[0,1]$ 上连续.

于是我们把原来只在 G 上有定义的函数 f 开拓成 [0,1] 上的单增连续函数, 它满足:

$$\begin{aligned} &f(0)=0,\quad f(1)=1,\\ &f(x)=\frac{2k-1}{2^n},\quad x\in I_{n,k},1\leqslant k\leqslant 2^{n-1},n\geqslant 1. \end{aligned} \tag{1.17}$$

上述 f 称为 [0,1] 上的 Cantor 函数.

(八) $\mathbf{R}^n$ 中的长方体

设对每一 $k,1\leqslant k\leqslant n,a_k<b_k$, 则

$$\prod_{k=1}^{n}(a_k,b_k),\quad \prod_{k=1}^{n}(a_k,b_k],\quad \prod_{k=1}^{n}[a_k,b_k],$$

分别称为**开长方体**、**半开长方体**和**闭长方体**, b_k-a_k 通称为**边长**, $\prod\limits_{k=1}^{n}(b_k-a_k)$ 称为相应长方体的**体积**. 当所有边长相等时, 对应的长方体也称为**方体**. 容易证明开长方体是开集, 闭长方体是闭集. 此外和证明 $V(x,\varepsilon)=\{y\in\mathbf{R}^n:d(x,y)<\varepsilon\}$ 是开集一样, 容易证明对任何 $\varepsilon>0,\{y\in\mathbf{R}^n:d(x,y)>\varepsilon\}$ 也是开集.

定理 1.5.13　设 I 是 $\mathbf{R}^n$ 中一个方体, 边长为 λ. 则 I 可以表示为有限个边长为 $\dfrac{\lambda}{2}$ 的方体的并.

证明　不妨设 $I=\prod\limits_{k=1}^{n}[a_k,b_k]$, 其中 $b_k-a_k=\lambda,1\leqslant k\leqslant n$. 令 c_k 是 a_k 和 b_k 的中点, 并令

$$I_k^{(1)}=[a_k,c_k],\quad I_k^{(2)}=[c_k,b_k],\quad 1\leqslant k\leqslant n.$$

则显然所有形如 $\prod\limits_{k=1}^{n}I_k^{(i_k)}$ 的方体的并为 I, 其中 $i_k=1$ 或 2, 并且这些方体的边长为 $\dfrac{\lambda}{2}$. 定理证毕.

定理 1.5.14　$\mathbf{R}^n$ 中任一开集是可数个两两不相交的半开方体的并.

证明　对每一 $k\geqslant 1$, 用 $\mathcal{A}_k$ 表示所有形如

$$\prod_{i=1}^{n}\left(\frac{s_i-1}{2^k},\frac{s_i}{2^k}\right]$$

的半开方体的全体, 其中 $(s_1,s_2,\cdots,s_n)$ 是整数列. 所有这些半开方体有边长 $\dfrac{1}{2^k}$.

此外, $\mathcal{A}_k$ 中任何两个不同的半开方体是不相交的, 而且所有这些半开方体的并就是 $\mathbf{R}^n$.

现在设 G 是 $\mathbf{R}^n$ 中一个开集. 用 $\mathcal{A}'_1$ 表示 $\mathcal{A}_1$ 中所有含于 G 中的半开方体的全体; 用 $\mathcal{A}'_2$ 表示 $\mathcal{A}_2$ 中所有含于 $G-\bigcup\mathcal{A}'_1$ 中的半开方体的全体, 其中 $\bigcup\mathcal{A}'_1$ 表示 $\mathcal{A}'_1$ 中所有半开方体的并; 一般地 $\mathcal{A}'_k$ 表示 $\mathcal{A}_k$ 中所有含于 $G-\bigcup\limits_{m=1}^{k-1}(\bigcup\mathcal{A}'_m)$ 中的半开方体的全体. 现在 $\bigcup\limits_{k=1}^{\infty}\mathcal{A}'_k$ 是一族可数个两两不相交的半开方体, 它们的并 $G'\subset G$. 又若 $x\in G$, 由于 G 是开集, 所以有 $\varepsilon>0$ 使 $V(x,\varepsilon)\subset G$. 这样若 $x=(x_1,x_2,\cdots,x_n)$, 则对充分大的 k, 对应地就有惟一的一列整数 $(s_1,s_2,\cdots,s_n)$, 使

$$x=(x_1,x_2,\cdots,x_n)\in\prod_{i=1}^{n}\left(\frac{s_i-1}{2^k},\frac{s_i}{2^k}\right]\subset V(x,\varepsilon)\subset G,$$

从而必有 $k\geqslant 1$, 使 x 属于 $\mathcal{A}'_k$ 的某个半开方体, 故 $x\in G'$. 从而 $G\subset G'$. 因此 $G=G'$. 定理证毕.

(九) $\mathbf{R}^n$ 上的连续函数、点与集的距离

设 $D\subset\mathbf{R}^n, f:D\to\mathbf{R}, x\in D$. 若

$$\lim_{\substack{y\to x\\ y\in D}}f(y)=f(x),$$

则称 f 沿 D 在 x 连续. 上述定义用 ε-δ 语言描述即为: 对任何 $\varepsilon>0$, 存在 $\delta>0$, 使

$$|f(y)-f(x)|<\varepsilon,\quad \forall y\in V(x,\delta)\bigcap D.$$

若 f 沿 D 在 D 的每一点连续, 则称 **f 沿 D 连续.**

下面定理的证明留作习题.

定理 1.5.15 设 f 是 $\mathbf{R}^n$ 上的实值函数. 则为使 f 在 $\mathbf{R}^n$ 上连续, 充要条件是对任何实数 α, 集 $\{x:f(x)>\alpha\},\{x:f(x)<\alpha\}$ 都是开集.

仍设 $D\subset\mathbf{R}^n, x\in\mathbf{R}^n$. 则

$$d(x,D)=\inf\{d(x,y):y\in D\} \tag{1.18}$$

称为 x 与 D 的距离.

引理 1.5.2 设 $D\subset\mathbf{R}^n$. 则对任何 $x,y\in\mathbf{R}^n$ 有

$$|d(x,D)-d(y,D)|\leqslant d(x,y). \tag{1.19}$$

证明　事实上对任何 $z \in D$, 由定义,

$$d(x,D) \leqslant d(x,z) \leqslant d(x,y) + d(y,z).$$

由此, $d(x,D) \leqslant d(x,y) + d(y,D)$. 交换 x 和 y, 又可得 $d(y,D) \leqslant d(y,x) + d(x,D)$. 因此式 (1.19) 成立.

定理 1.5.16　设 $D \subset \mathbf{R}^n$, 则 $d(x,D)$ 是 $x \in \mathbf{R}^n$ 的一致连续函数.

证明　这是引理 1.5.2 的直接推论.

设 $D \subset \mathbf{R}^n$. 若有 $\lambda > 0$ 使 $D \subset V(0,\lambda)$, 则称 D 是**有界集**. 容易证明 D 有界与 D 包含于一个方体中是等价的.

定理 1.5.17 (Bolzano-Weierstrass)　$\mathbf{R}^n$ 中任一有界点列有收敛子列. 特别地, $\mathbf{R}^n$ 中任一有界无限点集至少有一个聚点.

证明　设 $\{x_k\}_{k\geqslant 1}$ 是一个有界点列, 其中

$$x_k = (x_k(1), x_k(2), \cdots, x_k(n)), \quad k = 1, 2, \cdots.$$

此时对每一 $s, 1 \leqslant s \leqslant n, \{x_k(s)\}_{k\geqslant 1}$ 是 $\mathbf{R}$ 中的有界点列. 于是利用 $\mathbf{R}$ 中的 Bolzano-Weierstrass 定理, 有正整数子列 $\{k_p\}_{p\geqslant 1}$, 使对每一 $s, 1 \leqslant s \leqslant n, x_{k_p}(s)$ 收敛于一个实数 $x(s)$. 此时易知 $x_{k_p} \to x(p \to \infty)$, 其中 $x = (x(1), x(2), \cdots, x(n))$. 定理证毕.

定理 1.5.18　若 $F \subset \mathbf{R}^n$ 是闭集, $x \in \mathbf{R}^n$, 则有 $y \in F$ 使 $d(x,y) = d(x,F)$. 于是当 $x \notin F$ 时 $d(x,F) > 0$.

证明　若 $x \in F$, 则取 $y = x$ 即可, 此时 $d(x,y) = 0 = d(x,F)$. 若 $x \notin F$, 则由定义存在 $y_k \in F$, 使

$$d(x,y_k) \to d(x,F), \quad k \to \infty.$$

此时 $\{d(x,y_k)\}_{k\geqslant 1}$ 是有界实数列, 从而易知 $\{y_k\}_{k\geqslant 1}$ 是有界的. 由定理 1.5.17, 有子列 $\{y_{k_p}\}$ 收敛于某个 $y \in \mathbf{R}^n(p \to \infty)$. 但 F 是闭集, 故 $y \in F$. 再由 $d(x,y_{k_p}) \to d(x,y)$ 得知 $d(x,y) = d(x,F)$. 定理证毕.

定理 1.5.19 (闭集套定理)　设 $\{F_k\}_{k\geqslant 1}$ 是 $\mathbf{R}^n$ 中一列单减的非空有界闭集, 则 $\bigcap\limits_{k=1}^{\infty} F_k \neq \varnothing$.

证明　任取 $x_k \in F_k(k \geqslant 1)$, 则 $\{x_k\}_{k\geqslant 1}$ 是有界点列. 由定理 1.5.17, 有子列 $\{x_{m_p}\}$ 收敛于 $x \in \mathbf{R}^n(p \to \infty)$. 现在对任何 $k \geqslant 1$, 由定理条件, 当 p 充分大时皆有 $x_{m_p} \in F_k$ 并且 F_k 是闭集. 从而 $x \in F_k$. 定理证毕.

注　本定理中 "有界" 这个条件不能少. 例如 $\{[k,\infty)\}_{k\geqslant 1}$ 是 $\mathbf{R}$ 中一列单减闭集. 但它们的交是空集.

(十) 开覆盖、紧集

设 $E \subset \mathbf{R}^n, \{G_\lambda : \lambda \in \varLambda\}$ 是 $\mathbf{R}^n$ 中一族开集. 如果 $E \subset \bigcup\{G_\lambda : \lambda \in \varLambda\}$, 则 $\{G_\lambda\}$ 称为 E 的一个**开覆盖**. 若 E 的任一开覆盖中存在有限个开集仍构成 E 的一个开覆盖, 则 E 称为**紧集**.

定理 1.5.20 为使 $\mathbf{R}^n$ 中的集 F 是紧集, 充分必要条件是 F 是有界闭集.

证明 设 F 是紧集. 此时 $\{V(0,k)\}_{k \geqslant 1}$ 是 F 的一个开覆盖, 从而有 k_0 使 $\{V(0,k)\}_{1 \leqslant k \leqslant k_0}$ 仍是 F 的覆盖. 此时 $F \subset V(0,k_0)$, 故 F 有界. 其次设 $x \in F^c$, 则 $\left\{y : d(x,y) > \dfrac{1}{k}\right\}_{k \geqslant 1}$ 是 F 的一个开覆盖. 从而有 k_0 使 $\left\{y : d(x,y) > \dfrac{1}{k}\right\}_{1 \leqslant k \leqslant k_0}$ 仍是 F 的一个开覆盖. 这样, $V\left(x, \dfrac{1}{k_0}\right) \subset F^c$. 这说明 F^c 是开集, 从而 F 是闭集.

反之设 F 是有界闭集, $\{G_\lambda : \lambda \in \varLambda\}$ 是 F 的任一开覆盖. 既然 F 有界, 不妨设 F 包含在一个边长为 a 的闭方体 I 中. 现假若 $\{G_\lambda\}$ 中没有 F 的有限覆盖, 则由定理 1.5.13, 必有 I 中边长为 $\dfrac{a}{2}$ 的闭方体 I_1 使 $I_1 \bigcap F \neq \varnothing$ 并且 $\{G_\lambda\}$ 中没有 $I_1 \bigcap F$ 的有限覆盖. 类似地 I_1 中有边长为 $\dfrac{a}{2^2}$ 的闭方体 I_2 使 $I_2 \bigcap F \neq \varnothing$, 并且 $\{G_\lambda\}$ 中没有 $I_2 \bigcap F$ 的有限覆盖. 如此等等, 我们可以得到一个非空单减的有界闭集列 $\{I_k \bigcap F\}_{k \geqslant 1}$, 使对每一 $k \geqslant 1$, I_k 是边长为 $\dfrac{a}{2^k}$ 的闭方体, 并且 $\{G_\lambda\}$ 中没有 $I_k \bigcap F$ 的有限覆盖. 现由定理 1.5.19, 存在 $\xi \in \bigcap\limits_{k=1}^{\infty} (I_k \bigcap F)$. 既然 $\xi \in F$, 从而有某 G_{λ_0} 使 $\xi \in G_{\lambda_0}$. 又 G_{λ_0} 是开集, 故有 $\varepsilon > 0$ 使 $V(\xi, \varepsilon) \subset G_{\lambda_0}$. 另一方面由于 I_k 的边长 $\dfrac{a}{2^k} \to 0$ 并且 $\xi \in I_k \bigcap F$, 因此当 k 充分大时有 $I_k \bigcap F \subset V(\xi, \varepsilon) \subset G_{\lambda_0}$. 这和 "对任何 $k \geqslant 1, \{G_\lambda\}$ 中没有 $I_k \bigcap F$ 的有限覆盖" 矛盾. 从而 $\{G_\lambda\}$ 中有 F 的有限覆盖. 这样 F 是紧集. 定理证毕.

定理 1.5.21 设 $F \subset \mathbf{R}^n$ 是紧集, f 是沿 F 连续的函数, 则:

(i) f 在 F 上有界并能达到最大和最小值;

(ii) f 在 F 上一致连续, 即对任何 $\varepsilon > 0$, 有 $\delta > 0$ 使

$$|f(x) - f(y)| < \varepsilon, \quad d(x,y) < \delta, \quad x, y \in F.$$

此定理的证明请读者自行完成.

第 1 章习题与例题

1. 证明定理 1.1.1, 1.1.3 及 1.1.4.
2. 求证: (i) $A - B = A \bigcap B^c = B^c - A^c$;

(ii) $\bigcup\limits_{n=1}^{\infty} A_n - \bigcup\limits_{n=1}^{\infty} B_n \subset \bigcup\limits_{n=1}^{\infty} (A_n - B_n)$;

(iii) $\bigcup\limits_{n=1}^{\infty} (A - A_n) = A - \bigcap\limits_{n=1}^{\infty} A_n$;

(iv) $A_1 \times B_1 - A_2 \times B_2 = [(A_1 - A_2) \times B_1] \bigcup [A_1 \times (B_1 - B_2)]$.

3. 设 $f(x)$ 和 $f_n(x)(n \geqslant 1)$ 都是 $\mathbf{R}$ 上的实函数, 求证:

$$\{x : \lim_{n\to\infty} f_n(x) = f(x)\} = \bigcap_{r=1}^{\infty} \bigcup_{n=1}^{\infty} \bigcap_{k=n}^{\infty} \left\{x : |f_k(x) - f(x)| < \frac{1}{r}\right\}.$$

4. 证明: (i) 对任何集 A 和 B, 必有集 C 使 $A \triangle C = B$;

(ii) $A \triangle (B \triangle C) = (A \triangle B) \triangle C$;

(iii) $A_1 \triangle A_2 \triangle \cdots \triangle A_n = \{x : x$ 属于且仅属于 $\{A_k\}_{1\leqslant k\leqslant n}$中奇数个 $A_k\}$.

5. 设 $\{A_n\}_{n\geqslant 1}$ 是一个集列, 令

$$B_1 = A_1,\quad B_n = A_n - \bigcup_{k=1}^{n-1} A_k,\quad n \geqslant 2,$$

求证: $\{B_n\}_{n\geqslant 1}$ 两两不相交且 $\bigcup\limits_{n=1}^{\infty} B_n = \bigcup\limits_{n=1}^{\infty} A_n$.

6. 设 $\{A_n\}$ 是一列集合. 求证:

(i) $\chi_{\varlimsup\limits_{n\to\infty} A_n}(x) = \varlimsup\limits_{n\to\infty} \chi_{A_n}(x)$;

(ii) $\chi_{\varliminf\limits_{n\to\infty} A_n}(x) = \varliminf\limits_{n\to\infty} \chi_{A_n}(x)$.

7. 设映射 $f : X \to Y$. 求证:

(i) 若 $A \subset X$, 则 $A \subset f^{-1}[f(A)]$, 并且当 f 为一一映射时 $A = f^{-1}[f(A)]$;

(ii) 若 $B \subset Y$, 则 $f[f^{-1}(B)] = B \bigcap f(X)$ 且 $f^{-1}(B^c) = [f^{-1}(B)]^c$;

(iii) 当且仅当 f 为一一映射时, 对任何 $A, B \subset X$ 有 $f(A \bigcap B) = f(A) \bigcap f(B)$;

(iv) 当且仅当 f 为完全一一映射时, 对任何 $A \subset X$ 有 $f(A^c) = [f(A)]^c$.

8. 设 f 是 $\mathbf{R}$ 上的实函数. 若有 $M > 0$, 使对任何有限个两两不等的实数 $x_1, \cdots, x_n$ 有 $\left|\sum\limits_{k=1}^{n} f(x_k)\right| \leqslant M$, 求证: $\{x : f(x) \neq 0\}$ 是至多可数集.

9. 求证: $\mathbf{R}$ 上单调函数的间断点是至多可数的.

10. 设 f 是 $[a, b]$ 上单增实值函数, $f([a, b])$ 是区间 $[f(a), f(b)]$ 的稠子集, 求证: f 连续.

11. 若 $A_2 \subset A_1, B_2 \subset B_1, A_2 \sim B_2, A_1 \sim B_1$, 试问是否必有 $A_1 - A_2 \sim B_1 - B_2$?

12. 求证: 有限个可数集的直积是可数集. (无限个可数集呢?)

13. **例**　设实数集 E 不可数. 求证: 有 x, 使对任何 $\delta > 0, E \bigcap (x - \delta, x + \delta)$ 不可数.

证明　用反证法. 不然对任何 $x \in E$, 必有 $\delta_x > 0$ 使 $E \bigcap (x - \delta_x, x + \delta_x)$ 至多可数. 从而对每一 $x \in E$, 必有满足 $r_x < x < R_x$ 的有理数 r_x 和 R_x, 使 $E \bigcap (r_x, R_x)$ 至多可数. 由题 12, $\{(r_x, R_x)\}_{x\in E}$ 中至多只有可数个开区间. 从而 $E = \bigcup\limits_{x\in E} [E \bigcap (r_x, R_x)]$ 是一个至多可数集, 此与题设矛盾.

14. 求证: E 中满足题 13 中条件的点 x 的全体是不可数集.

15. 设 $\{x_n\}_{n\geqslant 1}$ 是可数个实数. 试具体写出一个单增函数 f, 它以 $\{x_n\}_{n\geqslant 1}$ 为其间断点全体.
16. 证明 $\mathbf{R}$ 上的实函数 f 的第一类间断点 (即左右极限存在有限的间断点) 是至多可数的. (提示: 用 $f(x_+)$ 表示 f 在点 x 的右极限. 则 $\{x : |f(x)-f(x_+)|>0\} = \bigcup\limits_{n=1}^{\infty}\left\{x : |f(x)-f(x_+)|>\frac{1}{n}\right\}$. 证明 $\left\{x : |f(x)-f(x_+)|>\frac{1}{n}\right\}$ 是至多可数集.)
17. 设 $E\subset\mathbf{R}^3$, E 中任何两点的距离是有理数, 求证 E 至多可数. (提示: 空间中两个圆, 或者重合, 或者至多相交两个点.)
18. 求证: 有限 n 元数列全体及有理系数多项式全体都是可数集.
19. 若 $\mathbf{R}$ 中的集 A 不可数, 求证: 必有 $x\in A$, 使对任何 $\delta>0, (x-\delta,x)$ 和 $(x,x+\delta)$ 中都有 A 中的点, 而且这种 x 全体也是不可数的.
20. **例** 设 $\overline{\overline{A\bigcup B}}=c$ (连续统势). 求证: A 和 B 中至少有一个的基数为 c.

    证明 我们不妨设 $A\bigcup B=\mathbf{R}^2$, A 和 B 是 $\mathbf{R}^2$ (平面) 中的两个子集, $\mathbf{R}^2$ 中的点用 (x,y) 来表示. 现显然有 $\overline{\overline{A}}\leqslant c$ 及 $\overline{\overline{B}}\leqslant c$. 今假设 $\overline{\overline{A}}<c$ 及 $\overline{\overline{B}}<c$. 于是有 $x_0\in\mathbf{R}$, 使对一切 $y\in\mathbf{R}$ 有 $(x_0,y)\notin A$; 同样有 $y_0\in\mathbf{R}$, 使对一切 $x\in\mathbf{R}$ 有 $(x,y_0)\notin B$. 这样 $(x_0,y_0)\notin A\bigcup B=\mathbf{R}^2$, 矛盾.
21. 设 $\bigcup\limits_{n=1}^{\infty}A_n$ 有连续统势. 求证: 至少有一个 A_n 有连续统势.
22. 具体构造下列集之间的一个完全一一映射:

    (i) $[0,1]$ 与 $(0,1)$;

    (ii) $(0,1]$ 与 $(0,1]\times(0,1]$;

    (iii) 正整数列全体与严格单增正整数列全体.
23. 求证: $\mathbf{R}$ 上实函数全体有基数 2^c.
24. 若 $A\bigcap B=\varnothing$, 求证 $\overline{A}\bigcap B^\circ=\varnothing$.
25. 求证:

    (i) $(A^c)^\circ=(\overline{A})^c$; (ii) $\overline{A^c}=(A^\circ)^c$;

    (iii) $\overline{A\bigcup B}=\overline{A}\bigcup\overline{B}$; (iv) $\overline{A\bigcap B}\subset\overline{A}\bigcap\overline{B}$;

    (v) $A^\circ\bigcup B^\circ\subset(A\bigcup B)^\circ$; (vi) $(A\bigcap B)^\circ=A^\circ\bigcap B^\circ$.
26. 设 A 为开集. 求证: 为使 $A\subset\overline{B}$, 充要条件是 A 的任一非空开子集与 B 有非空交.
27. 设 A 为开集. 求证: $A\bigcap\overline{B}\subset\overline{A\bigcap B}$.
28. (i) 若 A 为开集, 求证: $A\subset(\overline{A})^\circ$;

    (ii) 若 A 为闭集, 求证: $\overline{A^\circ}\subset A$.
29. 求证: $\mathbf{R}^n$ 中任一集的导集是闭集.
30. (i) 若 $A\subset B$, 求证: $A'\subset B'$;

    (ii) 若 $A'\subset B\subset A$, 求证: B 是闭集.
31. 求证: $(A\bigcup B)'=A'\bigcup B'$, $(A\bigcap B)'\subset A'\bigcap B'$.
32. 求证: $\mathbf{R}^n$ 中任一集的孤立点是至多可数的.
33. 若 A 不可数, 求证: A' 也不可数.

34. 设对每一整数 n, F_n 是 $[n, n+1)$ 中的闭集. 求证: $\bigcup\limits_{n=-\infty}^{\infty} F_n$ 是 $\mathbf{R}$ 中的闭集.

35. 设 $A \subset \mathbf{R}^n$. 若对任何 $x \in \mathbf{R}^n$, 必有 $a_x \in A$ 使 $d(x, a_x) = d(x, A)$, 求证: A 是闭集.

36. 设 f 在 $\mathbf{R}$ 上单增. 求证:

$$E = \{x: \text{对任何 } \varepsilon > 0 \text{ 有 } f(x+\varepsilon) - f(x-\varepsilon) > 0\}$$

是闭集.

37. 设 $F \subset \mathbf{R}^n$ 是一个无限集. 求证; 为使 F 是有界闭集, 充要条件是对 F 的任一无限子集 E 有 $E' \bigcap F \neq \varnothing$.

38. 设 $E \subset \mathbf{R}$. 若 E 被一个区间族 $\{I_\lambda\}_{\lambda \in \Lambda}$ 所覆盖, 求证: E 可被 $\{I_\lambda\}_{\lambda \in \Lambda}$ 的一个可数子族所覆盖. (提示: 令 a_λ 和 b_λ 分别是 I_λ 的左、右端点, $A = \{a_\lambda\}_{\lambda \in \Lambda}, B = \{b_\lambda\}_{\lambda \in \Lambda}, C = \bigcup\limits_{\lambda \in \Lambda} (a_\lambda, b_\lambda)$. 证明 $A - C$ 和 $B - C$ 都是至多可数集, 从而问题化为 I_λ 都是开区间的情形.)

39. 设 F_1 和 F_2 是两个闭集, 其中一个有界. 求证: 必有 $x_1 \in F_1$ 及 $x_2 \in F_2$ 使 $d(x_1, x_2) = \inf\{d(y_1, y_2) : y_1 \in F_1, y_2 \in F_2\}$.

40. 求证: 闭区间不能表示成两个不相交非空闭集的并.

41. **例** 求证开区间 (a, b) 不能表示成可数个两两不相交的闭集 $\{F_n\}_{n \geqslant 1}$ 的并.

证明 假设 $(a, b) = \bigcup\limits_{n=1}^{\infty} F_n$. 由题 39, 存在 a_1 和 b_1 使 $a < a_1 < b_1 < b$, 并且 $\{a_1, b_1\} \subset F_1 \bigcup F_2, (a_1, b_1) \bigcap (F_1 \bigcup F_2) = \varnothing$. 此时 $(a_1, b_1) = \bigcup\limits_{n=3}^{\infty} F_n^{(1)}$, 其中 $F_n^{(1)} = F_n \bigcap (a_1, b_1)$ 是闭集而且 $\{F_n^{(1)}\}_{n \geqslant 3}$ 两两不相交 (不妨设它们都非空).

同理存在 a_2 和 b_2 使 $a_1 < a_2 < b_2 < b_1$, 并且 $\{a_2, b_2\} \subset F_3^{(1)} \bigcup F_4^{(1)}, (a_2, b_2) \bigcap (F_3^{(1)} \bigcup F_4^{(1)}) = \varnothing$. 此时 $(a_2, b_2) = \bigcup\limits_{n=5}^{\infty} F_n^{(2)}$, 其中 $F_n^{(2)} = F_n^{(1)} \bigcap (a_2, b_2)$ 是闭集而且 $\{F_n^{(2)}\}_{n \geqslant 5}$ 两两不相交 (不妨设它们都非空).

如此做下去. 可以证明 $E = \bigcap\limits_{n=1}^{\infty} (a_n, b_n)$ 非空, 而且 $E \bigcap \left(\bigcup\limits_{n=1}^{\infty} F_n \right) = \varnothing$. 此与 $(a, b) = \bigcup\limits_{n=1}^{\infty} F_n$ 矛盾.

42. 平面上的开圆盘或空间中的开球能表示成可数个两两不相交的闭集的并吗? (提示: 令 $D = \{(x, y) \in \mathbf{R}^2 : x^2 + y^2 < 1\}$ 是 $\mathbf{R}^2$ 中的开圆盘, 并假设 $D = \bigcup F_n$, 其中 $\{F_n\}$ 是两两不相交闭集列. 令 $F_n^* = \{x \in (-1, 1) : (x, 0) \in F_n\}$, 然后研究 $\{F_n^*\}$.)

43. 证明定理 1.5.15.

44. 设 $\{f_k\}_{k \geqslant 1}$ 是 $\mathbf{R}$ 上一列连续函数. 求证: $\{\varliminf\limits_{k \to \infty} f_k(x) > 0\}$ 是可数个闭集的并, $\{\varlimsup\limits_{k \to \infty} f_k(x) = \infty\}$ 是可数个开集的交.

45. 求证: $\mathbf{R}$ 上任一实函数的连续点全体是可数个开集的交.

46. 求证: 闭集是可数个开集的交, 开集是可数个闭集的并.

47. 设 F_1 和 F_2 是两个不相交的闭集. 求证: 有不相交开集 G_1 和 G_2, 使 $F_1 \subset G_1, F_2 \subset G_2$.

48. 若有界闭集族 $\{F_\lambda\}_{\lambda\in\Lambda}$ 中任何有限个元的交非空, 求证 $\bigcap\limits_{\lambda\in\Lambda} F_\lambda \neq \varnothing$.

上述命题中若把 "有界闭集" 改成 "闭集", 命题是否还成立?

49. 设 G 是开集, $\{F_\lambda\}_{\lambda\in\Lambda}$ 是有界闭集族并且 $\bigcup\limits_{\lambda\in\Lambda} F_\lambda \subset G$. 求证: $\{F_\lambda\}_{\lambda\in\Lambda}$ 中有有限个元, 它们的交是 G 的子集.

50. 设 f 在 $\mathbf{R}$ 上可微, 而且对任何 $\alpha\in\mathbf{R}$, $\{x : f'(x)=\alpha\}$ 是闭集. 求证: $f'(x)$ 连续.

51. 求证: 用十进制小数表示 $[0,1]$ 中的数时, 其用不着数字 7 的一切数构成一完备集.

52. 求证: 满足题 13 中条件的点 x 全体是一个完备集.

53. 求证: $\mathbf{R}$ 中任一不可数闭集必是一个完备集与一个至多可数集的并.

54. 求证: $\mathbf{R}$ 中任一非空完备集有连续统势.

55. 求证: $C+C=[0,2]$, 其中 C 是 Cantor 完备集, $C+C=\{x+y : x,y\in C\}$, 并且对每一 $x\in[0,2]$, 具体描述 C 中的 y 和 z 使 $x=y+z$. (提示: 仅取 0 和 2 的二元数列 $\{a_n\}$ 所对应的实数 $x=\sum\limits_{n=1}^{\infty}\dfrac{a_n}{3^n}$ 都在 C 中.)

56. 若 A 能表示为至多可数个疏集的并, 则 A 称为**第一纲集**; 非第一纲集称为**第二纲集**. 求证:

(i) 至多可数集是第一纲集;

(ii) 区间是第二纲集;

(iii) $[a,b]$ 中能表示为可数个开集的交的稠子集是第二纲集.

57. 若 $\mathbf{R}$ 上的连续函数列 $\{f_k\}_{k\geqslant 1}$ 使对每一 $x\in\mathbf{R}$, 数列 $\{f_k(x)\}_{k\geqslant 1}$ 有界, 求证: $\{f_k\}$ 必在一个区间上一致有界.

58. 若 f 在 $[0,1]$ 中所有有理点处连续. 求证: f 至少在一个无理点处连续.

59. **例** 设对任何 $x,y\in\mathbf{R}$, $f(x+y)=f(x)+f(y)$. 现若 f 不是连续函数, 求证: $\{(x,f(x)) : x\in\mathbf{R}\}$ 在 $\mathbf{R}^2$ 中稠.

证明 此时由条件可得三个结论: f 在 $x=0$ 不连续; $f(0)=0$; 对每一有理数 r 有 $f(rx)=rf(x)$. 因此不妨设有 $x_k>0, x_k\to 0, f(x_k)\geqslant\varepsilon$, 其中 ε 是与 k 无关的正数.

现在首先可证明对任何实数 y, 必有实数列 $\{b_p\}_{p\geqslant 1}$ 使 $(b_p,f(b_p))\to(0,y)$. 事实上对每一 $p\geqslant 1$, 取 k_p 使 $x_{k_p}<\dfrac{1}{p}$. 取有理数列 $\{r_p\}$ 使 $r_pf(x_{k_p})\to y(p\to\infty)$. 此时易证 $\{r_p\}$ 是有界的, 从而 $r_px_{k_p}\to 0(p\to\infty)$. 取 $b_p=r_px_{k_p}$ 即可. 现对任何 $(x,y)\in\mathbf{R}^2$, 由上述, 存在 $\{b_p\}_{p\geqslant 1}$ 使 $(b_p,f(b_p))\to(0,y-f(x))(p\to\infty)$. 从而得知 $(b_p+x,f(b_p+x))\to(x,y)$.

60. 把 $[0,1)$ 表示成 c 个两两不相交的完备集的并.

第 2 章 Lebesgue 测度

我们先介绍 "广义实数" 这个概念. 所谓 λ 是一个广义实数, 是指或者 $\lambda \in \mathbf{R}$, 或者 $\lambda = +\infty$, 或者 $\lambda = -\infty$. 因此广义实数全体就是在 $\mathbf{R}$ 中加入了两个新的 "数" $+\infty$ 和 $-\infty$. $+\infty$ 有时也简写成 ∞.

(i) 广义实数的加法和减法.

若 $a \in \mathbf{R}$, 则规定

$$\begin{aligned}
&a + (\pm\infty) = (\pm\infty) + a = \pm\infty;\\
&a - (\pm\infty) = \mp\infty; (\pm\infty) - a = \pm\infty;\\
&(\pm\infty) + (\pm\infty) = \pm\infty;
\end{aligned}$$

(ii) 广义实数的乘法与除法.

若 $a \in \mathbf{R}$, 则规定

$$\begin{aligned}
&a \cdot (\pm\infty) = (\pm\infty) \cdot a = \begin{cases} \pm\infty, & 若\ a > 0, \\ \mp\infty, & 若\ a < 0, \\ 0 & 若\ a = 0; \end{cases}\\
&(\pm\infty) \cdot (\pm\infty) = +\infty; \quad (\pm\infty) \cdot (\mp\infty) = -\infty;\\
&\frac{1}{\pm\infty} = 0; \quad \frac{\pm\infty}{a} = \frac{1}{a} \cdot (\pm\infty)(a \neq 0).
\end{aligned}$$

(iii) 广义实数的大小关系.

规定 $-\infty < +\infty$. 此外对任何 $a \in \mathbf{R}$, 规定

$$-\infty < a < +\infty.$$

2.1 引　言

若 I 是一个有界区间, 则 I 的长度定义为它的两个端点的距离, 记为 $\ell(I)$; 若 I 是一个无界区间, 则定义 I 的长度为 ∞, 也记成 $\ell(I)$. 这样,

$$\begin{aligned}
&\ell([0,1]) = \ell((0,1)) = 1,\\
&\ell((-\infty,0)) = \infty, \quad \ell([1,+\infty)) = \infty.
\end{aligned}$$

我们的目的是希望把上述仅对区间有定义的长度概念推广到更一般的实数集上去. 例如我们把它推广到了一个由实数子集构成的集族 Ω, 并且对 Ω 中每一元 E (这是一个实数子集), 我们用 $m(E)$ 表示 E 的 "长度". 此时很自然, 我们希望 Ω 满足下面 3 个条件:

(Ω_1) 所有区间都是 Ω 中的元;

(Ω_2) 若 $E \in \Omega$, 则 $E^c = \mathbf{R} - E \in \Omega$;

(Ω_3) Ω 中任意至多可数个元的并是 Ω 中的元.

而对 m, 我们希望它满足下面 3 个条件:

(m_1) 对每一 $E \in \Omega, m(E)$ 是一个非负广义实数, 即 $m(E)$ 或者是一个非负实数, 或者是 ∞;

(m_2) 对每一区间 $I, m(I) = \ell(I)$;

(m_3) 若 $\{E_n\}_{n\geqslant 1}$ 是 Ω 中任何一列两两不相交的元, 则 $m\left(\bigcup\limits_{n=1}^{\infty} E_n\right) = \sum\limits_{n=1}^{\infty} m(E_n)$.

对一般的 n 维欧氏空间有类似的问题. 下面我们来进行这一推广.

2.2 Lebesgue 外测度

对每一实数子集 E, 定义

$$m^*(E) = \inf\left\{\sum_n \ell(I_n) : \{I_n\}_{n\geqslant 1} \text{ 是一列开区间并且 } E \subset \bigcup_n I_n\right\}.$$

此时 $m^*(E)$ 称为 E 的 **Lebesgue 外测度**. 由于实数全体 $\mathbf{R}$ 是一个开区间并且 $E \subset \mathbf{R}$, 所以上述定义是合理的, 并且 $m^*(E)$ 是一个非负广义实数.

例 2.2.1 设 $E = \{x_n\}$ 是 $\mathbf{R}$ 中一个可数子集. 此时对任何 $\varepsilon > 0$, 令

$$I_n = \left(x_n - \frac{\varepsilon}{2^{n+1}}, x_n + \frac{\varepsilon}{2^{n+1}}\right), \quad n \geqslant 1,$$

则 I_n 是一个开区间并且 $E \subset \bigcup\limits_n I_n$. 现在 $\ell(I_n) = \dfrac{\varepsilon}{2^n}$, 所以 $\sum\limits_n \ell(I_n) = \varepsilon$. 从而 $m^*(E) \leqslant \varepsilon$. 但 ε 可以是任意的, 故 $m^*(E) = 0$.

由上例可知 $\mathbf{R}$ 中任何可数子集的外测度为 0. 同理可知空集 $\varnothing$ 和任何有限集的外测度也都为 0.

外测度有如下一些性质.

定理 2.2.1 (单增性) 若 $E_1 \subset E_2$, 则 $m^*(E_1) \leqslant m^*(E_2)$.

上述定理可从 m^* 的定义直接推得, 其证明留作习题.

定理 2.2.2 若 I 是一个区间, 则 $m^*(I) = \ell(I)$.

证明　先设 $I=[a,b]$ 是一个有界闭区间. 今若 $I\subset\bigcup\limits_n I_n$, 其中 $\{I_n\}_{n\geqslant 1}$ 是一列开区间, 则由 I 是紧集知 $\{I_n\}$ 中有有限个元 $I_1,I_2,\cdots,I_k$ 即可覆盖 I. 很明显此时 $\sum\limits_{i=1}^{k}\ell(I_i)>\ell(I)$, 因此 $\sum\limits_{n=1}^{\infty}\ell(I_n)>\ell(I)$. 这样从 m^* 的定义得

$$m^*(I)\geqslant \ell(I). \tag{2.1}$$

另一方面, 对任何 $\varepsilon>0, I\subset(a-\varepsilon,b+\varepsilon)$, 并由 m^* 定义知 $m^*(I)\leqslant\ell((a-\varepsilon,b+\varepsilon))=b-a+2\varepsilon$. 由 ε 的任意性得知 $m^*(I)\leqslant b-a=\ell(I)$. 这样结合 (2.1) 得 $m^*(I)=\ell(I)$.

其次设 $I=(a,b]$. 则对任何 $\varepsilon>0$, 由于

$$[a+\varepsilon,b]\subset(a,b]\subset[a,b],$$

所以由上段已证及外测度的单增性得知

$$b-a-\varepsilon=m^*([a+\varepsilon,b])\leqslant m^*(I)\leqslant m^*([a,b])=b-a,$$

这样由 ε 的任意性得 $m^*(I)=b-a=\ell(I)$.

完全类似, 可证当 $I=(a,b)$ 或 $I=[a,b)$ 时本定理成立.

最后, 若 I 是无界区间, 例如 $I=[a,+\infty)$, 则对任何 $b>a$, 有

$$m^*(I)\geqslant m^*([a,b])=b-a,$$

令 $b\to\infty$, 得 $m^*(I)=\infty=\ell(I)$.

至此定理证毕.

若 $m^*(E)<\infty$, 则由 $m^*(E)$ 的定义知对任何 $\varepsilon>0$, 有开区间列 $\{I_n\}_{n\geqslant 1}$, 使 $E\subset\bigcup\limits_n I_n$, 并且 $\sum\limits_n\ell(I_n)<m^*(E)+\varepsilon$. 这一结论在今后将会经常用到.

定理 2.2.3 (次可加性)　若 $\{E_n\}_{n\geqslant 1}$ 是任意一列实数子集, 则

$$m^*\left(\bigcup_n E_n\right)\leqslant\sum_n m^*(E_n). \tag{2.2}$$

证明　若 $\sum\limits_n m^*(E_n)=\infty$, 则式 (2.2) 自然成立. 所以我们只需讨论 $\sum\limits_n m^*(E_n)<\infty$ 的情形. 此时对任何 $\varepsilon>0$, 由于对每一 n 有 $m^*(E_n)<\infty$, 因而存在开区间列 $\{I_k^{(n)}\}_{k\geqslant 1}$, 使

$$E_n\subset\bigcup_k I_k^{(n)} \text{ 并且 } \sum_k\ell(I_k^{(n)})<m^*(E_n)+\frac{\varepsilon}{2^n}.$$

现在 $\{I_k^{(n)} : k \geqslant 1, n \geqslant 1\}$ 是一列开区间, 满足

$$\bigcup_n E_n \subset \bigcup_n \bigcup_k I_k^{(n)},$$

并且

$$m^*\left(\bigcup_n E_n\right) \leqslant \sum_n \sum_k \ell(I_k^{(n)}) < \sum_n \left[m^*(E_n) + \frac{\varepsilon}{2^n}\right] = \sum_n m^*(E_n) + \varepsilon.$$

由 ε 任意性得式 (2.2). 定理得证.

2.3 Lebesgue 可测集与 Lebesgue 测度

设 E 是一个实数子集. 若对任何实数子集 A 有

$$m^*(A) \geqslant m^*(A \bigcap E) + m^*(A \bigcap E^c), \tag{2.3}$$

则 E 称为 **Lebesgue 可测集**, 或简称为可测集.

注意, 由于 $A = (A \bigcap E) \bigcup (A \bigcap E^c)$, 所以由外测度的次可加性, 式 (2.3) 的相反不等式是自然成立的. 所以我们有

定理 2.3.1 为使 E 可测, 充分必要条件是对任何 A 有

$$m^*(A) = m^*(A \bigcap E) + m^*(A \bigcap E^c).$$

以后我们用 Ω 表示可测集全体. 对每一 $E \in \Omega$, 记 $m(E) = m^*(E)$, $m(E)$ 称为可测集 E 的 **Lebesgue 测度**, 或简称为测度. 本节中先讨论 Ω 和 m 的一些基本性质.

定理 2.3.2 若 $m^*(E) = 0$, 则 $E \in \Omega$ 并且 $m(E) = 0$.

证明 此时对任何 A, 从

$$0 \leqslant m^*(A \bigcap E) \leqslant m^*(E) = 0$$

得知 $m^*(A \bigcap E) = 0$; 再从 $A \supset A \bigcap E^c$ 得知 (2.3) 成立. 所以 $E \in \Omega$. 定理证毕.

由上定理, 外测度为 0 的集是可测的, 其测度为 0. 这样的集以后称为**零测集**. 例如至多可数集都是零测集 (见例 2.2.1).

定理 2.3.3 若 E 是区间, 则 $E \in \Omega$ 并且 $m(E) = \ell(E)$.

证明 此时 $E^c = \mathbf{R} - E = E_1 \bigcup E_2$, 其中 E_1 和 E_2 是两个不相交的区间 (它们可能是空集).

对任何 A, 若 $m^*(A)=\infty$, 则式 (2.3) 自然成立. 所以设 $m^*(A)<\infty$. 此时对任何 $\varepsilon>0$, 有开区间列 $\{I_n\}_{n\geqslant 1}$, 使

$$A\subset\bigcup_n I_n \text{ 并且 } m^*(A)+\varepsilon>\sum_n \ell(I_n).$$

现在 $A\bigcap E\subset\bigcup_n(I_n\bigcap E)$ 并且 $I_n\bigcap E$ 都是区间, 所以利用 2.2 节中的一些结果得知

$$\begin{aligned}m^*(A\bigcap E)&\leqslant m^*\left[\bigcup_n(I_n\bigcap E)\right]\leqslant\sum_n m^*(I_n\bigcap E)\\&=\sum_n \ell(I_n\bigcap E).\end{aligned}\tag{2.4}$$

类似推理得知

$$m^*(A\bigcap E_1)\leqslant\sum_n \ell(I_n\bigcap E_1),\tag{2.5}$$

$$m^*(A\bigcap E_2)\leqslant\sum_n \ell(I_n\bigcap E_2).\tag{2.6}$$

现在对每一 $n\geqslant 1, I_n\bigcap E, I_n\bigcap E_1$ 和 $I_n\bigcap E_2$ 是三个两两不相交的区间, 它们的并是区间 I_n, 所以易知

$$\ell(I_n\bigcap E)+\ell(I_n\bigcap E_1)+\ell(I_n\bigcap E_2)=\ell(I_n).$$

这样把式 (2.4), 式 (2.5) 和式 (2.6) 相加, 得

$$\begin{aligned}&m^*(A\bigcap E)+m^*(A\bigcap E_1)+m^*(A\bigcap E_2)\\\leqslant&\sum_n \ell(I_n)<m^*(A)+\varepsilon.\end{aligned}\tag{2.7}$$

又 $A\bigcap E^c=(A\bigcap E_1)\bigcup(A\bigcap E_2)$, 从而由次可加性,

$$m^*(A\bigcap E^c)\leqslant m^*(A\bigcap E_1)+m^*(A\bigcap E_2).\tag{2.8}$$

结合式 (2.7) 和式 (2.8) 得

$$m^*(A\bigcap E)+m^*(A\bigcap E^c)<m^*(A)+\varepsilon.$$

由 ε 任意性得知式 (2.3) 成立. 从而区间 E 可测. 又对区间 E 来说 $m^*(E)=\ell(E)$ (定理 2.2.2), 所以区间 E 的测度 $m(E)$ 就是其长度 $\ell(E)$. 定理证毕.

引理 2.3.1 若 $E_1\in\Omega, E_2\in\Omega$, 则 $E_1\bigcap E_2\in\Omega$.

证明 我们要证对任何 A 有

$$m^*(A) \geqslant m^*(A \bigcap E_1 \bigcap E_2) + m^*[A \bigcap (E_1 \bigcap E_2)^c]. \tag{2.9}$$

首先由 E_1 可测得知

$$m^*(A) \geqslant m^*(A \bigcap E_1) + m^*(A \bigcap E_1^c). \tag{2.10}$$

其次由 E_2 可测得知

$$m^*(A \bigcap E_1) \geqslant m^*(A \bigcap E_1 \bigcap E_2) + m^*(A \bigcap E_1 \bigcap E_2^c). \tag{2.11}$$

结合式 (2.10) 和式 (2.11) 得

$$m^*(A) \geqslant m^*(A \bigcap E_1 \bigcap E_2) + m^*(A \bigcap E_1 \bigcap E_2^c) + m^*(A \bigcap E_1^c). \tag{2.12}$$

但 $(E_1 \bigcap E_2)^c = E_1^c \bigcup E_2^c = E_1^c \bigcup (E_1 \bigcap E_2^c)$, 所以由外测度的次可加性得

$$m^*[A \bigcap (E_1 \bigcap E_2)^c] \leqslant m^*(A \bigcap E_1^c) + m^*(A \bigcap E_1 \bigcap E_2^c). \tag{2.13}$$

由式 (2.12) 和式 (2.13) 推得式 (2.9).

引理 2.3.2 若 $\{E_n\}_{n \geqslant 1}$ 是一列两两不相交的可测集, 则 $\bigcup\limits_n E_n \in \Omega$.

证明 令

$$E = \bigcup_n E_n.$$

对任何 A, 我们首先用归纳法证明对任何 $n \geqslant 1$ 有

$$m^*(A) \geqslant \sum_{k=1}^{n} m^*(A \bigcap E_k) + m^*(A \bigcap E^c). \tag{2.14}$$

事实上当 $n = 1$ 时, 从 $E_1^c \supset E^c$ 及 E_1 可测得知

$$\begin{aligned} m^*(A) &\geqslant m^*(A \bigcap E_1) + m^*(A \bigcap E_1^c) \\ &\geqslant m^*(A \bigcap E_1) + m^*(A \bigcap E^c). \end{aligned}$$

故当 $n = 1$ 时式 (2.14) 成立. 现假设对 n 及任何 A, 式 (2.14) 成立. 任意取定 A, 则有 (在式 (2.14) 中用 $A \bigcap E_{n+1}^c$ 代替 A)

$$\begin{aligned} m^*(A \bigcap E_{n+1}^c) \geqslant &\sum_{k=1}^{n} m^*(A \bigcap E_{n+1}^c \bigcap E_k) \\ &+ m^*(A \bigcap E_{n+1}^c \bigcap E^c). \end{aligned} \tag{2.15}$$

既然 $\{E_n\}_{n\geqslant 1}$ 是两两不相交的, 从而

$$E_{n+1}^c\bigcap E_k = E_k, \quad k=1,2,\cdots,n.$$

另一方面, 显然 $E_{n+1}^c\bigcap E^c = E^c$, 这样式 (2.15) 即为

$$m^*(A\bigcap E_{n+1}^c) \geqslant \sum_{k=1}^{n} m^*(A\bigcap E_k) + m^*(A\bigcap E^c). \tag{2.16}$$

又从 E_{n+1} 可测得知

$$m^*(A) \geqslant m^*(A\bigcap E_{n+1}) + m^*(A\bigcap E_{n+1}^c). \tag{2.17}$$

结合式 (2.16) 和式 (2.17) 得

$$m^*(A) \geqslant \sum_{k=1}^{n+1} m^*(A\bigcap E_k) + m^*(A\bigcap E^c).$$

这样由归纳法得知对任何 A 及 $n\geqslant 1$, 式 (2.14) 成立. 现在在式 (2.14) 中任意固定 A 并令 $n\to\infty$, 即得

$$m^*(A) \geqslant \sum_{k} m^*(A\bigcap E_k) + m^*(A\bigcap E^c). \tag{2.18}$$

但从 $E=\bigcup\limits_k E_k$ 得知

$$\sum_{k} m^*(A\bigcap E_k) \geqslant m^*(A\bigcap E). \tag{2.19}$$

结合式 (2.18) 和式 (2.19) 得 $m^*(A)\geqslant m^*(A\bigcap E)+m^*(A\bigcap E^c)$. 这样 E 可测.

定理 2.3.4　(i) 可测集的补集是可测集;

(ii) 至多可数个可测集的并集和交集都是可测集.

证明　(i) 可由可测集的定义直接得.

为证 (ii), 设 $\{E_n\}_{n\geqslant 1}$ 是一列可测集. 令 $F_1=E_1$, 而当 $n\geqslant 2$ 时令

$$F_n = E_n - \bigcup_{k=1}^{n-1} E_k = E_n\bigcap\left(\bigcup_{k=1}^{n-1} E_k\right)^c = E_n\bigcap\left(\bigcap_{k=1}^{n-1} E_k^c\right).$$

由于 E_n 及 E_k^c 皆可测, 故由引理 2.3.1, F_n 可测. 又 $\{F_n\}_{n\geqslant 1}$ 是两两不相交的, 所以由引理 2.3.2, $\bigcup\limits_n F_n$ 可测. 但 $\bigcup\limits_n E_n=\bigcup\limits_n F_n$, 从而 $\bigcup\limits_n E_n$ 可测. 再由已证 (i) 及 $\bigcap\limits_n E_n=\left(\bigcup\limits_n E_n^c\right)^c$, $\bigcap\limits_n E_n$ 可测. 定理证毕.

推论 $\mathbf{R}$ 中的开集和闭集都是可测集.

证明 开区间是可测的. 而 $\mathbf{R}$ 中的开集是至多可数个开区间的并, 所以由本定理, 开集是可测的. 此外闭集作为开集的补集也是可测的.

至此我们已证明可测集全体 Ω 满足 2.1 节中的三个要求 $(\Omega_1) \sim (\Omega_3)$. 此外, 从测度 m 的定义及定理 2.3.3 知 Lebesgue 测度 m 满足 2.1 节中的 (m_1) 和 (m_2). 我们证明它也满足 (m_3), 这就是下面的

定理 2.3.5 (可数可加性) 若 $\{E_n\}_{n\geqslant 1}$ 是一列两两不相交的可测集, 则

$$m\left(\bigcup_n E_n\right) = \sum_n m(E_n).$$

证明 事实上, 在引理 2.3.2 的证明中我们已得知对任何 A, 不等式 (2.18) 成立, 其中 $E = \bigcup\limits_n E_n$. 特别地取 $A = E$, 式 (2.18) 成为 $m(E) \geqslant \sum\limits_n m(E_n)$. 但相反的不等式是明显成立的. 从而本定理得证.

至此, 我们完成了把区间的长度概念推广到更一般的集合的过程.

例 2.3.1 由 1.5 节中介绍的 Cantor 完备集 C 及 (1.15), 得知 $m(C) = 0$, 即 C 是零测集.

定理 2.3.6 当可测集列 $\{E_n\}_{n\geqslant 1}$ 满足下面两条件之一时有

$$\lim_n m(E_n) = m(\lim_n E_n), \tag{2.20}$$

(i) $\{E_n\}$ 单增;

(ii) $\{E_n\}$ 单减并且 $m(E_1) < \infty$.

证明 (i) 此时 $\lim\limits_n E_n = \bigcup\limits_n E_n$. 若 $\lim\limits_n m(E_n) = \infty$, 则式 (2.20) 自然成立. 所以只需讨论 $\lim\limits_n m(E_n) < \infty$ 的情形. 而此时若令 $E_0 = \varnothing$, 则由于 $\bigcup\limits_{n=1}^{\infty} E_n = \bigcup\limits_{n=1}^{\infty} (E_n - E_{n-1})$ 并且 $\{E_n - E_{n-1}\}$ 是两两不相交的, 从而由测度的可数可加性知

$$\begin{aligned} m(\lim_n E_n) &= m\left(\bigcup_n E_n\right) = m\left[\bigcup_n (E_n - E_{n-1})\right] \\ &= \sum_n m(E_n - E_{n-1}) = \sum_n [m(E_n) - m(E_{n-1})] \\ &= \lim_n m(E_n). \end{aligned}$$

(ii) 此时 $\lim\limits_n E_n = \bigcap\limits_n E_n$ 并且 $\{E_1 - E_n\}$ 单增, 故由 (i),

$$m\left(\bigcup_n (E_1 - E_n)\right) = \lim_n m(E_1 - E_n) = m(E_1) - \lim_n m(E_n). \tag{2.21}$$

又

$$\bigcup_n (E_1 - E_n) = E_1 - \bigcap_n E_n,$$

所以

$$m\left(\bigcup_n (E_1 - E_n)\right) = m\left(E_1 - \bigcap_n E_n\right) = m(E_1) - m\left(\bigcap_n E_n\right). \tag{2.22}$$

比较式 (2.21) 和式 (2.22), 即得

$$m(\lim_n E_n) = m\left(\bigcap_n E_n\right) = \lim_n m(E_n).$$

定理证毕.

注　当 $\{E_n\}$ 单减时, 式 (2.20) 一般不成立. 例如令 $E_n = (n, \infty)$, 则 $\lim\limits_n m(E_n) = \infty$, 但 $m(\lim\limits_n E_n) = m(\varnothing) = 0$.

2.4　测度的平移不变性及不可测集的例

设 $E \subset \mathbf{R}$ 及 $y \in \mathbf{R}$, 则

$$E_y = \{x + y : x \in E\}$$

称为 E **关于 y 的平移**. 关于平移, 我们有下面的引理 (其证明留作习题).

引理 2.4.1　设 E 和 F 是两个实数子集, 则对任何 y,

(i) $E \bigcap F_y = (E_{-y} \bigcap F)_y$;

(ii) $(E^c)_y = (E_y)^c$;

(iii) $m^*(E) = m^*(E_y)$.

现在我们有下面的定理.

定理 2.4.1 (测度的平移不变性)　设 E 可测, 则对任何实数 y, E_y 也可测并且 $m(E_y) = m(E)$.

证明　对任何 $A \subset \mathbf{R}$, 由上引理及 E 可测得知

$$m^*(A) = m^*(A_{-y}) \geqslant m^*(A_{-y} \bigcap E) + m^*(A_{-y} \bigcap E^c). \tag{2.23}$$

再由上面的引理,

$$m^*(A_{-y} \bigcap E) = m^*((A \bigcap E_y)_{-y}) = m^*(A \bigcap E_y),$$
$$m^*(A_{-y} \bigcap E^c) = m^*((A \bigcap (E^c)_y)_{-y}) = m^*(A \bigcap (E_y)^c),$$

这样式 (2.23) 成为

$$m^*(A) \geqslant m^*(A\bigcap E_y) + m^*(A\bigcap (E_y)^c),$$

因此 E_y 可测, 并且 $m(E_y) = m^*(E_y) = m^*(E) = m(E)$. 定理证毕.

下面我们给出一个不可测集的例子, 以说明不是所有的实数子集都可测. 对每一 $x \in [0,1]$, 令

$$E(x) = \{y \in [0,1] : y - x \text{ 是有理数}\}.$$

很明显我们有:

(i) $x \in E(x)$ 并且 $[0,1] = \bigcup\{E(x) : x \in [0,1]\}$.

其次,

(ii) 对 $[0,1]$ 中任何两点 x_1 和 x_2, 或者 $E(x_1) = E(x_2)$, 或者 $E(x_1)\bigcap E(x_2) = \varnothing$. 此外为使 $E(x_1) = E(x_2)$, 充要条件是 $x_1 - x_2$ 是有理数.

事实上, 若有 $y_0 \in E(x_1)\bigcap E(x_2)$, 则对任何 $y \in E(x_1)$, 此时 $y - x_1, x_1 - y_0$ 和 $y_0 - x_2$ 都是有理数, 从而

$$y - x_2 = (y - x_1) + (x_1 - y_0) + (y_0 - x_2)$$

是有理数, 因此 $y \in E(x_2)$. 这样 $E(x_1) \subset E(x_2)$. 同理可证 $E(x_2) \subset E(x_1)$. 因而 $E(x_1) = E(x_2)$.

现在按照 (i), 集族 $\{E(x) : x \in [0,1]\}$ 的并是 $[0,1]$. 而按照 (ii), 该集族中有许多集是相等的, 如相等的一类集中我们只取一个集, 则容易理解存在 $F \subset [0,1]$, 使

(iii) 集族 $\{E(x) : x \in F\}$ 的并是 $[0,1]$, 并且对任何 $x_1, x_2 \in F, x_1 \neq x_2$, 有 $E(x_1)\bigcap E(x_2) = \varnothing$.

下面我们证明 F 不可测, 为此令 $\{r_n\}_{n\geqslant 1}$ 是 $[-1,1]$ 中有理数全体, 并令 F_n 是 F 关于 r_n 的平移, 即

$$F_n = \{x + r_n : x \in F\}.$$

则 F_n 有下面两个性质:

(iv) 对任何 $m \neq n, F_m\bigcap F_n = \varnothing$.

事实上, 若 $F_m\bigcap F_n \neq \varnothing$, 则 F 中有 x_m 和 x_n 使 $x_m + r_m = x_n + r_n$. 于是 $x_m - x_n = r_n - r_m$ 是一个非零有理数, 从而由 (ii) 知 $E(x_m) = E(x_n)$, 这和 (iii) 矛盾.

(v) $[0,1] \subset \bigcup\limits_n F_n \subset [-1,2]$.

事实上对任何 $y \in [0,1]$, 由 (iii) 存在 $x \in F$ 使得 $y \in E(x)$, 于是 $y - x$ 为有

理数. 从而有某 r_k 使 $y-x=r_k$, 即 $y=x+r_k\in F_k$, 从而 $[0,1]\subset\bigcup\limits_n F_n$. 至于 $\bigcup\limits_n F_n\subset[-1,2]$ 是十分明显的.

有了上面这些准备工作, 就容易证明 F 的不可测性. 事实上假设 F 可测, 则由定理 2.4.1, F_n 也可测且 $m(F_n)=m(F)$. 但由 (iv) 知 $\{F_n\}_{n\geqslant 1}$ 是两两不相交的, 从而由 (v) 及测度的可数可加性得

$$1=m([0,1])\leqslant m\left(\bigcup_n F_n\right)=\sum_{n=1}^{\infty}m(F_n)\leqslant m([-1,2])=3,$$

即

$$1\leqslant\sum_{n=1}^{\infty}m(F)\leqslant 3.$$

上面这个不等式对任何 $m(F)$ 的值都是不可能成立的. 这个矛盾说明 F 不可测.

2.5　可测集用开集和闭集来逼近

本节说明可测集在测度很小的意义下可用开集和闭集来逼近.

定理 2.5.1　下面 3 件事等价:

(i) E 可测;

(ii) 对任何 $\varepsilon>0$, 有包含 E 的开集 G 使 $m^*(G-E)<\varepsilon$;

(iii) 对任何 $\varepsilon>0$, 有含于 E 中的闭集 F 使 $m^*(E-F)<\varepsilon$.

证明　设 (i) 成立. 先设 $m(E)<\infty$. 于是有开区间列 $\{I_n\}$ 使

$$E\subset\bigcup I_n \text{ 并且 } m(E)+\varepsilon>\sum\ell(I_n).$$

令 $G=\bigcup I_n$, 则 G 是开集, $G\supset E$, 并且

$$m(G)\leqslant\sum\ell(I_n)<m(E)+\varepsilon.$$

由此易知 $m(G-E)<\varepsilon$. 这样在 $m(E)<\infty$ 的情形下我们证明了 (ii).

对一般的可测集 E, 我们令

$$E_n=E\bigcap[n,n+1),\ n=0,\pm1,\pm2,\cdots$$

则 $\{E_n\}$ 是测度有限且两两不相交的可测集列, 并且 $E=\bigcup\limits_n E_n$. 现对每一整数 n, 由上段已证知存在开集 G_n, 使

$$E_n\subset G_n \text{ 并且 } m(G_n-E_n)<\frac{\varepsilon}{2^{|n|+2}}.$$

令 $G=\bigcup\limits_n G_n$, 则 G 是开集, $G\supset\bigcup\limits_n E_n=E$. 另一方面由于

$$\bigcup_n G_n-\bigcup_n E_n\subset\bigcup_n(G_n-E_n),$$

从而

$$m(G-E)\leqslant\sum_n m(G_n-E_n)<\sum_n\frac{\varepsilon}{2^{|n|+2}}<\varepsilon.$$

这样我们证明了由 (i) 可推得 (ii).

再设 (i) 成立. 此时 E^c 可测. 由上段证明, 有包含 E^c 的开集 G 使 $m(G-E^c)<\varepsilon$. 但 $G-E^c=E-G^c$, 所以 $m(E-G^c)<\varepsilon$. 而 $F=G^c$ 是包含在 E 中的闭集. 故由 (i) 可推得 (iii).

反之, 设 (ii) 成立. 此时对任何 $n\geqslant 1$, 有包含 E 的开集 G_n 使 $m^*(G_n-E)<\dfrac{1}{n}$. 令 $G=\bigcap\limits_n G_n$, 则 G 是包含 E 的可测集. 此外由于对任何 $n\geqslant 1, G-E\subset G_n-E$, 所以 $m^*(G-E)\leqslant m^*(G_n-E)<\dfrac{1}{n}$. 这样 $m^*(G-E)=0$. 从而 $G-E$ 是可测的. 于是 $E=G-(G-E)$ 是可测的. 这样, 由 (ii) 可推得 (i).

再设 (iii) 成立, 则对每一 $n\geqslant 1$, 有包含在 E 中的闭集 F_n 使 $m^*(E-F_n)<\dfrac{1}{n}$. 令 $F=\bigcup\limits_n F_n$, 则 F 是包含在 E 中的可测集. 此外对任何 $n\geqslant 1$, 由于 $E-F\subset E-F_n$, 所以 $m^*(E-F)\leqslant m^*(E-F_n)<\dfrac{1}{n}$. 这样 $m^*(E-F)=0$. 故 $E-F$ 是可测的. 从而 $E=F\bigcup(E-F)$ 可测. 于是由 (iii) 可推得 (i). 定理证毕.

若 E 能表示为可数个开集的交, 则 E 称为 G_δ **集**; 若 E 能表示为可数个闭集的并, 则 E 称为 F_σ **集**. 下面推论的证明留作习题.

推论 下面 4 件事等价:

(i) E 可测;

(ii) 任给 $\varepsilon>0$, 存在可测集 F 和 G, 使

$$F\subset E\subset G \text{ 并且 } m(G-F)<\varepsilon;$$

(iii) 存在包含 E 的 G_δ 集 G, 使 $m^*(G-E)=0$;

(iv) 存在包含于 E 中的 F_σ 集 F, 使 $m^*(E-F)=0$.

定理 2.5.2 设 E 可测且 $m(E)<\infty$. 则对任何 $\varepsilon>0$, 存在有限个端点都为有理数的开区间 $I_k, 1\leqslant k\leqslant n$, 使 $m(E\bigtriangleup G)<\varepsilon$, 其中 $G=\bigcup\limits_{k=1}^{n}I_k$.

证明 此时有端点都为有理数的开区间列 $\{I_k\}_{k\geqslant 1}$, 使 $E\subset D$ 并且 $m(D)\leqslant\sum\limits_{k=1}^{\infty}\ell(I_k)<m(E)+\dfrac{\varepsilon}{2}$, 其中 $D=\bigcup\limits_{k=1}^{\infty}I_k$. 于是有 n 使 $\sum\limits_{k=n+1}^{\infty}\ell(I_k)<\dfrac{\varepsilon}{2}$. 取 $G=\bigcup\limits_{k=1}^{n}I_k$,

则从

$$E \triangle G = (E - G) \bigcup (G - E) \subset (D - G) \bigcup (D - E)$$

得知 $m(E \triangle G) \leqslant m(D - G) + m(D - E) < \frac{\varepsilon}{2} + \frac{\varepsilon}{2} = \varepsilon$. G 即为所求. 定理证毕.

2.6　代数、σ 代数与 Borel 集

上节说明可测集与开集和闭集是 “差不多” 的. 此外粗略地说, 可测集通过至多可数次 “并”、“交”、“差” 和 “补” 的运算仍是可测集. 所以自然地可以问：可测集是否就是由开集和闭集通过至多可数次 “并”、“交”、“差” 和 “补” 的运算得到的呢? 本节就来谈这个问题.

设 X 是一个非空集 (不一定是实数集), $\mathcal{F}$ 是 X 上的一个非空集族. 若 $\mathcal{F}$ 满足下面条件中的 (i) 和 (ii), 则 $\mathcal{F}$ 称为是一个**代数**; 若 $\mathcal{F}$ 满足下面条件中的 (i) 和 (iii), 则 $\mathcal{F}$ 称为是一个 σ **代数**:

(i) 对任何 $F \in \mathcal{F}, F^c = X - F \in \mathcal{F}$;

(ii) 对任何 $F_1, F_2 \in \mathcal{F}, F_1 \bigcup F_2 \in \mathcal{F}$;

(iii) 对任何 $\{F_n\}_{n \geqslant 1} \subset \mathcal{F}, \bigcup\limits_n F_n \in \mathcal{F}$.

上面的条件 (ii) 可以说成是 $\mathcal{F}$ 关于 “有限并” 是封闭的, 条件 (iii) 可以说成是 $\mathcal{F}$ 关于 “可数并” 是封闭的. 因此 σ 代数是一个代数.

由定义及简单的集合运算, 容易证明下面的定理.

定理 2.6.1　设 $\mathcal{F}$ 是 X 上的一个代数, 则:

(i) X 和 $\varnothing$ 都是 $\mathcal{F}$ 中的元;

(ii) 对任何 $F_1, F_2 \in \mathcal{F}$, 有 $F_1 - F_2 \in \mathcal{F}$ 及 $F_1 \bigcap F_2 \in \mathcal{F}$;

此外若 $\mathcal{F}$ 是 X 上的一个 σ 代数, 则

(iii) 对 $\mathcal{F}$ 中任何一列元 $\{F_n\}_{n \geqslant 1}$, 有 $\bigcap\limits_n F_n \in \mathcal{F}$.

证明留作习题.

现设 $\mathcal{F}$ 是 X 上任一集族, 此时 $\mathcal{F}$ 不一定是一个代数. 但存在包含 $\mathcal{F}$ 的代数, 例如 X 的子集全体就是其中之一. 很明显, 包含 $\mathcal{F}$ 的所有代数的交仍是一个代数, 它称为**由 $\mathcal{F}$ 产生的代数**, 记为 $A(\mathcal{F})$. 于是 $A(\mathcal{F})$ 是包含 $\mathcal{F}$ 的最小代数; 同样, 包含 $\mathcal{F}$ 的所有 σ 代数的交仍是一个 σ 代数, 它称为**由 $\mathcal{F}$ 产生的 σ 代数**, 记为 $B(\mathcal{F})$. 于是 $B(\mathcal{F})$ 是包含 $\mathcal{F}$ 的最小 σ 代数. 特别地, 实轴上所有开区间产生的 σ 代数称为 **Borel σ 代数**, 记为 $\mathcal{B}$. $\mathcal{B}$ 中的元称为 **Borel 集**. 由于实轴上的开集是至多可数个开区间的并, 所以由 σ 代数的定义, 开集和闭集都是 Borel 集. 粗略地说, Borel 集是由开集和闭集通过至多可数次 “并”, “交”, “差” 和 “补” 等运算产生的.

定理 2.6.2　Borel 集是可测的.

证明 由可测集的性质知, 可测集全体 Ω 是一个包含所有开区间的 σ 代数. 但 $\mathcal{B}$ 是包含所有开区间的最小 σ 代数, 所以 $\mathcal{B}\subset\Omega$. 因此 Borel 集是可测集. 定理证毕.

定理 2.6.3 设 h 是 $\mathbf{R}$ 上严格单增连续函数, 则 h 把 Borel 集映射为 Borel 集.

证明 令

$$\mathcal{B}^*=\{B:B \text{ 和 } h(B) \text{ 都是 Borel 集}\}.$$

若 $B\in\mathcal{B}^*$, 则 B^c 是 Borel 集; 再由 h 严格单增得知 $h(B^c)=h(\mathbf{R})-h(B)$, 其中 $h(\mathbf{R})$ 是开区间, $h(B)$ 是 Borel 集, 故 $h(B^c)$ 是 Borel 集. 这样我们证明了当 $B\in\mathcal{B}^*$ 时有 $B^c\in\mathcal{B}^*$. 其次若 $\{B_n\}_{n\geqslant 1}$ 是 $\mathcal{B}^*$ 中一列元, 则 $\bigcup\limits_{n=1}^{\infty}B_n$ 和 $h\left(\bigcup\limits_{n=1}^{\infty}B_n\right)=\bigcup\limits_{n=1}^{\infty}h(B_n)$ 都是 Borel 集, 故 $\bigcup\limits_{n=1}^{\infty}B_n\in\mathcal{B}^*$. 这样 $\mathcal{B}^*$ 是一个 σ 代数. 由于 h 严格单增连续, 故 $\mathcal{B}^*$ 是包含所有开区间的 σ 代数. 因此 $\mathcal{B}^*\supset\mathcal{B}$. 但显然 $\mathcal{B}^*\subset\mathcal{B}$, 所以 $\mathcal{B}^*=\mathcal{B}$, 即对所有 Borel 集 $B, h(B)$ 是 Borel 集. 定理证毕.

下面我们说明存在不是 Borel 集的可测集. 在 1.5 节中我们知道 Cantor 函数 f 是 $[0,1]$ 上单增连续的, 它在 Cantor 完备集 C 关于 $[0,1]$ 的补集 G 的每一构成区间上是常数, 并且 $f([0,1])=[0,1]$. 此外我们也知道开集 G 的所有构成区间的长度之和为 1, 因此 $m(G)=1$. 这样 $m(C)=1-m(G)=0$, 即 Cantor 完备集是零测集. 现在令

$$g(x)=f(x)+x,\quad x\in[0,1],$$

则 g 是 $[0,1]$ 上严格单增连续函数, 并且易知

$$g([0,1])=[0,2],\quad m(g(G))=1.$$

从而 $m(g(C))=2-m(g(G))=1$, 即 $g(C)$ 是一个正测度集. 和构造 $[0,1]$ 中不可测集完全类似的方法可以构造 $g(C)$ 的不可测子集 E. 此时 $g^{-1}(E)\subset C$. 由于 C 是零测集, 所以 $g^{-1}(E)$ 是零测集, 它是一个可测集. 但 $g^{-1}(E)$ 不是 Borel 集, 因为不然, 利用定理 2.6.3, $g[g^{-1}(E)]=E$ 将是 Borel 集, 这和 E 不可测矛盾 (定理 2.6.2).

2.7 $\mathbf{R}^n$ 中的可测集

本节要说明, 上面 6 节中关于 $\mathbf{R}$ 中集的外测度、测度、可测集及有关性质稍作修改 (有的可一字不改), 即可适用于 $\mathbf{R}^n$ 中的情形.

首先如 1.5 节中所述, $\mathbf{R}^n$ 中一个长方体 I 的 "体积", 仍记为 $\ell(I)$, 即是 I 的所有边长的乘积.

现设 $E \subset \mathbf{R}^n$, 则

$$m^*(E) = \inf\left\{\sum_{k=1}^{\infty} \ell(I_k) : I_k \text{ 是开长方体并且 } E \subset \bigcup_{k=1}^{\infty} I_k\right\}$$

称为 E 的外测度, 它是一个非负广义实数.

有了 $\mathbf{R}^n$ 中子集的外测度定义, 就可以像 2.3 节中那样定义 $\mathbf{R}^n$ 中的可测集与测度 m. 此时除了定理 2.6.3 外, 本章中的所有定理在 $\mathbf{R}^n$ 中皆成立, 只需把 "区间" 改成 "长方体", 把 "实数子集" 改成 "$\mathbf{R}^n$ 中的子集", 把 "$\mathbf{R}$" 改成 "$\mathbf{R}^n$", 把 "Ω" 理解为 $\mathbf{R}^n$ 中可测集全体即可. 具体地说:

2.2 节中, 需要变动的是定理 2.2.2. 此时要证的是 $m^*(I) = \ell(I)$, 其中 I 是长方体. 在证明中只需先设 $I = \prod_{k=1}^{n} [a_k, b_k]$ 是有界闭长方体. 其他叙述类同.

2.3 节中, 需要变动的是定理 2.3.3 及定理 2.3.4 的推论. 对前者, 要证的是长方体可测, 并且其测度就是它的体积. 证明时先设 E 是半开长方体. 于是 $E^c = \mathbf{R}^n - E = \bigcup_{i=1}^{S} E_i$, 其中 $\{E_i\}$ 是有限个两两不相交的半开长方体. 对任何 $A \subset \mathbf{R}^n, m^*(A) < \infty$, 有半开长方体列 $\{I_p\}_{p\geqslant 1}$, 使

$$A \subset \bigcup_{p=1}^{\infty} I_p \text{ 并且 } m^*(A) + \varepsilon > \sum_p \ell(I_p).$$

注意, 此时 $I_p \bigcap E$ 及 $I_p \bigcap E_i$ 都是半开长方体. 有了这些准备, 其他叙述与定理 2.3.3 的证明类同. 至于定理 2.3.4 的推论, 由于 $\mathbf{R}^n$ 中的开集是可数个两两不相交的半开方体的并 (定理 1.5.14), 故可测.

2.4 节中, $\mathbf{R}^n$ 中的集 E 关于 $y \in \mathbf{R}^n$ 的平移也定义为 $E_y = \{x + y : x \in E\}$, 则引理 2.4.1 和定理 2.4.1 及其证明完全适用于 $\mathbf{R}^n$. 该节中不可测集的例作适当修改也适用于 $\mathbf{R}^n$.

2.5 节中, 作相应变动, 所有结果及其证明完全适用于 $\mathbf{R}^n$.

2.6 节中, 若把 $\mathbf{R}^n$ 中所有开长方体产生的 σ 代数称为 n 维 Borel σ 代数, 仍记为 $\mathcal{B}$, 并把 $\mathcal{B}$ 中的元仍称为 Borel 集, 则定理 2.6.2 适用于 $\mathbf{R}^n$, 只需在证明中把 "开区间" 改成 "开长方体" 即可. 结论 "可测集不一定是 Borel 集" 在 $\mathbf{R}^n$ 中也成立, 但其例子不能像定理 2.6.3 及其后的叙述中作相应的修改而得到.

例 2.7.1　设 $y = f(x)$ 是 $[a, b]$ 上非负 Riemann 可积函数. 令

$$E = \{(x, y) : a \leqslant x \leqslant b, 0 \leqslant y \leqslant f(x)\},$$

则 E 是 $\mathbf{R}^2$ 中的可测集, 并且

$$m(E)=\int_a^b f(x)\mathrm{d}x \quad (f(x) \text{ 在 } [a,b] \text{ 上的 Riemann 积分}). \tag{2.24}$$

证明 对每一正整数 n, 把 $[a,b]n$ 等分, 得分点 $\{x_k\}_{1\leqslant k\leqslant n}$, 其中

$$x_k=a+\frac{k(b-a)}{n},\quad k=0,1,\cdots,n.$$

令 M_k 和 m_k 分别是 $f(x)$ 在 $[x_{k-1},x_k]$ 上的上、下确界. 并令

$$E_{(n)}=\bigcup_{k=1}^n[x_{k-1},x_k]\times[0,m_k],\qquad E^{(n)}=\bigcup_{k=1}^n[x_{k-1},x_k]\times[0,M_k],$$
$$s_n=\sum_{k=1}^n m_k(x_k-x_{k-1}),\qquad S_n=\sum_{k=1}^n M_k(x_k-x_{k-1}).$$

于是 $E_{(n)}$ 和 $E^{(n)}$ 都是一些长方形的并, 可测. 并且容易得知

$$m(E_{(n)})=s_n,\quad m(E^{(n)})=S_n,\quad E_{(n)}\subset E\subset E^{(n)}.$$

任给 $\varepsilon>0$, 由 Riemann 可积充要条件知当 n 充分大时,

$$m(E^{(n)}-E_{(n)})=S_n-s_n=\sum_{k=1}^n(M_k-m_k)(x_k-x_{k-1})<\varepsilon.$$

从而由定理 2.5.1 之推论知 E 可测并且式 (2.24) 成立.

由于 $\int_a^b f(x)\mathrm{d}x$ 是曲边梯形 E 的面积, 因此从上述例子可以看到, $\mathbf{R}^2$ 中一个集合的测度正是通常 $\mathbf{R}^2$ 中一个图形的面积的推广. 由此也可得知 $\mathbf{R}^2$ 中任何一个多边形是可测的, 它的测度也就是它在通常意义下的面积.

下面我们讨论可测集的直积的可测性问题. 设 $n=p+q$, 其中 p 和 q 是正整数. $\mathbf{R}^n,\mathbf{R}^p,\mathbf{R}^q$ 中的 Lebesgue 测度我们都记成 m.

定理 2.7.1 设 P 和 Q 分别是 $\mathbf{R}^p$ 和 $\mathbf{R}^q$ 中的可测集, 则 $P\times Q$ 是 $\mathbf{R}^n$ 中的可测集, 其中 $n=p+q$, 并且

$$m(P\times Q)=m(P)\cdot m(Q). \tag{2.25}$$

证明 我们分以下几种情形.

(i) P 和 Q 分别是 $\mathbf{R}^p$ 和 $\mathbf{R}^q$ 中的长方体.

此时 $P\times Q$ 是 $\mathbf{R}^n$ 中的长方体, 故可测. 再由长方体体积的定义知式 (2.25) 成立.

(ii) P 和 Q 分别是 $\mathbf{R}^p$ 和 $\mathbf{R}^q$ 中的开集.

此时由定理 1.5.14,

$$P = \bigcup_{k=1}^{\infty} I_k, \quad \{I_k\}_{k\geqslant 1} \text{ 是 } \mathbf{R}^p \text{ 中两两不相交的半开方体;}$$
$$Q = \bigcup_{s=1}^{\infty} J_s, \quad \{J_s\}_{s\geqslant 1} \text{ 是 } \mathbf{R}^q \text{ 中两两不相交的半开方体.}$$

于是

$$P \times Q = \bigcup_{k,s=1}^{\infty} I_k \times J_s.$$

这样由 (i) 知 $P \times Q$ 在 $\mathbf{R}^n$ 中可测. 又因为 $\{I_k \times J_s\}_{k,s}$ 是 $\mathbf{R}^n$ 中两两不相交的长方体, 故由测度的可数可加性及 (i) 得

$$\begin{aligned} m(P \times Q) &= \sum_{k,s=1}^{\infty} m(I_k \times J_s) = \sum_{k,s=1}^{\infty} m(I_k) \cdot m(J_s) \\ &= \sum_{k=1}^{\infty} m(I_k) \sum_{s=1}^{\infty} m(J_s) = m(P) \cdot m(Q). \end{aligned}$$

(iii) P 和 Q 都是测度有限的集.

此时对任何 $\varepsilon > 0$, 取 $\varepsilon_1 > 0$ 使 $\varepsilon = \varepsilon_1[m(P) + m(Q) + 2\varepsilon_1]$. 由定理 2.5.1 及其推论, $\mathbf{R}^p$ 中有开集 G_p 和闭集 F_p 使

$$F_p \subset P \subset G_p \text{ 及 } m(G_p - F_p) < \varepsilon_1; \tag{2.26}$$

$\mathbf{R}^q$ 中有开集 G_q 和闭集 F_q 使

$$F_q \subset Q \subset G_q \text{ 及 } m(G_q - F_q) < \varepsilon_1. \tag{2.27}$$

现在 $F_p \times F_q$ 和 $G_p \times G_q$ 分别是 $\mathbf{R}^n$ 中的闭集和开集, 并且

$$F_p \times F_q \subset P \times Q \subset G_p \times G_q. \tag{2.28}$$

又 $G_p - F_p$ 和 $G_q - F_q$ 分别是 $\mathbf{R}^p$ 和 $\mathbf{R}^q$ 中的开集并且

$$G_p \times G_q - F_p \times F_q = [(G_p - F_p) \times G_q] \bigcup [G_p \times (G_q - F_q)],$$

因此由已证之 (ii) 及式 (2.26) 和式 (2.27), 得

$$m(G_p \times G_q - F_p \times F_q) < \varepsilon_1[m(Q) + \varepsilon_1] + [m(P) + \varepsilon_1]\varepsilon_1 = \varepsilon, \tag{2.29}$$

这样再次由定理 2.5.1 的推论得知 $P\times Q$ 可测. 进一步可从上述式 (2.26)~ 式 (2.29) 得到

$$\begin{aligned}m(P)\cdot m(Q)-\varepsilon &\leqslant m(G_p)\cdot m(G_q)-\varepsilon\\ &= m(G_p\times G_q)-\varepsilon\leqslant m(P\times Q)\\ &\leqslant m(G_p\times G_q)=m(G_p)\cdot m(G_q)\\ &\leqslant [m(P)+\varepsilon_1]\cdot[m(Q)+\varepsilon_1].\end{aligned}$$

由 ε 任意性得 $m(P\times Q)=m(P)\cdot m(Q)$.

(iv) P 和 Q 是一般可测集.

此时对每一 $k\geqslant 1$, 令 $P_k=P\bigcap[-k,k]^p, Q_k=Q\bigcap[-k,k]^q$, 其中 $[-k,k]^p$ 表示 p 个区间 $[-k,k]$ 的直积. 由 (iii) 知 $P_k\times Q_k$ 可测. 因此 $P\times Q=\bigcup\limits_{k=1}^{\infty}P_k\times Q_k$ 可测. 再由 $\{P_k\}_{k\geqslant1},\{Q_k\}_{k\geqslant1}$ 和 $\{P_k\times Q_k\}_{k\geqslant1}$ 都单增及定理 2.3.6,

$$\begin{aligned}m(P\times Q)&=\lim_{k\to\infty}m(P_k\times Q_k)=\lim_{k\to\infty}m(P_k)\cdot m(Q_k)\\ &=m(P)\cdot m(Q).\end{aligned}$$

至此定理证毕.

设 $E\subset\mathbf{R}^n$, 则记

$$E^{(-)}=\{(x,y)\in\mathbf{R}^n\times\mathbf{R}^n:x-y\in E\}.$$

引理 2.7.1 若 $E\subset\mathbf{R}^n, m^*(E)<\infty$, 则对任何 $s>0$,

$$m^*(E^{(-)}\bigcap[-s,s]^{2n})\leqslant(2s)^n m^*(E). \tag{2.30}$$

证明 先设 $E=\prod\limits_{k=1}^{n}(a_k,b_k]$ 是测度有限半开长方体, 记

$$e_k^{(-)}=\{(x_k,y_k)\in\mathbf{R}\times\mathbf{R}:x_k-y_k\in(a_k,b_k]\},\quad k=1,2,\cdots,n.$$

则 $e_k^{(-)}$ 是 $\mathbf{R}^2$ 中夹于直线 $x-y=a_k$ 和 $x-y=b_k$ 中的带形, 可测, 其宽度为 $\dfrac{b_k-a_k}{\sqrt{2}}$. 从而 $e_k^{(-)}\bigcap[-s,s]^2$ 在 $\mathbf{R}^2$ 中可测, 测度小于 $\sqrt{2}\cdot 2s\cdot\dfrac{b_k-a_k}{\sqrt{2}}=2s(b_k-a_k)$. 于是根据定理 2.7.1, $E^{(-)}\bigcap[-s,s]^{2n}=\prod\limits_{k=1}^{n}(e_k^{(-)}\bigcap[-s,s]^2)$ 在 $\mathbf{R}^n\times\mathbf{R}^n$ 中可测, 其测度小于 $(2s)^n\prod\limits_{k=1}^{n}(b_k-a_k)=(2s)^n m(E)$.

其次, 若 E 是 $\mathbf{R}^n$ 中开集, 则由定理 1.5.14, $E=\bigcup\limits_{p=1}^{\infty} I_p$, 其中 $\{I_p\}$ 是 $\mathbf{R}^n$ 中两两不相交的半开方体. 由 $E^{(-)}=\bigcup I_p^{(-)}$ 及上段已证易知式 (2.30) 成立.

对一般的 E, 此时有 $\mathbf{R}^n$ 中开集 G_p, 使 $E\subset G_p, m(G_p)\to m^*(E)(p\to\infty)$. 这样从

$$m^*(E^{(-)}\bigcap[-s,s]^{2n})\leqslant m^*(G_p^{(-)}\bigcap[-s,s]^{2n})\leqslant (2s)^n m(G_p),$$

得知式 (2.30) 也成立.

定理 2.7.2　若 $E\subset\mathbf{R}^n$ 可测, 则 $\{(x,y)\in\mathbf{R}^n\times\mathbf{R}^n: x-y\in E\}$ 是 $\mathbf{R}^n\times\mathbf{R}^n$ 中的可测集.

证明　只需证明对任何 $s>0, E^{(-)}\bigcap[-s,s]^{2n}$ 在 $\mathbf{R}^n\times\mathbf{R}^n$ 中可测. 任给 $\varepsilon>0$, 根据定理 2.5.1 的推论, 有闭集 F 和开集 G 使 $F\subset E\subset G$ 并且 $m(G-F)<\varepsilon$. 此时易知 $F^{(-)}$ 和 $G^{(-)}$ 分别是 $\mathbf{R}^n\times\mathbf{R}^n$ 中的闭集和开集. 故都可测. 此外, 由引理 2.7.1,

$$\begin{aligned}&m(G^{(-)}\bigcap[-s,s]^{2n}-F^{(-)}\bigcap[-s,s]^{2n})\\=&m((G-F)^{(-)}\bigcap[-s,s]^{2n})\\\leqslant&(2s)^n m(G-F)<(2s)^n\cdot\varepsilon.\end{aligned}$$

又 $F^{(-)}\bigcap[-s,s]^{2n}\subset E^{(-)}\bigcap[-s,s]^{2n}\subset G^{(-)}\bigcap[-s,s]^{2n}$, 再次利用定理 2.5.1 的推论可知 $E^{(-)}\bigcap[-s,s]^{2n}$ 可测, 从而 $E^{(-)}$ 可测. 定理证毕.

第 2 章习题与例题

1. 证明定理 2.2.1.
2. 求证: $m^*(E)=\inf\{m(Q): E\subset Q, Q$ 是开集$\}$.
3. 设 $E\subset\mathbf{R}, M>0$. 求证: $m^*(E)=\inf\left\{\sum\ell(I_n): I_n \text{ 是开区间}, \ell(I_n)<M, E\subset\bigcup\limits_{n=1}^{\infty} I_n\right\}$.
4. 设 G_1 和 G_2 是不相交开集, $E_1\subset G_1, E_2\subset G_2$, 求证: $m^*(E_1\bigcup E_2)=m^*(E_1)+m^*(E_2)$.
5. 若 $d(E_1,E_2)=\inf\{d(x_1,x_2): x_1\in E_1, x_2\in E_2\}>0$, 求证: $m^*(E_1\bigcup E_2)=m^*(E_1)+m^*(E_2)$.
6. 设 $m^*(A)<\infty, m^*(B)<\infty$, 求证: $|m^*(A)-m^*(B)|\leqslant m^*(A\bigtriangleup B)$.
7. **例**　设 $\{E_n\}_{n\geqslant 1}$ 单增, 求证: $m^*(\lim\limits_{n\to\infty} E_n)=\lim\limits_{n\to\infty} m^*(E_n)$.

   证明　若 $\lim\limits_{n\to\infty} m^*(E_n)=\infty$, 则命题显然成立. 故不妨设 $\lim\limits_{n\to\infty} m^*(E_n)<\infty$. 于是有开集 G_n 使 $E_n\subset G_n$ 并且 $m(G_n)<m^*(E_n)+\varepsilon$. 由 $\{E_n\}$ 的单增性, $E_n\subset\bigcap\limits_{s=n}^{\infty} G_s\triangleq$

P_n, 其中 P_n 可测, 单增且 $m(P_n) < m^*(E_n) + \varepsilon$. 从而

$$\begin{aligned} m^*(\lim_{n\to\infty} E_n) &= m^*\left(\bigcup_{n=1}^{\infty} E_n\right) \leqslant m\left(\bigcup_{n=1}^{\infty} P_n\right) \\ &= \lim_{n\to\infty} m(P_n) \leqslant \lim_{n\to\infty} m^*(E_n) + \varepsilon. \end{aligned}$$

由此易知所要证等式成立.

8. 设对每一 $x \in I = (a, b)$, A_x 是一个实数集, 而且当 $x_1 < x_2$ 时 $A_{x_1} \subset A_{x_2}$. 求证:

(i) $m^*\left(\bigcup_{x\in I} A_x\right) = \lim_{x\to b^-} m^*(A_x)$;

(ii) $m^*\left(\bigcap_{x\in I} A_x\right) \leqslant \lim_{x\to a^+} m^*(A_x)$;

(iii) 当 A_x 可测时 $m\left(\bigcup_{x\in I} A_x\right) = \lim_{x\to b^-} m(A_x)$; 此外当有某个 A_x 测度有限时, $m\left(\bigcap_{x\in I} A_x\right) = \lim_{x\to a^+} m(A_x)$.

9. 设 $E \subset \mathbf{R}, 0 < m^*(E) < \infty$, 求证: $f(x) = m^*((-\infty, x) \bigcap E)$ 是 x 的连续函数. 由此证明 $I = \{m^*(F) : F \subset E\}$ 是一个有界闭区间.

10. 设 $\{E_n\}_{n\geqslant 1}$ 是可测集列,

(i) 求证 $m(\varliminf_{n\to\infty} E_n) \leqslant \varliminf_{n\to\infty} m(E_n)$;

(ii) 若有 k_0 使 $m\left(\bigcup_{k=k_0}^{\infty} E_k\right) < \infty$, 求证:

$$m\left(\varlimsup_{n\to\infty} E_n\right) \geqslant \varlimsup_{n\to\infty} m(E_n);$$

(iii) 若 $m\left(\bigcup_{k=1}^{\infty} E_k\right) < \infty$ 且 $\lim_{n\to\infty} E_n$ 存在, 求证:

$$m\left(\lim_{n\to\infty} E_n\right) = \lim_{n\to\infty} m(E_n).$$

11. 设 A 可测并且 $m(A \triangle B) = 0$, 求证: B 可测.

12. 设 $0 < m(E) < \infty$. 求证: 有测度皆为 $m(E)$ 的开集列 $\{G_n\}_{n\geqslant 1}$, 使 $m(E \triangle G_n) \to 0 (n \to \infty)$.

13. 设 E_1 和 E_2 都可测, 求证: $m(E_1) + m(E_2) = m(E_1 \bigcup E_2) + m(E_1 \bigcap E_2)$.

14. 求证: $\mathbf{R}$ 中可测集全体有基数 2^c.

15. (i) 若 F 是 $[0, 1]$ 中闭集且 $m(F) = 1$. 试问是否一定 $F = [0, 1]$?

(ii) 若 G 是 $(0, 1)$ 中开集且 $m(G) = 1$. 试问是否一定 $G = (0, 1)$?

16. 若 $A \bigcup B$ 和 A 都可测, 试问 B 是否一定可测? 若其中 $m(A) = 0$, 结论如何? 若 $A \bigcap B = \varnothing$, 结论又如何?

17. 设 $E \subset \mathbf{R}, m(E) > 0, 0 < \alpha < 1$. 求证: 有开区间 I 使 $m(I \bigcap E) > \alpha \cdot m(I)$.

18. 设可测集 $E \subset [0, 1]$. 若有 $\delta > 0$, 使对 $[0, 1]$ 中任何区间 (a, b) 有 $m(E \bigcap (a, b)) \geqslant \delta(b - a)$, 求证: $m(E) = 1$.

19. 设 $E\subset\mathbf{R}, m(E)>0, [a,b]$ 是有界区间, $\varepsilon>0$. 求证: 有有限个实数 $\{x_k\}_{1\leqslant k\leqslant n}$, 使 $[a,b]-\bigcup\limits_{k=1}^{n}E_{x_k}$ 的测度小于 ε, 其中 $E_{x_k}=\{x+x_k: x\in E\}$.

20. 设 $\{E_k\}_{k\geqslant 1}$ 是 $[0,1]$ 中测度皆为 1 的可测集列, 求证:

$$m\left(\bigcap_{k=1}^{\infty}E_k\right)=1.$$

21. 设 $\{E_k\}_{k\geqslant 1}$ 是 $[0,1]$ 中的可测集列, 使得 $m(E_k)\to 1(k\to\infty)$. 求证: 对任何 $0<\lambda<1$, 有子列 $\{E_{k_n}\}_{n\geqslant 1}$ 使 $m\left(\bigcap\limits_{n=1}^{\infty}E_{k_n}\right)>\lambda$.

22. 设 $\{E_k\}_{1\leqslant k\leqslant n}$ 是 $[0,1]$ 中的 n 个可测集, 满足 $\sum\limits_{k=1}^{n}m(E_k)>n-1$. 求证: $m\left(\bigcap\limits_{k=1}^{n}E_k\right)>0$.

23. 设 $\{I_\lambda\}_{\lambda\in\Lambda}$ 是一族区间, 求证: $E=\bigcup\limits_{\lambda\in\Lambda}I_\lambda$ 可测.

24. 设 $m^*(E)<\infty$. 试证下列 3 件事等价:
(i) E 可测;
(ii) 存在 E 的闭子集列 $\{F_n\}$ 使 $m(F_n)\to m^*(E)$;
(iii) 存在 E 的可测子集列 $\{E_n\}$ 使 $m(E_n)\to m^*(E)$.

25. 设 $m^*(E)<\infty$. 求证: 有 G_δ 集 H, 使 $H\supset E, m^*(E)=m(H)$.

26. 设 $A\bigcup B$ 可测且 $m(A\bigcup B)=m^*(A)+m^*(B)<\infty$. 求证: A 和 B 都可测. (提示: 取 G_δ 集 H 使 $H\supset B, m(H)=m^*(B)$. 此时可证 $(A\bigcup B)\bigcap H^c$ 是 A 的可测子集, 其测度为 $m^*(A)$.)

27. 构造不相交的集 A 和 B 使 $m^*(A\bigcup B)<m^*(A)+m^*(B)$.

28. 设 $E\subset\mathbf{R}, m(E)>0$. 令

$$E^*=\{x\in E: \text{对任何 } \delta>0 \text{ 有 } m(E\textstyle\bigcap(x-\delta,x+\delta))>0\}.$$

求证: E^* 可测且 $m(E^*)=m(E)$.

29. 设 $E\subset\mathbf{R}$ 可测, a 和 b 是两个实数. 求证: $F=\{ax+b: x\in E\}$ 可测并且 $m(F)=|a|\cdot m(E)$.

30. 设可测集 $E\subset[0,\infty), \lambda>0$. 求证: E^λ 可测, 其中 $E^\lambda=\{x^\lambda: x\in E\}$.

31. **例** 若 $E\subset\mathbf{R}, m(E)>0$, 求证 0 是 $\{x-y: x,y\in E\}$ 的内点.

证明 由题 17, 存在开区间 (a,b) 使 $m((a,b)\bigcap E)>\dfrac{3}{4}(b-a)$. 令 $F=(a,b)\bigcap E$. 可证 0 是 $H=\{x-y: x,y\in F\}$ 的内点. 因为不然就有 $z_n\notin H$ 使 $z_n\to 0$. 令 $F_n=\{x+z_n: x\in F\}$, 则 F_n 可测, $m(F_n)=m(F)>\dfrac{3}{4}(b-a)$, 而且对一切 $n\geqslant 1$ 有 $F_n\bigcap F=\varnothing$. 于是 $m(F_n\bigcup F)>\dfrac{6}{4}(b-a)$. 但对任何 $\varepsilon>0$, 当 n 充分大时 $F_n\bigcup F\subset(a-\varepsilon,b+\varepsilon)$. 由此得矛盾.

32. 设 $m(A)>0, m(B)>0$. 求证: $\{a-b: a\in A, b\in B\}$ 及 $\{a+b: a\in A, b\in B\}$ 都有内点.

33. 设 $m(E)>0$, 而且只要 $x,y\in E$, 就有 $\dfrac{x+y}{2}\in E$, 求证: E 有内点.

34. $(0,1)$ 中的数 x 用十进制表示, x_n 是其第 n 位小数. 令 $A_9=\{x\in(0,1):\max\{x_n\}=9\}$. 求证: $m(A_9)=1$.

35. 在题 34 中, 若 $A=\{x\in(0,1):\{x_n\}$ 中只有有限个 $9\}$, 求证: $m(A)=0$.

36. 设 $m(E)>0$. 求证: E 有不可测子集.

37. 设 F 是 $[0,1]$ 中不可测集. 求证: 有 $0<\varepsilon<1$, 使对 $[0,1]$ 中任何满足 $m(E)\geqslant\varepsilon$ 的可测集 $E, F\bigcap E$ 也是不可测集.

38. 设 $f(x)$ 定义在 $\mathbf{R}$ 上, 并且对任何可测集 $E, f(E)$ 可测. 求证: 对任何零测集 $Z, f(Z)$ 也是零测集. (提示: 利用题 36.)

39. 设 $f(x)$ 在 $\mathbf{R}$ 上连续. 求证: 为使 f 把任何可测集变为可测集, 充要条件是 f 把任何零测集变为零测集.

40. 设 $f(x)$ 在 $\mathbf{R}$ 上连续可微且 $f'(x)>0$. 求证: 当 E 可测时, $f^{-1}(E)$ 也可测.

41. **例** 设 $E\subset[a,b]$ 可测, $\{I_k\}_{1\leqslant k\leqslant n}$ 是 $[a,b]$ 中 n 个开区间, 并且 $m(I_k\bigcap E)\geqslant\dfrac{2}{3}m(I_k), 1\leqslant k\leqslant n$. 求证: $m\left(E\bigcap\left(\bigcup\limits_{k=1}^{n}I_k\right)\right)\geqslant\dfrac{1}{3}m\left(\bigcup\limits_{k=1}^{n}I_k\right)$.

证明 不失一般性, 设 $I_k=(a_k,b_k)$ 满足下列三条件: (i) $a_1<a_2<\cdots<a_n$; (ii) $\bigcup\limits_{k=1}^{n}I_k=(a_1,b_n)$; (iii) 对任何 $1<k<n$, $\bigcup\limits_{s\neq k}I_s$ 不是开区间.

此时 I_1 仅与 I_2 有非空交, I_n 仅与 I_{n-1} 有非空交, 而对任何 $1<k<n, I_k$ 仅与 I_{k-1} 及 I_{k+1} 有非空交. 下面对 $n=3$ 来证, 但其证法有一般性. 此时

$$I_1=(I_1-I_2)\bigcup(I_1\bigcap I_2)\triangleq A_1\bigcup A_2,$$

$$I_2=(I_1\bigcap I_2)\bigcup(I_2-I_1-I_3)\bigcup(I_2\bigcap I_3)\triangleq A_2\bigcup A_3\bigcup A_4,$$

$$I_3=(I_2\bigcap I_3)\bigcup(I_3-I_2)\triangleq A_4\bigcup A_5.$$

其中 $\{A_k\}_{1\leqslant k\leqslant 5}$ 两两不相交且 $\bigcup\limits_{k=1}^{5}A_k=\bigcup\limits_{k=1}^{3}I_k$. 令

$$a_k=m(A_k),\quad a_k^*=m(A_k\bigcap E),\quad 1\leqslant k\leqslant 5.$$

由于 $m(I_k\bigcap E)\geqslant\dfrac{2}{3}m(I_k)$, 从而由上面 3 个恒等式得

$$a_1^*+a_2^*=m(I_1\bigcap E)\geqslant\frac{2}{3}m(I_1)=\frac{2}{3}(a_1+a_2),$$

$$a_2^*+a_3^*+a_4^*=m(I_2\bigcap E)\geqslant\frac{2}{3}m(I_2)=\frac{2}{3}(a_2+a_3+a_4),$$

$$a_4^*+a_5^*=m(I_3\bigcap E)\geqslant\frac{2}{3}m(I_3)=\frac{2}{3}(a_4+a_5).$$

由此易知 $2\sum\limits_{k=1}^{5}a_k^*\geqslant\dfrac{2}{3}\sum\limits_{k=1}^{5}a_k$, 即 $m\left(E\bigcap\bigcup\limits_{k=1}^{3}I_k\right)\geqslant\dfrac{1}{3}m\left(\bigcup\limits_{k=1}^{3}I_k\right)$.

42. 设 $0 < \varepsilon < 1$. 试构造 $[0,1]$ 中测度为 ε 的完备疏集. (提示: 参考 Cantor 完备集的构造法.)

43. 构造 A 和 B, 使得 $A \bigcap B = \varnothing, A \bigcup B = [0,1]$, 并且对任何区间 $I \subset [0,1]$ 有 $m(A \bigcap I) > 0, m(B \bigcap I) > 0$.

第3章　可测函数

本章中所涉及的函数, 其定义域都是可测集, 取值都是广义实数.

3.1　可测函数的定义及有关性质

设函数 f 的定义域是可测集 D. 若对任何实数 α, 集合

$$\{x \in D : f(x) > \alpha\} \tag{3.1}$$

是可测集, 则称 f 是 D 上的**可测函数**. 如果在一个问题中所讨论的函数的定义域都是 D, 则我们经常把式 (3.1) 中的集简记为 $\{f > \alpha\}$. 此外, $\{f \geqslant \alpha\}, \{f = \alpha\}, \{f \leqslant \alpha\}, \{f < \alpha\}$ 等的意义可类似地来理解.

例 3.1.1　$\mathbf{R}$ 中的区间 D 上的连续函数 f 都是可测的.

事实上若 D 是开区间, 则对任何实数 α, 易知 $\{f > \alpha\}$ 是一个开集. 从而开区间上的连续函数可测. 若 D 是一个一般的区间, 则 f 在 D 的内核 D° 上连续, 其中 D° 是一个开区间, 它和 D 至多相差两个点. 这样对任何实数 α, 由 $\{x \in D^\circ : f(x) > \alpha\}$ 可测, 可推出 $\{x \in D : f(x) > \alpha\}$ 可测. 由此 f 在 D 上可测.

对可测集 D, 设 χ_D 是其特征函数. 则对任何实数 α,

$$\{\chi_D > \alpha\} = \begin{cases} \varnothing, & \alpha \geqslant 1, \\ D, & 0 \leqslant \alpha < 1, \\ \mathbf{R}, & \alpha < 0. \end{cases}$$

从而我们有下面的定理.

定理 3.1.1　可测集的特征函数是可测的.

下面的定理说明可测函数可以用其他方式来定义.

定理 3.1.2　设函数 f 的定义域是可测集 D, 则下面 4 个命题等价:

(i) f 在 D 上可测;

(ii) 对任何实数 $\alpha, \{f \geqslant \alpha\}$ 可测;

(iii) 对任何实数 $\alpha, \{f < \alpha\}$ 可测;

(iv) 对任何实数 $\alpha, \{f \leqslant \alpha\}$ 可测.

证明　本定理可从下面 4 个集合等式得到:

$$\{f \geqslant \alpha\} = \bigcap_{n=1}^{\infty} \left\{f > \alpha - \frac{1}{n}\right\},$$

$$\{f<\alpha\}=D-\{f\geqslant\alpha\},$$
$$\{f\leqslant\alpha\}=\bigcap_{n=1}^{\infty}\left\{f<\alpha+\frac{1}{n}\right\},$$
$$\{f>\alpha\}=D-\{f\leqslant\alpha\}.$$

定理证毕.

定理 3.1.3　设函数 f 和 g 都在可测集 D 上可测, 则

(i) $\{f=\lambda\},\{\alpha<f<\beta\},\{\alpha\leqslant f<\beta\},\{\alpha\leqslant f\leqslant\beta\},\{\alpha<f\leqslant\beta\}$ 都是可测集, 其中 $-\infty\leqslant\alpha<\beta\leqslant\infty,\lambda$ 是广义实数;

(ii) $\{f>g\}$ 是可测集.

证明　(i) 当 λ 是实数时, $\{f=\lambda\}=\{f\geqslant\lambda\}-\{f>\lambda\}$ 是可测集. 此外 $\{f=\infty\}=\bigcap_{n=1}^{\infty}\{f>n\}$ 和 $\{f=-\infty\}=\bigcap_{n=1}^{\infty}\{f<-n\}$ 都是可测集. 从而对任何广义实数 $\lambda,\{f=\lambda\}$ 是可测集. (i) 中其他集的可测性可从定理 3.1.2 推得.

(ii) 设 $\{r_n\}_{n\geqslant1}$ 是有理数全体, 则

$$\{f>g\}=\bigcup_{n=1}^{\infty}[\{f>r_n\}\bigcap\{g<r_n\}].$$

从而 $\{f>g\}$ 可测. 定理证毕.

定理 3.1.4　设 $\{f_n(x)\}_{n\geqslant1}$ 是可测集 D 上的一列可测函数, 则函数

$$\sup_{n\geqslant1}f_n(x),\quad \inf_{n\geqslant1}f_n(x),\quad \varlimsup_{n\to\infty}f_n(x),\quad \varliminf_{n\to\infty}f_n(x),$$

都是可测的.

证明　对任何实数 α, 由 $\{\sup_{n\geqslant1}f_n>\alpha\}=\bigcup_{n=1}^{\infty}\{f_n>\alpha\}$ 及 $\{\inf_{n\geqslant1}f_n<\alpha\}=\bigcup_{n=1}^{\infty}\{f_n<\alpha\}$ 知 $\sup_{n\geqslant1}f_n(x)$ 及 $\inf_{n\geqslant1}f_n(x)$ 是可测函数. 再由

$$\varlimsup_{n\to\infty}f_n(x)=\inf_{n\geqslant1}\sup_{k\geqslant n}f_k(x)\text{ 及 }\varliminf_{n\to\infty}f_n(x)=\sup_{n\geqslant1}\inf_{k\geqslant n}f_k(x)$$

知 $\varlimsup_{n\to\infty}f_n(x)$ 和 $\varliminf_{n\to\infty}f_n(x)$ 也都是可测函数. 定理证毕.

3.2　可测函数的其他性质

设 D 是可测集, $P(x)$ 是一个与 D 中每一点有关的命题. 若除了 D 的一个测度为 0 的子集 E 外, 对每一 $x\in D-E$ 命题 $P(x)$ 成立, 则我们说 $P(x)$ 在 D 上**几乎处处成立**, 或 “$P(x)$ 对几乎所有的 $x\in D$ 成立”.

例如由于使 $\sin x = 0$ 的点 x 的全体是一个可数集, 所以我们可以说 "$\sin x$ 几乎处处不为 0"; 再如只有当 $|\sin x| = 1$ 时 $\sin^n x \not\to 0(n \to \infty)$, 而 $|\sin x| = 1$ 的 x 的全体是一个可数集, 所以我们可以说 "当 $n \to \infty$ 时, $\sin^n x$ 在 $\mathbf{R}$ 上几乎处处收敛于 0".

又若 f 是可测集 D 上的一个可测函数, 并且 $f(D)$ 是由有限个实数 $a_1, a_2, \cdots, a_n$ 组成, 则 f 称为 D 上的**简单函数**. 此时

$$E_k = \{f = a_k\}, \quad k = 1, 2, \cdots, n$$

都是可测集, 并且 f 可以表示为

$$f(x) = \sum_{k=1}^{n} a_k \chi_k(x),$$

其中 χ_k 是 E_k 的特征函数.

由简单函数的定义易知若 f 和 g 都是 D 上的简单函数, λ 是实数, 则 $\lambda f, |f|, fg, f+g, f-g$ 也都是简单函数.

定理 3.2.1 设 f 在可测集 D 上可测, 则存在 D 上的简单函数列 $\{f_n\}_{n\geqslant 1}$, 使对每一 $x \in D, \{f_n(x)\}_{n\geqslant 1}$ 收敛于 $f(x)$. 此外:

(i) 当 f 非负时, 对每一 $x \in D, \{f_n(x)\}_{n\geqslant 1}$ 单增收敛于 $f(x)$;

(ii) 当 f 有界时, $\{f_n(x)\}_{n\geqslant 1}$ 在 D 上一致收敛于 $f(x)$.

证明 对每一 $n \geqslant 1$, 令

$$f_n(x) = \begin{cases} n, & \text{若 } f(x) \geqslant n, \\ \dfrac{k-1}{2^n}, & \text{若 } \dfrac{k-1}{2^n} \leqslant f(x) < \dfrac{k}{2^n}, \\ & k = -n2^n+1, -n2^n+2, \cdots, n2^n, \\ -n, & \text{若 } f(x) < -n. \end{cases} \tag{3.2}$$

则很明显 $\{f_n\}_{n\geqslant 1}$ 是一列简单函数. 现固定 $x \in D$.

若 $f(x) = \infty$, 则对每一 $n \geqslant 1$ 有 $f_n(x) = n$, 从而 $f_n(x) \to f(x)$; 若 $f(x) = -\infty$, 则对每一 $n \geqslant 1$ 有 $f_n(x) = -n$, 从而 $f_n(x) \to f(x)$; 最后若 $f(x)$ 是一个实数, 则当 n 充分大时, 存在惟一的 k_n 使得 $-n2^n + 1 \leqslant k_n \leqslant n2^n$, 并且

$$\frac{k_n - 1}{2^n} \leqslant f(x) < \frac{k_n}{2^n},$$

于是 $f_n(x) = \dfrac{k_n - 1}{2^n}, 0 \leqslant f(x) - f_n(x) < \dfrac{1}{2^n}$. 令 $n \to \infty$ 即得 $f_n(x) \to f(x)$.

特别地, 设 f 非负, 若 $f(x) = \infty$, 则 $f_n(x) = n$ 是单增的. 若 $f(x) < \infty$, 设 $n_0 \leqslant f(x) < n_0 + 1$, 这里 $n_0 \geqslant 0$. 现若 $1 \leqslant n \leqslant n_0$, 则 $f(x) \geqslant n, f_n(x) = n$, 即

$\{f_n(x)\}_{1\leqslant n\leqslant n_0}$ 单增. 若 $n>n_0$, 此时有惟一的 $k, 1\leqslant k\leqslant n\cdot 2^n$ 使 $f_{n_0}(x)=n_0\leqslant \frac{k-1}{2^n}\leqslant f(x)<\frac{k}{2^n}$. 于是由 $f_n(x)$ 的定义易知 $f_{n+1}(x)\geqslant f_n(x)\geqslant f_{n_0}(x)$. 这样 $\{f_n(x)\}$ 单增.

最后若 f 有界, M 是 $|f|$ 的一个上界, 则当 $n>M$ 时, $\{f\geqslant n\}$ 及 $\{f<-n\}$ 都是空集, 从而对一切 $x\in D$ 有 $|f_n(x)-f(x)|<\frac{1}{2^n}$. 于是 $\{f_n(x)\}_{n\geqslant 1}$ 一致收敛于 $f(x)$. 此为 (ii). 定理证毕.

注 1　由可测函数的定义, 一个函数 f 在可测集 D 上是否可测, 与 f 在 D 的一个零测子集上的值无关. 因此若 E 是 D 的一个零测子集, 那么不管 f 在 E 上有定义或没定义, 有定义的话 f 取什么值, 只要 f 在 $D-E$ 上可测, 我们就说 f 在 D 上可测.

注 2　设 $\{f_n\}_{n\geqslant 1}$ 是 D 上的可测函数列, E 是 D 的零测子集. 若对每一 $x\in D-E, f_n(x)\to f(x)$, 则由定理 3.1.4 知 $f(x)$ 在 $D-E$ 上可测. 从而由注 1, f 在 D 上可测. 这个结论可以说成 "可测函数列几乎处处收敛的极限是可测的".

注 3　设 f 和 g 都是 D 上的可测函数. 若对某 $x\in D, f(x)=\infty$ 且 $g(x)=-\infty$, 或 $f(x)=-\infty$ 且 $g(x)=\infty$, 则 $f(x)+g(x)$ 就没有意义. 但如果所有使 $f(x)+g(x)$ 没有定义的点 x 全体是零测集, 则我们同样可以讨论 $f+g$ 的可测性. 对 $f-g$ 也如此.

定理 3.2.2　设 f 和 g 都是可测集 D 上的可测函数, λ 是实数, 则 $\lambda f, |f|, fg$ 都是可测函数. 此外若 $f+g$ 和 $f-g$ 几乎处处有定义, 则它们也是可测的.

证明　本定理是简单函数的性质及定理 3.2.1 的直接推论. 例如对 fg, 由于 f 和 g 分别是简单函数列 $\{f_n\}$ 和 $\{g_n\}$ 逐点收敛的极限, 从而 fg 是简单函数列 $\{f_ng_n\}$ 逐点收敛的极限, 从而 fg 可测. 定理证毕.

3.3　可测函数用连续函数来逼近

本节说明在所有不相等点的测度很小的意义下, 可测函数可以用连续函数来逼近.

在数学分析中, 我们知道闭区间上连续函数列一致收敛的极限是连续的. 下面定理的证明留作习题.

定理 3.3.1　设 F 是一个紧集, $\{f_n\}_{n\geqslant 1}$ 是一列沿 F 连续的函数. 若 $\{f_n\}$ 在 F 上一致收敛于 f, 则 f 也沿 F 连续.

定理 3.3.2 (Egoroff)　设 f 和 $f_n(n\geqslant 1)$ 都是测度有限的集 D 上的几乎处处有限的可测函数. 若 f_n 在 D 上几乎处处收敛于 f, 则对任何 $\varepsilon>0$, 有 D 的闭子

集 F, 使 $m(D-F)<\varepsilon$, 并且 f_n 在 F 上一致收敛于 f.

证明 令

$$D_1=\{x\in D: f_n(x) \text{ 和 } f(x) \text{ 都有限且 } \lim_{n\to\infty} f_n(x)=f(x)\},$$

则由条件知 $m(D_1)=m(D)$. 令

$$A_n^{(r)}=D_1\bigcap\left[\bigcap_{k=n}^{\infty}\left\{|f_k(x)-f(x)|<\frac{1}{r}\right\}\right],\quad n,r=1,2,\cdots,$$

此时对每一固定的 $r\geqslant 1$, $\{A_n^{(r)}\}_{n\geqslant 1}$ 单增并且 $\bigcup\limits_{n=1}^{\infty}A_n^{(r)}=D_1$, 即 $\lim\limits_{n\to\infty}A_n^{(r)}=D_1$. 因此由测度性质及定理条件 $m(D)<\infty$, 存在 n_r, 使

$$m(D_1-A_{n_r}^{(r)})<\frac{\varepsilon}{2^{r+1}},\quad r=1,2,\cdots. \tag{3.3}$$

此时易知 f_n 在 $E=\bigcap\limits_{r=1}^{\infty}A_{n_r}^{(r)}$ 上一致收敛于 f, 此外

$$\begin{aligned}m(D-E)=m(D_1-E)&=m\left(\bigcup_{r=1}^{\infty}(D_1-A_{n_r}^{(r)})\right)\\&\leqslant\sum_{r=1}^{\infty}m(D_1-A_{n_r}^{(r)})<\sum_{r=1}^{\infty}\frac{\varepsilon}{2^{r+1}}=\frac{\varepsilon}{2}.\end{aligned}$$

再取 E 的闭子集 F 使 $m(E-F)<\frac{\varepsilon}{2}$. 则 f_n 在 F 上一致收敛于 f 并且 $m(D-F)\leqslant m(D-E)+m(E-F)<\varepsilon$. 定理证毕.

注 上述定理中的条件 "测度有限的集 D" 是不可少的. 例如在 $\mathbf{R}$ 中令 f_n 是区间 $[n,\infty)$ 的特征函数 $(n\geqslant 1)$, $f=0$, 则容易说明虽然 $f_n(x)$ 处处收敛于 $f(x)$, 但不存在闭集 F, 使 $m(\mathbf{R}-F)<1$, 而在 F 上 $f_n(x)$ 一致收敛于 $f(x)$.

引理 3.3.1 设 F 是 $\mathbf{R}$ 中的闭集, 函数 f 沿 F 连续, 则 f 可以开拓成 $\mathbf{R}$ 上的连续函数 f^*, 并且 $\sup\limits_{x\in\mathbf{R}}|f^*(x)|=\sup\limits_{x\in F}|f(x)|$.

证明 此时 $F^c=\bigcup(a_n,b_n)$ 是开集, 其中开区间族 $\{(a_n,b_n)\}$ 两两不相交. 今定义

$$f^*(x)=\begin{cases}f(x), & \text{若 } x\in F,\\ \text{线性}, & \text{若 } x\in[a_n,b_n] \text{ 且 } [a_n,b_n] \text{ 有界},\\ f(a_n), & \text{若 } x\in[a_n,b_n), \text{ 其中 } b_n=\infty,\\ f(b_n), & \text{若 } x\in(a_n,b_n], \text{ 其中 } a_n=-\infty.\end{cases}$$

则显然 f^* 是 $\mathbf{R}$ 上的连续函数, 它是 f 的开拓. 引理得证.

引理 3.3.2　设 f 是可测集 D 上的简单函数. 则对任何 $\varepsilon>0$, 有沿 D 连续的函数 f^* 使 $m(\{f\neq f^*\})<\varepsilon$.

证明　不妨设 $f(D)=\{a_k\}_{1\leqslant k\leqslant n}$, 其中 a_k 都是实数且两两不同. 令 $E_k=\{f=a_k\}$, 则 $\{E_k\}_{1\leqslant k\leqslant n}$ 两两不相交且 $D=\bigcup\limits_{k=1}^{n}E_k$. 现对每一 k, 令 F_k 是 E_k 的闭子集且 $m(E_k-F_k)<\dfrac{\varepsilon}{n}, k=1,2,\cdots,n$. 此时易知 f 沿闭集 $F=\bigcup\limits_{k=1}^{n}F_k$ 连续. 由引理 3.3.1, f 作为 F 上的函数可以开拓成沿 D 连续的函数 f^*, 此时

$$\begin{aligned}m(\{f\neq f^*\})&\leqslant m(D-F)=m\left(\bigcup_{k=1}^{n}E_k-\bigcup_{k=1}^{n}F_k\right)\\&\leqslant m\left(\bigcup_{k=1}^{n}(E_k-F_k)\right)\leqslant\sum_{k=1}^{n}m(E_k-F_k)<\varepsilon.\end{aligned}$$

引理证毕.

定理 3.3.3 (Lusin)　设 f 是可测集 D 上的几乎处处有限的可测函数. 则对任何 $\varepsilon>0$, 有沿 D 连续的函数 f^* 使 $m(\{f\neq f^*\})<\varepsilon$, 并且 $\sup\limits_{x\in D}|f^*(x)|\leqslant\sup\limits_{x\in D}|f(x)|$.

证明　不失一般性设 f 在 D 上处处有限.

先设 D 是有界可测集. 由定理 3.2.1, 有 D 上的简单函数列 $\{f_n\}$, 使 $f_n(x)\to f(x)(x\in D)$. 现对每一 $n\geqslant 1$, 由引理 3.3.2, 存在沿 D 连续的函数 f_n^*, 使

$$m(\{f_n\neq f_n^*\})<\frac{\varepsilon}{2^{n+1}},\quad n=1,2,\cdots$$

令

$$E=\bigcup_{n=1}^{\infty}\{f_n\neq f_n^*\},$$

则 $m(E)<\dfrac{\varepsilon}{2}$ 并且在 $D-E$ 上 $f_n^*(x)\to f(x)$. 由于 D 有界, 所以存在 $D-E$ 的有界闭子集 F, 使得 f_n^* 在 F 上一致收敛于 f 并且 $m(D-E-F)<\dfrac{\varepsilon}{2}$ (Egoroff 定理). 再由定理 3.3.1, f 沿 F 连续. 这样由引理 3.3.1, f 作为 F 上的函数可以开拓成沿 D 连续的函数 f^*. 此时 $m(\{f\neq f^*\})\leqslant m(D-F)<\varepsilon$. 这样我们在 D 有界的条件下证明了定理.

对一般的 $D\subset\mathbf{R}$, 此时对每一整数 n, 令

$$D_n=D\bigcap[n,n+1),\quad n=0,\pm1,\pm2,\cdots$$

则 D_n 都是有界的. 从而由上段证明, 对每一 n, 存在 D_n 的闭子集 F_n, 使 f 沿 F_n 连续, 并且

$$m(D_n-F_n)<\frac{\varepsilon}{2^{|n|+2}},\quad n=0,\pm1,\pm2,\cdots$$

此时 $F=\bigcup\limits_{n=-\infty}^{\infty} F_n$ 是闭集, 并且 f 沿 F 连续. 由引理 3.3.1, f 作为 F 上的函数可以开拓成 D 上的连续函数 f^*, 并且

$$\begin{aligned}m(\{f\neq f^*\}) &\leqslant m(D-F)=m(\bigcup D_n-\bigcup F_n)\\ &\leqslant m(\bigcup(D_n-F_n))\leqslant \sum_{n=-\infty}^{\infty} m(D_n-F_n)\\ &< \sum_{n=-\infty}^{\infty}\frac{\varepsilon}{2^{|n|+2}}<\varepsilon.\end{aligned}$$

定理证毕.

推论 若 f 是 $[a,b]$ 上几乎处处有限的可测函数, 则对任何 $\varepsilon>0$, 有 $[a,b]$ 上连续函数 f^*, 使 $m(\{f\neq f^*\})<\varepsilon$, 并且 $\max|f^*(x)|\leqslant \sup|f(x)|$.

3.4 测度收敛

设 f 和 $f_n(n\geqslant 1)$ 都是 D 上几乎处处有限的可测函数. 若对任何 $\delta>0$ 有

$$\lim_{n\to\infty} m(\{|f_n-f|\geqslant\delta\})=0,$$

则我们说 f_n 在 D 上**测度收敛**于 f.

例 3.4.1 对每一 $n\geqslant 1$, 把 $[0,1]n$ 等分, 得到 n 个小区间 $\left[\frac{k-1}{n},\frac{k}{n}\right], k=1,2,\cdots,n$, 这些小区间上的特征函数用 $\chi_{n,k}$ 表示, $1\leqslant k\leqslant n, n\geqslant 1$. 现令

$$\begin{aligned}&f=0\\&f_1=\chi_{1,1},\\&f_2=\chi_{2,1}, f_3=\chi_{2,2}\\&f_4=\chi_{3,1}, f_5=\chi_{3,2}, f_6=\chi_{3,3}\\&\cdots\cdots\cdots\cdots\end{aligned}$$

很明显在 $[0,1]$ 上 f_n 测度收敛于 f. 但对每一 $x\in[0,1], \{f_n(x)\}$ 中有无穷多项为 0, 也有无穷多项为 1, 所以 $\{f_n(x)\}$ 不收敛.

例 3.4.2 对每一 $n\geqslant 1$, 令 f_n 是区间 (n,∞) 的特征函数, 并令 $f=0$. 很明显, 对每一 $x\in\mathbf{R}$ 有 $f_n(x)\to f(x)$. 但对 $\delta=\frac{1}{2}$, 由于 $\left\{|f_n-f|\geqslant\frac{1}{2}\right\}=(n,\infty)$, 从而 $m\left(\left\{|f_n-f|\geqslant\frac{1}{2}\right\}\right)=\infty$. 所以在 $\mathbf{R}$ 上 f_n 不测度收敛于 f.

以上两例至少说明一件事, 即在一般情况下, "测度收敛" 与 "几乎处处收敛" 之间不存在一个隐含另一个的问题. 但我们有下面的定理.

定理 3.4.1 (Riesz) 设 f 和 $f_n(n \geqslant 1)$ 都是可测集 D 上的几乎处处有限的可测函数. 则:

(i) 若 f_n 测度收敛于 f, 则 $\{f_n\}_n$ 中必有子列几乎处处收敛于 f;

(ii) 若 $m(D) < \infty$, 并且 f_n 几乎处处收敛于 f, 则 f_n 测度收敛于 f.

证明 (i) 此时对每一 $k \geqslant 1$, 由于 $m\left(\left\{|f_n - f| \geqslant \dfrac{1}{2^k}\right\}\right) \to 0(n \to \infty)$, 因此有 n_k 使

$$m\left(\left\{|f_{n_k} - f| \geqslant \frac{1}{2^k}\right\}\right) < \frac{1}{2^k}, k \geqslant 1, n_1 < n_2 < \cdots$$

令

$$E = \bigcap_{p=1}^{\infty} \bigcup_{k=p}^{\infty} \left\{|f_{n_k} - f| \geqslant \frac{1}{2^k}\right\},$$

则对每一 $p \geqslant 1$,

$$m(E) \leqslant m\left(\bigcup_{k=p}^{\infty} \left\{|f_{n_k} - f| \geqslant \frac{1}{2^k}\right\}\right) < \sum_{k=p}^{\infty} \frac{1}{2^k} = \frac{1}{2^{p-1}}.$$

令 $p \to \infty$ 即得 $m(E) = 0$, 即 E 是零测集. 而对每一 $x \in D - E = \bigcup_{p=1}^{\infty} \bigcap_{k=p}^{\infty} \left\{|f_{n_k} - f| < \dfrac{1}{2^k}\right\}$, 必有某 $p_0 \geqslant 1$ 使 $x \in \bigcap_{k=p_0}^{\infty} \left\{|f_{n_k} - f| < \dfrac{1}{2^k}\right\}$, 即

$$|f_{n_k}(x) - f(x)| < \frac{1}{2^k}, \quad k \geqslant p_0.$$

从而 $f_{n_k}(x) \to f(x)(k \to \infty)$. 这就说明 f_{n_k} 几乎处处收敛于 f.

(ii) 任给 $\delta > 0$ 及 $\varepsilon > 0$, 由于 $m(D) < \infty$, 所以由 Egoroff 定理, 有 D 的可测子集 E 使 $m(D - E) < \varepsilon$, 并且 f_n 在 E 上一致收敛于 f. 这样有 N 使

$$|f_n(x) - f(x)| < \delta, \quad x \in E, n > N.$$

从而

$$m(\{|f_n - f| \geqslant \delta\}) \leqslant m(D - E) < \varepsilon, \quad n > N.$$

这说明 f_n 测度收敛于 f. 定理证毕.

在数学分析中我们知道一个数列收敛的充要条件是它是一个基本列. 对测度收敛我们也有类似的结论. 设 $f_n(n \geqslant 1)$ 都是可测集 D 上的几乎处处有限的可测函数. 若对任何 $\delta > 0$, 有

$$m(\{|f_m - f_n| \geqslant \delta\}) \to 0, \quad m, n \to \infty,$$

则 $\{f_n\}$ 称为是一个**测度基本列**.

定理 3.4.2 设 $f_n(n \geqslant 1)$ 都是可测集 D 上的几乎处处有限的可测函数. 则为使 $\{f_n\}$ 测度收敛于一个几乎处处有限的可测函数, 充分必要条件是 $\{f_n\}$ 是一个测度基本列.

证明 不失一般性, 设 f_n 都是 D 上处处有限的可测函数.

必要性: 设 f_n 测度收敛于 f. 此时对任何 $\delta > 0, \varepsilon > 0$, 有 N 使

$$m\left(\left\{|f_n - f| \geqslant \frac{\delta}{2}\right\}\right) < \frac{\varepsilon}{2}, \quad n > N.$$

但对任何 m 和 n, 下面的关系成立:

$$\{|f_m - f_n| \geqslant \delta\} \subset \left\{|f_m - f| \geqslant \frac{\delta}{2}\right\} \bigcup \left\{|f - f_n| \geqslant \frac{\delta}{2}\right\}.$$

从而当 $m, n > N$ 时,

$$m(\{|f_m - f_n| \geqslant \delta\}) < \frac{\varepsilon}{2} + \frac{\varepsilon}{2} = \varepsilon.$$

这说明 $\{f_n\}$ 是测度基本列.

充分性: 设 $\{f_n\}$ 是测度基本列. 于是由定义可知存在严格单增正整数列 $\{n_k\}_{k \geqslant 1}$, 使

$$m\left(\left\{|f_{n_{k+1}} - f_{n_k}| \geqslant \frac{1}{2^k}\right\}\right) < \frac{1}{2^k}, \quad k \geqslant 1.$$

令 $E = \bigcap\limits_{p=1}^{\infty} \bigcup\limits_{k=p}^{\infty} \left\{|f_{n_{k+1}} - f_{n_k}| \geqslant \frac{1}{2^k}\right\}$, 则和定理 3.4.1 的证明中类似可知 E 是零测集, 并且对每一 $x \in D - E, \{f_{n_k}(x)\}_k$ 是一个实数基本列. 从而对每一 $x \in D - E, f_{n_k}(x)$ 收敛于一个实数 $f(x)$. 这样 f 是 D 上几乎处处有限的可测函数. 现在任给 $\delta > 0$, 只要 k 充分大以使 $\frac{1}{2^{k-1}} < \delta$, 就有

$$(D - E)\bigcap\{|f_{n_k} - f| \geqslant \delta\} \subset \bigcup_{p=k}^{\infty} \left\{|f_{n_p} - f_{n_{p+1}}| \geqslant \frac{1}{2^p}\right\}.$$

从而当 k 充分大时,

$$m(\{|f_{n_k} - f| \geqslant \delta\}) \leqslant \sum_{p=k}^{\infty} \frac{1}{2^p} = \frac{1}{2^{k-1}},$$

这说明 f_{n_k} 测度收敛于 f. 最后由于

$$(D - E)\bigcap\{|f_n - f| \geqslant \delta\} \subset \left\{|f_n - f_{n_k}| \geqslant \frac{\delta}{2}\right\} \bigcup \left\{|f_{n_k} - f| \geqslant \frac{\delta}{2}\right\},$$

从而

$$m(\{|f_n-f|\geqslant\delta\})\leqslant m\left(\left\{|f_n-f_{n_k}|\geqslant\frac{\delta}{2}\right\}\right)+m\left(\left\{|f_{n_k}-f|\geqslant\frac{\delta}{2}\right\}\right),$$

于是由 $\{f_n\}$ 为测度基本列得知 f_n 测度收敛于 f. 定理证毕.

3.5　$\mathbf{R}^n$ 上的可测函数

前面 4 节中关于可测函数的定义及所有定理皆适用于 $\mathbf{R}^n$, 而且除定理 3.3.3 (Lusin 定理) 外, 其他所有定理的证明可一字不改.

定理 3.3.3 虽然在 $\mathbf{R}^n$ 中也成立, 但 3.3 节中给出的证明主要依赖于引理 3.3.2, 而引理 3.3.2 要用到引理 3.3.1, 即 "沿 $\mathbf{R}$ 中闭集 F 连续的函数可以开拓成 $\mathbf{R}$ 上的连续函数". 我们要证明把此引理中的 $\mathbf{R}$ 换成 $\mathbf{R}^n$ 也成立. 为此我们先给出

引理 3.5.1　设 F 是 $\mathbf{R}^n$ 中一个闭集, f 沿 F 连续, $\sup\limits_{x\in F}|f(x)|=M<\infty$. 则有 $\mathbf{R}^n$ 上的连续函数 g 使

$$\sup_{x\in\mathbf{R}^n}|g(x)|=\frac{1}{3}M,\quad \sup_{x\in F}|f_1(x)|=\frac{2}{3}M, \tag{3.4}$$

其中 $f_1(x)=f(x)-g(x)$.

证明　由于 f 沿 F 连续, 所以

$$F_1=f^{-1}\left(\left(-\infty,-\frac{M}{3}\right]\right)\quad 和\quad F_2=f^{-1}\left(\left[\frac{M}{3},\infty\right)\right)$$

是 F 中两个不相交的闭子集. 现讨论两种情形.

情形 1: F_1 和 F_2 中有一个是空集.

此时不妨设 $F_1=\varnothing$. 于是取 $g(x)\equiv\frac{1}{3}M, x\in\mathbf{R}^n$. 则很明显 $g(x)$ 和 $f_1(x)=f(x)-g(x)$ 满足式 (3.4).

情形 2: F_1 和 F_2 都非空.

此时对每一 $x\in\mathbf{R}^n$, 令

$$g(x)=\frac{d(x,F_1)-d(x,F_2)}{d(x,F_1)+d(x,F_2)}\cdot\frac{1}{3}M,$$

则 $|g(x)|\leqslant\frac{1}{3}M$, 并且 $g(x)=-\frac{1}{3}M(x\in F_1), g(x)=\frac{1}{3}M(x\in F_2)$, 此外 g 是 $\mathbf{R}^n$ 上的连续函数. 于是 g 和 $f_1=f-g$ 满足式 (3.4).

定理 3.5.1 (Tietz)　设 f 是沿 $\mathbf{R}^n$ 中的闭集 F 连续的有界函数, 则 f 可以开拓成 $\mathbf{R}^n$ 上的连续函数 f^*, 使

$$\sup_{x\in\mathbf{R}^n}|f^*(x)|=\sup_{x\in F}|f(x)|=M.$$

证明 只需讨论 $M>0$.

由引理 3.5.1, 存在 $\mathbf{R}^n$ 上的连续函数 g_1, 使

$$\sup_{x\in\mathbf{R}^n}|g_1(x)|=\frac{1}{3}M,\quad \sup_{x\in F}|f_1(x)|=\frac{2}{3}M,$$

其中

$$f_1(x)=f(x)-g_1(x),\quad x\in F.$$

用 f_1 代替 f, 用 $\frac{2}{3}M$ 代替 M, 于是 $\mathbf{R}^n$ 上有连续函数 $g_2(x)$, 使

$$\sup_{x\in\mathbf{R}^n}|g_2(x)|=\frac{2}{3^2}M,\quad \sup_{x\in F}|f_2(x)|=\left(\frac{2}{3}\right)^2M,$$

其中

$$f_2(x)=f_1(x)-g_2(x),\quad x\in F.$$

依次类推, 我们得到 $\mathbf{R}^n$ 上连续函数列 $\{g_k\}$ 和沿 F 连续函数列 $\{f_k\}$, 它们满足:

(i) $f_k(x)=f_{k-1}(x)-g_k(x), k\geqslant 1$ (其中 $f_0=f$);

(ii) $\sup\limits_{x\in\mathbf{R}^n}|g_k(x)|=\dfrac{2^{k-1}}{3^k}M,\ \sup\limits_{x\in F}|f_k(x)|=\left(\dfrac{2}{3}\right)^kM, k\geqslant 1.$

现由 (i) 的递推公式得知

$$f(x)=\sum_{k=1}^{n}g_k(x)+f_p(x),\quad p\geqslant 1, x\in F.$$

令 $p\to\infty$ 并注意 (ii), 得到

$$f(x)=\sum_{k=1}^{\infty}g_k(x),\quad x\in F.$$

再由 (ii), $f^*(x)=\sum\limits_{k=1}^{\infty}g_k(x)$ 在 $\mathbf{R}^n$ 上一致收敛, 从而 f^* 是 $\mathbf{R}^n$ 上的连续函数. 此外

$$|f^*(x)|\leqslant\sum_{k=1}^{\infty}|g_k(x)|\leqslant\sum_{k=1}^{\infty}\frac{2^{k-1}}{3^k}M=M.$$

这样 f^* 满足本定理要求. 定理证毕.

注 若本定理中沿闭集 F 的连续函数 f 无界, 则把有界函数 $g(x)=\tan^{-1}f(x)$ 开拓成 $\mathbf{R}^n$ 上的连续函数 $g^*(x)$, 然后取 $f^*(x)=\tan g^*(x)$, 则 f^* 就是 f 的连续开拓. 因此定理 3.5.1 对无界的 f 也成立.

有了上述定理, 则 $\mathbf{R}^n$ 中关于可测函数与连续函数关系的 Lusin 定理 (定理 3.3.3) 仍然成立, 其证明基本相同, 望读者自行完成.

第 3 章习题与例题

以后, “a.e.” 表示 “几乎处处”, “$f_n \Rightarrow f$” 表示 “f_n 测度收敛于 f”.

1. 若 $[a,b]$ 上的可测函数 f 几乎处处有限, 求证: $m(\{f>\alpha\})$ 是 α 的右连续函数, $m(\{f\geqslant\alpha\})$ 是 α 的左连续函数.
2. 设 $[0,1]$ 上可测函数 $f(x)$ 几乎处处有限.
   (i) 求证: 当 $n\to\infty$ 时, $m(\{f>n\})\to 0, m(\{f>-n\})\to 1$.
   (ii) 求证: 有实数 α_0, 使 $m(\{f\geqslant\alpha_0\})\geqslant\dfrac{1}{2}, m(\{f\leqslant\alpha_0\})\geqslant\dfrac{1}{2}$.
3. 若 $f(x)$ 沿可测集 D 连续, 求证: f 在 D 上可测.
4. 若对任何 $[\alpha,\beta]\subset(a,b), f(x)$ 在 $[\alpha,\beta]$ 上可测, 求证: $f(x)$ 在 (a,b) 上可测.
5. 设 $f(x)$ 定义在可测集 D 上. 若 f^2 在 D 上可测而且 $\{f>0\}$ 是可测集, 求证: f 在 D 上可测.
6. 求证: 为使 f 在 $\mathbf{R}$ 上可测, 充要条件是对任何有理数 $r, \{f>r\}$ 是可测集. (若 $\{f=r\}$ 可测, 结论如何?)
7. 设 $\{f_\lambda(x)\}_{\lambda\in\Lambda}$ 是 $[a,b]$ 上的一族可测函数. 试问 $f(x)=\sup\{f_\lambda(x):\lambda\in\Lambda\}$ 是否一定可测? 若所有 $f_\lambda(x)$ 都在 $[a,b]$ 上连续, 结论又如何?
8. 设 $f(x)$ 是可测集 D 上的可测函数. 求证: 对任何开集 G 和闭集 $F, f^{-1}(G)$ 和 $f^{-1}(F)$ 都是可测集.
9. 设 $g(x)$ 是可测集 D 上的几乎处处有限的可测函数, $f(x)$ 是 $\mathbf{R}$ 上的连续函数, 求证: $f\circ g$ 在 D 上可测.
10. 设 $\{f_n(x)\}_{n\geqslant 1}$ 是可测集 D 上的可测函数列. 求证: D 中使 $\{f_n(x)\}$ 收敛的点 x 全体是可测集.
11. 设 $f(x)$ 在 $\mathbf{R}$ 上可微, 求证: $f'(x)$ 可测.
12. 求证: 为使 $\mathbf{R}$ 上几乎处处有限的可测函数 $f(x)$ 除一零测集外为常数, 充要条件是对任何实数 $\lambda, \{f>\lambda\}$ 和 $\{f<\lambda\}$ 中至少有一个为零测集.
13. 在 Egoroff 定理 (定理 3.3.2) 中, 若 $f(x)=+\infty$, a.e., 试叙述此时该定理的结论并证明之.
14. 设 $\{D_k\}_{k\geqslant 1}$ 是一列两两不相交的可测集, $D=\bigcup\limits_{k=1}^{\infty}D_k$. 求证: 为使 $f(x)$ 在 D 上可测, 充要条件是对每一 $k\geqslant 1, f(x)$ 在 D_k 上可测.
15. **例**　设 f 是 $[a,b]$ 上实值可测函数. 求证: 有 $h_k>0, h_k\to 0$, 使 $f(x+h_k)\to f(x)$, a.e.

证明　按 Lusin 定理, 对每一 $k\geqslant 1$, 有闭子集 $F_k\subset(a,b)$ 使 $m(F_k)>b-a-\dfrac{b-a}{2^{k+1}}$, 而且 f 沿 F_k 连续. 此时 f 作为 F_k 上的函数一致连续, 因此有充分小的 $h_k>0$ 使

$$|f(x+h_k)-f(x)|<\frac{1}{k},\quad x\in F_k, x+h_k\in F_k.$$

现令 $F_k^*=\{x-h_k:x\in F_k\}, E_k=F_k\bigcap F_k^*$. 此时易证 $m(E_k)>(b-a)-\dfrac{b-a}{2^k}$, 并且对任何 $x\in E_k$, 必定 $x+h_k\in F_k$, 从而 $|f(x+h_k)-f(x)|<\dfrac{1}{k}$.

现令 $E=\varliminf\limits_{k\to\infty}E_k=\bigcup\limits_{n=1}^{\infty}\bigcap\limits_{k=n}^{\infty}E_k$. 则易证 $E\subset[a,b],m(E)=b-a$, 而且对每一 $x\in E$ 有 $\lim\limits_{k\to\infty}f(x+h_k)=f(x)$.

16. 设 f 是 $[a,b]$ 上几乎处处有限的可测函数. 求证: 有连续函数列 $\{g_n(x)\}$, 使 $g_n(x)\to f(x)$, a.e. 并且 $\max\limits_{a\leqslant x\leqslant b}|g_n(x)|\leqslant\sup\limits_{a\leqslant x\leqslant b}|f(x)|$.
17. 设 $\{f_k(x)\}_{k\geqslant1}$ 是 $[a,b]$ 上的一列实值可测函数, 求证: 为使 $f_k(x)\to0$, a.e., 充要条件是对任何 $\varepsilon>0,m(\{\sup\limits_{p\geqslant k}|f_p(x)|>\varepsilon\})\to0(k\to\infty)$.
18. 设 f 在 $[0,1]$ 上有界可测. 试问是否必定有 $[0,1]$ 上的连续函数 g 使 $f(x)=g(x)$, a.e.?
19. 设 $\{f_k(x)\}_{k\geqslant1}$ 是 $[a,b]$ 上的一列实值可测函数. 求证: 有正数列 $\{a_k\}_{k\geqslant1}$ 使 $a_kf_k(x)\to0$, a.e.
20. 对 $(0,1)$ 中的点 x, 用十进制小数来表示它, x_k 是它的第 k 位小数. 现令 $f(x)=\max\{x_k:k\geqslant1\}$. 求证: f 在 $(0,1)$ 上可测.
21. **例** 设 f 是 $\mathbf{R}$ 上的实值可测函数且 $f(x+1)=f(x)$, a.e. 求 $g(x)$, 使 $g(x)=f(x)$, a.e. 并且 $g(x+1)=g(x),\forall x\in\mathbf{R}$.

证明 用归纳法易证对每一整数 $n,A_n=\{f(x+n)\neq f(x)\}$ 是零测集. 令 $A=\bigcup\limits_{n=-\infty}^{\infty}A_n,B=\mathbf{R}-A$. 则 A 是零测集, 而且易证对任何 $x\in A$ 及整数 n 有 $x+n\in A$. 现只需定义 $g(x)=f(x)(x\in B)$ 及 $g(x)=1(x\in A)$.

22. 设 f 和 g 都在 $(0,1)$ 上可测而且都是单减左连续的. 若对任何 $\lambda\in\mathbf{R}$ 有 $m(\{f\geqslant\lambda\})=m(\{g\geqslant\lambda\})$, 求证: $f(x)=g(x),\forall x\in(0,1)$.
23. 设在可测集 D 上 $f_k\Rightarrow f,g_k\Rightarrow g$. 求证:

(i) $f_k\pm g_k\Rightarrow f\pm g$;

(ii) $|f_k|\Rightarrow|f|$;

(iii) $\min\{f_k,g_k\}\Rightarrow\min\{f,g\}$ 且 $\max\{f_k,g_k\}\Rightarrow\max\{f,g\}$;

(iv) 当 $m(D)<\infty$ 时 $f_kg_k\Rightarrow fg$.

此外举例说明在一般情形下 $f_kg_k\Rightarrow fg$ 不成立.

24. 设在 $[a,b]$ 上 $f_k\Rightarrow f$, 而 g 是 $\mathbf{R}$ 上的连续函数, 求证: $g\circ f_k\Rightarrow g\circ f$.
25. **例** 设在 $[0,1]$ 上 $\{f_k\}$ 测度收敛. 此外有 M 使

$$|f_k(x_1)-f_k(x_2)|\leqslant M|x_1-x_2|,\quad k=1,2,\cdots,x_1,x_2\in[0,1].$$

求证: $\{f_k(x)\}$ 在 $[0,1]$ 上一致收敛.

证明 任给 $\varepsilon>0$. 取定正数 δ 和 λ 使 $\delta+2M\lambda<\varepsilon,\lambda<\dfrac{1}{2}$. 此时有 K 使

$$m(\{|f_m-f_n|\geqslant\delta\})<\lambda,\quad m,n>K.$$

令 $E_{m,n}=\{|f_m-f_n|<\delta\}$, 则 $m(E_{m,n})>1-\lambda(m,n>K)$. 现可证明对每一 $x\in[0,1]$ 及 $m,n>K$, 必有 $d(x,E_{m,n})<\lambda$. 因为不然 $(x-\lambda,x+\lambda)\bigcap E_{m,n}=\varnothing$. 但 $m((x-\lambda,x+\lambda)\bigcap[0,1])\geqslant\lambda$, 从而 $1\geqslant m(((x-\lambda,x+\lambda)\bigcap[0,1])\bigcup E_{m,n})>\lambda+1-\lambda=1$, 此为矛盾. 于是对每一 $x\in[0,1]$, 必有 $x_{m,n}\in E_{m,n}$ 使 $|x-x_{m,n}|<\lambda$. 这样当 $m,n>K$ 时,

$$|f_m(x_{m,n})-f_n(x_{m,n})|<\delta,$$

$$|f_m(x_{m,n}) - f_m(x)| \leqslant M|x_{m,n} - x| < M\lambda,$$
$$|f_n(x_{m,n}) - f_n(x)| \leqslant M|x_{m,n} - x| < M\lambda.$$

由此, 当 $m, n > K$ 时, 对一切 $x \in [0,1]$ 有 $|f_m(x)-f_n(x)| < \delta+2M\lambda < \varepsilon$, 从而 $\{f_k(x)\}$ 一致收敛.

26. 设在可测集 D 上, 对每一固定 $n \geqslant 1, f_{n,k} \Rightarrow f_n(k \to \infty)$, 并且 $f_n \Rightarrow f(n \to \infty)$. 求证: $\{f_{n,k}\}$ 中有子列测度收敛于 f.

27. 设 $\{f_k\}$ 是 $[0,1]$ 上一列实值可测函数. 若 $\dfrac{|f_k(x)|}{1+|f_k(x)|} \to 0$, a.e. 求证: $f_k \Rightarrow 0$. 反之是否成立?

28. 设 $f(x_1,x_2)$ 是 $\mathbf{R}^2$ 上的连续函数, $g_1(t)$ 和 $g_2(t)$ 是 $[a,b]$ 上的实值可测函数. 求证: $f(g_1(t),g_2(t))$ 是 $[a,b]$ 上的可测函数.

29. 设 f 和 g 都在 $\mathbf{R}$ 上可测, 求证: $f(x)g(y)$ 在 $\mathbf{R}^2$ 上可测.

30. 设 $\{D_k\}_{k\geqslant 1}$ 是可测集列, $\sum\limits_{k=1}^{\infty} m(D_k) < \infty$. 若 $\{f_p\}_{p\geqslant 1}$ 在每一 D_k 上测度收敛, 求证: $\{f_p\}$ 在 $D = \bigcup\limits_{k=1}^{\infty} D_k$ 上测度收敛.

31. 设 $f(x,y)$ 是 $\mathbf{R}^2$ 上的实值函数. 对每一 $y, f(x,y)$ 是 $x \in \mathbf{R}$ 上的可测函数; 对每一 $x, f(x,y)$ 是 $y \in \mathbf{R}$ 上的连续函数. 求证:
(i) $F(x) = \max\{f(x,y) : 0 \leqslant y \leqslant 1\}$ 在 $\mathbf{R}$ 上可测;
(ii) $f(x,y)$ 在 $\mathbf{R}^2$ 上可测.
(提示: 对每一 $n \geqslant 1$, 当 $y < -n$ 或 $y \geqslant n$ 时, 令 $f_n(x,y) = 0$; 而当 $\dfrac{k-1}{2^n} \leqslant y < \dfrac{k}{2^n}, k = -n2^n+1, -n2^n+2, \cdots, n2^n$ 时, 令 $f_n(x,y) = f\left(x, \dfrac{k-1}{2^n}\right)$. 证明 f_n 在 $\mathbf{R}^2$ 上可测, 并且 $f_n(x,y) \to f(x,y)$.)

32. 设 f 是 $[0,1]$ 上几乎处处有限的可测函数. 求证: 有 $[0,1]$ 上单减函数 g, 使对任何实数 λ 有 $m(\{g > \lambda\}) = m(\{f > \lambda\})$. (提示: 对每一 $x \in (0,1)$, 令 $g(x) = \inf\{\lambda : x \geqslant m(\{f > \lambda\})\}$.)

33. 设 f 在 $[a,b]$ 上连续. 对每一 $y \in \mathbf{R}$, 令 $\eta(y)$ 表示方程 $f(x) = y$ 在 $[a,b]$ 上解的个数. 求证: $\eta(y)$ 可测. (提示: 把 $[a,b]2^n$ 等分, 分点为 $\{x_i\}_{0\leqslant i\leqslant 2^n}$. 令 χ_i 表示区间 $f\{[x_{i-1},x_i)\}$ 上的特征函数. 然后研究 $\eta_n(y) = \sum\limits_{i=1}^{2^n} \chi_i(y)$ 与 $\eta(y)$ 的关系.)

34. 设 f 是 $\mathbf{R}$ 上实值函数, 而且对任何 x, y 有 $f(x+y) = f(x)+f(y)$. 若 f 可测, 求证: f 连续.

35. 构造 $[0,1]$ 上处处收敛的可测函数列 $\{f_n(x)\}$, 使它在 $[0,1]$ 中任何测度为 1 的子集上不一致收敛.

36. 设 $f(x)$ 在 $(0,\infty)$ 上实值可测, 而且对任何 $x > 0, y > 0$, 值 $f(x+y)$ 介于 $f(x)$ 和 $f(y)$ 之间. 求证: $f(x)$ 是常数.

第 4 章　Lebesgue 积分

在数学分析中, Riemann 积分是通过求一个平面图形的面积而引进的. 具体地说, 为求由曲线 $y = f(x), x = a, x = b, y = 0$ 所围曲边梯形的面积 S (其中 $f(x) \geqslant 0$), 我们先把该曲边梯形分成若干个小曲边梯形 $0 \leqslant y \leqslant f(x), x_{k-1} \leqslant x \leqslant x_k$, 其中

$$a = x_0 < x_1 < x_2 < \cdots < x_{n-1} < x_n = b.$$

然后每一小曲边梯形的面积用底为 $\Delta x_k = x_k - x_{k-1}$, 高为 $f(\xi_k)$ 的长方形面积 $f(\xi_k)\Delta x_k$ 来近似, 其中 $\xi_k \in [x_{k-1}, x_k]$. 这样我们得到所求面积 S 的近似值 $\sum f(\xi_k)\Delta x_k$. 最后 S 可由分法越来越细时该近似值的极限来求得.

在上述过程中, 最基本的事实是: 立于 $[x_{k-1}, x_k]$ 上高为 $f(\xi_k)$ 的长方形面积是 $f(\xi_k)\Delta x_k$. 从几何上说, Riemann 积分可以看成是一些长方形面积的和的极限.

现在通过第 2 章, 区间长度的概念已经推广到可测集. 因此很自然地, 一个立于可测集 E 上的高为 h 的 "长方形" 的 "面积" 应该是 $h \cdot m(E)$. 本章所要讨论的 Lebesgue 积分, 从几何上说可以看成是一些推广了的 "长方形" 面积之和的极限.

4.1　非负简单函数的 Lebesgue 积分

设 D 是可测集, $\{E_k\}$ 是 D 的有限个或可数个两两不相交的可测子集, 使得 $\bigcup E_k = D$, 则 $\{E_k\}$ 称为 D 的一个**分划**.

设 f 是可测集 D 上的非负简单函数. 于是有 D 的分划 $\{E_i\}_{1 \leqslant i \leqslant S}$ 及非负实数组 $\{a_i\}_{1 \leqslant i \leqslant S}$ 使

$$f(x) = \sum_{i=1}^{S} a_i \chi_{E_i}(x), \quad x \in D. \tag{4.1}$$

此时我们定义 f 在 D 上的 **Lebesgue 积分**为

$$\int_D f(x)\mathrm{d}x = \sum_{i=1}^{S} a_i m(E_i), \tag{4.2}$$

并且当 $\int_D f(x)\mathrm{d}x < \infty$ 时, 称 f 在 D 上 $\boldsymbol{L}$ **可积**.

例 4.1.1　设 Q 是 $[0,1]$ 中有理数全体, 则 $[0,1]$ 上的 Dirichlét 函数就是 Q 的特征函数 $\chi_Q(x)$, 这是一个非负简单函数. 按定义,

$$\int_0^1 \chi_Q(x)\mathrm{d}x = 1\cdot m(Q) = 0.$$

这样 χ_Q 在 $[0,1]$ 上 L 可积. 但我们知道它不是 Riemann 可积的.

下面的定理说明 f 的积分值不会因 f 的表达式不同而不同.

定理 4.1.1　设 f 和 g 都是可测集 D 上的非负简单函数, 而且它们在 D 上几乎处处相等. 则它们在 D 上有相同的积分值.

证明　设 f 如 (4.1), 而

$$g(x) = \sum_{j=1}^{T} b_j \chi_{F_j}(x), \quad x \in D, \tag{4.3}$$

其中 $\{F_j\}_{1\leqslant j\leqslant T}$ 是 D 的一个分划, $\{b_j\}_{1\leqslant j\leqslant T}$ 是非负实数组. 既然 f 和 g 在 D 上几乎处处相等, 因此只要 $E_i\bigcap F_j$ 不是零测集, 对应地就有 $a_i = b_j$. 所以不管 $E_i\bigcap F_j$ 是否零测集, 皆有 $a_i m(E_i\bigcap F_j) = b_j m(E_i\bigcap F_j)$. 这样,

$$\begin{aligned}\sum_{i=1}^{S} a_i m(E_i) &= \sum_{i=1}^{S}\sum_{j=1}^{T} a_i m(E_i\bigcap F_j)\\ &= \sum_{j=1}^{T}\sum_{i=1}^{S} b_j m(E_i\bigcap F_j) = \sum_{j=1}^{T} b_j m(F_j),\end{aligned}$$

即 $\displaystyle\int_D f\mathrm{d}x = \int_D g\mathrm{d}x$. 定理证毕.

定理 4.1.2　设 f 和 g 都是可测集 D 上的非负简单函数.

(i) 若在 D 上几乎处处有 $f(x)\leqslant g(x)$, 则 $\displaystyle\int_D f\mathrm{d}x \leqslant \int_D g\mathrm{d}x$;

(ii) $\displaystyle\int_D f\mathrm{d}x \leqslant \max f(x)\cdot m(D)$. 特别地, 当 $m(D)=0$ 时, $\displaystyle\int_D f\mathrm{d}x = 0$;

(iii) 若 λ 和 μ 是两个非负实数, 则

$$\int_D (\lambda f + \mu g)\mathrm{d}x = \lambda\int_D f\mathrm{d}x + \mu\int_D g\mathrm{d}x;$$

(iv) 若 A 和 B 是 D 的两个不相交的可测子集, 则

$$\int_{A\bigcup B} f\mathrm{d}x = \int_A f\mathrm{d}x + \int_B f\mathrm{d}x.$$

证明 不妨设 f 如式 (4.1), g 如式 (4.3).

(i) 的证明与定理 4.1.1 的类似, 只要注意对任何 i 和 j, 皆有 $a_i m(E_i \bigcap F_j) \leqslant b_j m(E_i \bigcap F_j)$.

(ii) 是积分定义的直接推论.

(iii) 由于 $\{E_i \bigcap F_j\}_{1\leqslant i\leqslant S, 1\leqslant j\leqslant T}$ 是 D 的一个分划, 并且

$$\lambda f(x) + \mu g(x) = \sum_{i=1}^{S}\sum_{j=1}^{T}(\lambda a_i + \mu b_j)\chi_{E_i \bigcap F_j}(x),$$

从而

$$\begin{aligned}\int_D(\lambda f + \mu g)\mathrm{d}x &= \sum_{i=1}^{S}\sum_{j=1}^{T}(\lambda a_i + \mu b_j)m(E_i \bigcap F_j)\\ &= \sum_{i=1}^{S}\sum_{j=1}^{T}\lambda a_i m(E_i \bigcap F_j) + \sum_{i=1}^{S}\sum_{j=1}^{T}\mu b_j m(E_i \bigcap F_j)\\ &= \lambda\sum_{i=1}^{S}a_i m(E_i) + \mu\sum_{j=1}^{T}b_j m(F_j)\\ &= \lambda\int_D f\mathrm{d}x + \mu\int_D g\mathrm{d}x.\end{aligned}$$

(iv) 此时由定义,

$$\begin{aligned}\int_{A\bigcup B} f\mathrm{d}x &= \sum_{i=1}^{S}a_i m(E_i \bigcap (A\bigcup B))\\ &= \sum_{i=1}^{S}a_i m(E_i \bigcap A) + \sum_{i=1}^{S}a_i m(E_i \bigcap B)\\ &= \int_A f\mathrm{d}x + \int_B f\mathrm{d}x.\end{aligned}$$

定理证毕.

下面要讲的结果与下节非负可测函数的积分有密切关系. 我们先给出引理.

引理 4.1.1 设 g 和 $f_n (n \geqslant 1)$ 都是可测集 D 上的非负简单函数, 它们满足以下两个条件:

(i) 对几乎所有的 $x \in D$, $\{f_n(x)\}_{n\geqslant 1}$ 单增;

(ii) $0 \leqslant g(x) \leqslant \lim\limits_{n\to\infty} f_n(x)$ (几乎处处于 D).

则

$$\int_D g\mathrm{d}x \leqslant \lim_{n\to\infty}\int_D f_n\mathrm{d}x. \tag{4.4}$$

证明　令

$$h_n(x)=\min\{g(x),f_n(x)\},n\geqslant 1,x\in D.$$

则由条件 (i) 和 (ii), 非负简单函数列 $\{h_n(x)\}$ 在 D 上几乎处处收敛于 $g(x)$. 现分两种情形.

情形 1: $m(D)<\infty$.

此时由 Egoroff 定理, 对任何 $\varepsilon>0$, 有 D 的可测子集 D_1 使 $m(D-D_1)<\varepsilon$, 并且在 D_1 上 $h_n(x)$ 一致收敛于 $g(x)$. 从而有 N 使

$$g(x)<\varepsilon+h_n(x)\leqslant\varepsilon+f_n(x),\quad x\in D_1,n>N.$$

这样由定理 4.1.2, 当 $n>N$ 时,

$$\int_{D_1}g\mathrm{d}x\leqslant\int_{D_1}(\varepsilon+f_n)\mathrm{d}x\leqslant\int_{D}(\varepsilon+f_n)\mathrm{d}x=\varepsilon\cdot m(D)+\int_D f_n\mathrm{d}x,$$

从而

$$\int_{D_1}g\mathrm{d}x\leqslant\varepsilon\cdot m(D)+\lim_{n\to\infty}\int_D f_n\mathrm{d}x.\tag{4.5}$$

另一方面,

$$\int_{D-D_1}g\mathrm{d}x\leqslant\max g(x)\cdot m(D-D_1)\leqslant\varepsilon\cdot\max g(x).\tag{4.6}$$

结合式 (4.5) 和式 (4.6) 得

$$\int_D g\mathrm{d}x\leqslant\varepsilon[\max g(x)+m(D)]+\lim_{n\to\infty}\int_D f_n\mathrm{d}x.$$

由 ε 任意性得式 (4.4).

情形 2: $m(D)=\infty$.

此时对每一 $k\geqslant 1$, 令 $D_k=D\bigcap[-k,k]$, 则 $m(D_k)<\infty$. 由上段已证, 对每一 $k\geqslant 1$,

$$\int_{D_k}g\mathrm{d}x\leqslant\lim_{n\to\infty}\int_{D_k}f_n\mathrm{d}x\leqslant\lim_{n\to\infty}\int_D f_n\mathrm{d}x.\tag{4.7}$$

现若 g 如式 (4.3), 则

$$\int_{D_k}g\mathrm{d}x=\sum_{j=1}^{T}b_j m(F_j\bigcap D_k).\tag{4.8}$$

由于 $\{D_k\}$ 单增收敛于 D, 故由测度性质, $m(F_j\bigcap D_k)\to m(F_j)(k\to\infty)$. 这样在式 (4.8) 中令 $k\to\infty$ 得

$$\lim_{k\to\infty}\int_{D_k}g\mathrm{d}x=\sum_{j=1}^{T}b_j m(F_j)=\int_D g\mathrm{d}x.$$

从而在式 (4.7) 中令 $k \to \infty$ 即得式 (4.4). 定理证毕.

定理 4.1.3 设 $\{f_n\}$ 和 $\{g_n\}$ 是可测集 D 上两列非负简单函数, 而且对几乎所有的 $x \in D, \{f_n(x)\}$ 和 $\{g_n(x)\}$ 都单增收敛于相同的极限, 则

$$\lim_{n\to\infty}\int_D f_n \mathrm{d}x = \lim_{n\to\infty}\int_D g_n \mathrm{d}x. \tag{4.9}$$

证明 任意固定 $n \geqslant 1$, 则对几乎所有的 $x \in D$ 有

$$0 \leqslant g_n(x) \leqslant \lim_{k\to\infty} g_k(x) = \lim_{k\to\infty} f_k(x).$$

因此由引理 4.1.1,

$$\int_D g_n \mathrm{d}x \leqslant \lim_{k\to\infty}\int_D f_k \mathrm{d}x.$$

在上式中令 $n \to \infty$, 得 $\displaystyle\lim_{n\to\infty}\int_D g_n \mathrm{d}x \leqslant \lim_{k\to\infty}\int_D f_k \mathrm{d}x$. 同理相反的不等式也成立. 从而式 (4.9) 成立. 定理证毕.

4.2 非负可测函数的 Lebesgue 积分

现在我们来定义非负可测函数的 Lebesgue 积分. 设 f 是可测集 D 上的非负可测函数. 由定理 3.2.1, 可取 D 上的非负简单函数列 $\{f_n\}$, 使对每一 $x \in D, \{f_n(x)\}$ 单增收敛于 $f(x)$. 此时 f 在 D 上的 Lebesgue 积分定义为

$$\int_D f \mathrm{d}x = \lim_{n\to\infty}\int_D f_n \mathrm{d}x.$$

并称 f 的积分由 $\{f_n\}$ 来定义. 此外当 $\displaystyle\int_D f \mathrm{d}x < \infty$ 时, 称 f 在 D 上 L 可积.

注意: 由定理 4.1.3, 上述 f 的积分值与 $\{f_n\}$ 的选取无关.

例 4.2.1 求 $f(x) = \mathrm{e}^{-x}$ 在 $(0, \infty)$ 上的 Lebesgue 积分.

解 本例中的 $f(x)$ 在 $(0, \infty)$ 上非负单减. 此时对每一 $n \geqslant 1$, 令

$$f_n(x) = \begin{cases} f\left(\dfrac{k}{2^n}\right), & x \in \left(\dfrac{k-1}{2^n}, \dfrac{k}{2^n}\right], \quad k = 1, 2, \cdots, n2^n, \\ 0, & x > n. \end{cases}$$

则 $f_n(x)$ 是非负简单函数, 并且对每一 $x > 0$, $\{f_n(x)\}_{n\geqslant 1}$ 单增收敛于 $f(x)$. 为书写简单, 我们令

$$\delta_n = \frac{1}{2^n}.$$

则

$$\int_0^\infty f_n(x)\mathrm{d}x = \int_0^n f_n(x)\mathrm{d}x = \delta_n \sum_{k=1}^{n2^n} f(k\delta_n)$$
$$= \delta_n \cdot \frac{\mathrm{e}^{-\delta_n} - \mathrm{e}^{-(n2^n+1)\delta_n}}{1-\mathrm{e}^{-\delta_n}}.$$

由于 $\delta_n \to 0$, 从而由定义,

$$\int_0^\infty f(x)\mathrm{d}x = \lim_{n\to\infty}\int_0^\infty f_n(x)\mathrm{d}x = 1.$$

由定义及定理 4.1.2, 容易得到下面定理, 其证明留作习题.

定理 4.2.1　设 f 和 g 都是可测集 D 上的非负可测函数.

(i) 若 λ 和 μ 是两个非负实数, 则

$$\int_D(\lambda f+\mu g)\mathrm{d}x = \lambda\int_D f\mathrm{d}x + \mu\int_D g\mathrm{d}x.$$

(ii) 若 A 和 B 是 D 的两个不相交的可测子集, 则

$$\int_{A\bigcup B} f\mathrm{d}x = \int_A f\mathrm{d}x + \int_B f\mathrm{d}x.$$

(iii) 若在 D 上几乎处处有 $f(x)=g(x)$, 则 $\int_D f\mathrm{d}x = \int_D g\mathrm{d}x$.

下面我们讲述两个在应用上极为重要的定理.

定理 4.2.2 (Levi 单调收敛定理)　设 f 和 $f_n(n\geqslant 1)$ 都是可测集 D 上的非负可测函数, 而且对几乎所有的 $x\in D, \{f_n(x)\}$ 单增收敛于 $f(x)$, 则

$$\int_D f\mathrm{d}x = \lim_{n\to\infty}\int_D f_n\mathrm{d}x.$$

证明　对每一 $n\geqslant 1$, 设 f_n 的积分由非负简单函数列 $\{\varphi_k^{(n)}\}_{k\geqslant 1}$ 定义. 此时, 对每一 $n\geqslant 1$ 及 $x\in D, \{\varphi_k^{(n)}(x)\}_{k\geqslant 1}$ 单增收敛于 $f_n(x)$. 现对每一 $k\geqslant 1$ 令

$$\psi_k(x) = \max\{\varphi_k^{(1)}(x), \varphi_k^{(2)}(x), \cdots, \varphi_k^{(k)}(x)\},\quad x\in D.$$

则 ψ_k 是非负简单函数, 并且易知

$$0\leqslant\psi_1(x)\leqslant\psi_2(x)\leqslant\cdots\leqslant\psi_k(x)\leqslant\cdots,\quad x\in D, \tag{4.10}$$
$$\varphi_k^{(n)}(x)\leqslant\psi_k(x)\leqslant f_k(x),\quad 1\leqslant n\leqslant k, x\in D, \tag{4.11}$$

从而

$$\int_D \varphi_k^{(n)} \mathrm{d}x \leqslant \int_D \psi_k \mathrm{d}x \leqslant \int_D f_k \mathrm{d}x, \quad 1 \leqslant n \leqslant k. \tag{4.12}$$

在式 (4.11) 和式 (4.12) 中固定 n 而令 $k \to \infty$, 则分别得到

$$f_n(x) \leqslant \lim_{k\to\infty} \psi_k(x) \leqslant f(x), \quad n \geqslant 1, x \in D \tag{4.13}$$

以及

$$\int_D f_n \mathrm{d}x \leqslant \lim_{k\to\infty} \int_D \psi_k \mathrm{d}x \leqslant \lim_{k\to\infty} \int_D f_k \mathrm{d}x, \quad n \geqslant 1. \tag{4.14}$$

再在式 (4.13) 和式 (4.14) 中令 $n \to \infty$, 得

$$\lim_{k\to\infty} \psi_k(x) = f(x), \quad x \in D \tag{4.15}$$

以及

$$\lim_{n\to\infty} \int_D f_n \mathrm{d}x = \lim_{k\to\infty} \int_D \psi_k \mathrm{d}x. \tag{4.16}$$

由式 (4.10) 和式 (4.15), f 的积分可由非负简单函数列 $\{\psi_k\}$ 来定义. 再由式 (4.16), $\int_D f \mathrm{d}x = \lim_{n\to\infty} \int_D f_n \mathrm{d}x$. 定理证毕.

推论 (逐项积分) 设 $\{u_k\}_{k\geqslant 1}$ 是可测集 D 上的一列非负可测函数, 则

$$\int_D \left(\sum_{k=1}^{\infty} u_k\right) \mathrm{d}x = \sum_{k=1}^{\infty} \int_D u_k \mathrm{d}x. \tag{4.17}$$

证明 对每一 $n \geqslant 1$, 由定理 4.2.1,

$$\int_D \left(\sum_{k=1}^{n} u_k\right) \mathrm{d}x = \sum_{k=1}^{n} \int_D u_k \mathrm{d}x. \tag{4.18}$$

现在 $f = \sum\limits_{k=1}^{\infty} u_k$ 及 $f_n = \sum\limits_{k=1}^{n} u_k$ 满足本定理条件, 因此

$$\int_D \left(\sum_{k=1}^{\infty} u_k\right) \mathrm{d}x = \lim_{n\to\infty} \int_D \left(\sum_{k=1}^{n} u_k\right) \mathrm{d}x.$$

从而在式 (4.18) 两边令 $n \to \infty$, 就可以从上式推得式 (4.17).

定理 4.2.3 (Fatou) 设 $f_n (n \geqslant 1)$ 都是可测集 D 上的非负可测函数, 则

$$\int_D \varliminf_{n\to\infty} f_n \mathrm{d}x \leqslant \varliminf_{n\to\infty} \int_D f_n \mathrm{d}x. \tag{4.19}$$

证明 对每一 $n \geqslant 1$, 令

$$g_n(x) = \inf_{k \geqslant n} f_k(x), \quad x \in D.$$

则对每一 $x \in D, \{g_n(x)\}_{n \geqslant 1}$ 单增收敛于 $\varliminf_{n \to \infty} f_n(x)$. 从而由单调收敛定理,

$$\int_D \varliminf_{n \to \infty} f_n \mathrm{d}x = \lim_{n \to \infty} \int_D g_n \mathrm{d}x. \tag{4.20}$$

但 $g_n(x) \leqslant f_n(x)(x \in D)$, 故

$$\lim_{n \to \infty} \int_D g_n \mathrm{d}x \leqslant \varliminf_{n \to \infty} \int_D f_n \mathrm{d}x. \tag{4.21}$$

结合式 (4.20) 和式 (4.21) 即得式 (4.19). 定理证毕.

注 令 $f_n(x) = n\chi_{[0,\frac{1}{n}]}(x)$. 则

$$\int_0^1 \varliminf_{n \to \infty} f_n(x) \mathrm{d}x = 0 < 1 = \varliminf_{n \to \infty} \int_0^1 f_n(x) \mathrm{d}x.$$

由此说明 Fatou 定理中的不等式不能改成等式.

4.3 一般可测函数的 Lebesgue 积分

设 f 是可测集 D 上的可测函数. 对每一 $x \in D$, 令

$$f_+(x) = \max\{0, f(x)\}, \quad f_-(x) = \max\{0, -f(x)\},$$

则 f_+ 和 f_- 分别称为函数 f 的**正部**和**负部**, 它们都是非负可测函数并且

$$f(x) = f_+(x) - f_-(x), \quad |f(x)| = f_+(x) + f_-(x).$$

今若 $\int_D f_+ \mathrm{d}x$ 和 $\int_D f_- \mathrm{d}x$ 不同时为 ∞, 则 f 在 D 上的 Lebesgue 积分定义为

$$\int_D f \mathrm{d}x = \int_D f_+ \mathrm{d}x - \int_D f_- \mathrm{d}x.$$

此外当 $\int_D f \mathrm{d}x$ 有限时, 称 f 在 D 上 L 可积, 并记 $f \in L(D)$.

例 4.3.1 求 $\int_0^1 f(x) \mathrm{d}x$, 其中 $f(x) = (-1)^n, x \in \left[\frac{1}{n+1}, \frac{1}{n}\right), n = 1, 2, \cdots$

解 令 $I_n = \left[\frac{1}{n+1}, \frac{1}{n}\right)$. 则当 $x \in I_{2n}$ 时, $f_+(x) = 1, f_-(x) = 0$, 而当

$x \in I_{2n-1}$ 时, $f_+(x) = 0, f_-(x) = 1$. 这样由于 $\ln 2 = \sum_{n=1}^{\infty} \frac{(-1)^{n+1}}{n}$, 故

$$\int_0^1 f_+(x)\mathrm{d}x = \sum_{n=1}^{\infty}\left(\frac{1}{2n} - \frac{1}{2n+1}\right) = 1 - \ln 2,$$

$$\int_0^1 f_-(x)\mathrm{d}x = \sum_{n=1}^{\infty}\left(\frac{1}{2n-1} - \frac{1}{2n}\right) = \ln 2.$$

因此

$$\int_0^1 f(x)\mathrm{d}x = \int_0^1 f_+(x)\mathrm{d}x - \int_0^1 f_-(x)\mathrm{d}x = 1 - 2\ln 2.$$

注 我们注意到本题中的答案正是 $f(x)$ 在 $[0,1]$ 上的 Riemann 积分.

定理 4.3.1 设 f 是可测集 D 上的可测函数.

(i) 为使 $f \in L(D)$, 充分必要条件是 $|f| \in L(D)$, 并且当条件满足时,

$$\left|\int_D f\mathrm{d}x\right| \leqslant \int_D |f|\mathrm{d}x.$$

(ii) 若 $f \in L(D)$, 则 f 在 D 上几乎处处有限.

(iii) 若 g 也是 D 上的可测函数, 而且几乎处处有 $f(x) = g(x)$, 则当 f 和 g 中有一个在 D 上可积时, 另一个在 D 上也可积, 而且它们的积分值相等.

注 由本定理中的 (i) 可以看出 L 积分与 Riemann 积分的一个重要差别. 事实上容易举例说明, 当 $|f|$ 在 $[a,b]$ 上 Riemann 可积时, f 不一定 Riemann 可积.

证明 (i) 由定义可知 f 可积等价于 f_+ 和 f_- 都可积. 而这又等价于 $f_+ + f_- = |f|$ 可积.

(ii) 若 $f \in L(D)$, 则 $f_+ \in L(D)$. 从而对任何 $n \geqslant 1$ 有

$$\infty > \int_D f_+\mathrm{d}x \geqslant \int_{\{f\geqslant n\}} f\mathrm{d}x \geqslant \int_{\{f\geqslant n\}} n\mathrm{d}x = n \cdot m(\{f \geqslant n\}).$$

因此 $\lim_{n\to\infty} m(\{f \geqslant n\}) = 0$. 但由测度性质,

$$\lim_{n\to\infty} m(\{f \geqslant n\}) = m(\{f = \infty\}).$$

因此 $m(\{f = \infty\}) = 0$. 同理可证 $m(\{f = -\infty\}) = 0$. 这样 f 在 D 上几乎处处有限.

(iii) 此时在 D 上几乎处处有 $f_+(x) = g_+(x)$ 及 $f_-(x) = g_-(x)$. 从而利用积分定义及定理 4.2.1 得本结论. 定理证毕.

由上述定理得知一个可测函数是否可积以及可积时其积分值的大小与该函数在一个零测集上的值无关. 所以以后对一个可积函数来说, 我们可以认为它是处处有限的.

推论 1　若 f 在可测集 D 上可积, 则 f 在 D 的任一可测子集上也可积.

证明　设 A 是 D 的可测子集. 由于 $f\in L(D)$, 由本定理, $|f|\in L(D)$. 从而 $|f|\in L(A)$. 再由本定理, $f\in L(A)$.

推论 2　若 f 在测度有限的集 D 上有界可测, 则 $f\in L(D)$. 特别地, 若 f 在 $[a,b]$ 上连续, 则 $f\in L([a,b])$.

证明　设 $|f(x)|\leqslant M$. 由于 D 测度有限, 故函数 $g(x)\equiv M$ 在 D 上可积. 此时

$$\int_D |f|\mathrm{d}x\leqslant\int_D M\mathrm{d}x=M\cdot m(D)<\infty.$$

这样 $|f|$ (从而 f)$\in L(D)$.

定理 4.3.2　设 $f,g\in L(D)$. 则:

(i) $f+g\in L(D)$ 并且 $\displaystyle\int_D(f+g)\mathrm{d}x=\int_D f\mathrm{d}x+\int_D g\mathrm{d}x$.

(ii) 若 λ 是实数, 则 $\lambda f\in L(D)$ 并且 $\displaystyle\int_D\lambda f\mathrm{d}x=\lambda\int_D f\mathrm{d}x$.

(iii) 若 A 和 B 是 D 的两个不相交可测子集, 则

$$\int_{A\bigcup B}f\mathrm{d}x=\int_A f\mathrm{d}x+\int_B f\mathrm{d}x.$$

(iv) 对任何 $\varepsilon>0$, 有 D 上取有理数值的简单函数 h 使 $\displaystyle\int_D|f-h|\mathrm{d}x<\varepsilon$.

证明　(i) 由于 $|f+g|\leqslant|f|+|g|$, 故 $f+g$ 可积. 其次,

$$(f_+-f_-)+(g_+-g_-)=f+g=(f+g)_+-(f+g)_-,$$

从而,

$$f_++g_++(f+g)_-=(f+g)_++f_-+g_-.$$

这样由关于非负可测函数的定理 4.2.1,

$$\begin{aligned}&\int_D f_+\mathrm{d}x+\int_D g_+\mathrm{d}x+\int_D(f+g)_-\mathrm{d}x\\=&\int_D(f+g)_+\mathrm{d}x+\int_D f_-\mathrm{d}x+\int_D g_-\mathrm{d}x.\end{aligned}$$

由此得

$$\int_D(f+g)\mathrm{d}x=\int_D f\mathrm{d}x+\int_D g\mathrm{d}x.$$

(ii) 当 $\lambda\geqslant 0$ 时 $(\lambda f)_+=\lambda f_+$, $(\lambda f)_-=\lambda f_-$. 从而

$$\int_D\lambda f\mathrm{d}x=\int_D(\lambda f)_+\mathrm{d}x-\int_D(\lambda f)_-\mathrm{d}x$$

$$=\lambda\left[\int_D f_+\mathrm{d}x-\int_D f_-\mathrm{d}x\right]=\lambda\int_D f\mathrm{d}x.$$

当 $\lambda<0$ 时, $(\lambda f)_+=-\lambda f_-$, $(\lambda f)_-=-\lambda f_+$, 于是同样可知 $\int_D \lambda f\mathrm{d}x=\lambda\int_D f\mathrm{d}x$ 也成立.

(iii) 只需利用积分定义及定理 4.2.1 即可.

(iv) 先设 f 非负. 取 f_n 是定理 3.2.1 证明中的非负简单函数. 此时 f_n 取有理数值, 并且 f 的积分可由 $\{f_n\}$ 来定义. 于是

$$\int_D |f-f_n|\mathrm{d}x=\int_D (f-f_n)\mathrm{d}x=\int_D f\mathrm{d}x-\int_D f_n\mathrm{d}x\to 0.$$

所以取适当的 f_n 作为 h, 即得 (iv). 对一般的 f, 只需考虑 f_+ 和 f_- 即可. 定理证毕.

定理 4.3.3 (控制收敛定理)　设 f 和 f_n 都是可测集 D 上的可测函数. 若以下两条件满足:

(i) 存在 $g\in L(D)$, 使对每一 $n\geqslant 1$, 在 D 上几乎处处有 $|f_n(x)|\leqslant g(x)$;

(ii) 在 D 上 $f_n(x)$ 几乎处处收敛于 $f(x)$,

则 f 和 $f_n(n\geqslant 1)$ 都在 D 上可积, 并且

$$\lim_{n\to\infty}\int_D f_n\mathrm{d}x=\int_D f\mathrm{d}x.$$

证明　既然 $|f_n(x)|\leqslant g(x)$, 因此也有 $|f(x)|\leqslant g(x)$, 这样从 g 可积得知 f 和 $f_n(n\geqslant 1)$ 都可积.

其次, 再由 $|f_n(x)|\leqslant g(x)$ 得知

$$g(x)\pm f_n(x)\geqslant 0,\quad n\geqslant 1.$$

于是由 Fatou 定理,

$$\int_D \varliminf_{n\to\infty}(g\pm f_n)\mathrm{d}x\leqslant \varliminf_{n\to\infty}\int_D (g\pm f_n)\mathrm{d}x. \tag{4.22}$$

由于 g 可积, 式 (4.22) 等价于

$$\pm\int_D f\mathrm{d}x\leqslant \varliminf_{n\to\infty}\left[\pm\int_D f_n\mathrm{d}x\right].$$

从而

$$\int_D f\mathrm{d}x\leqslant \varliminf_{n\to\infty}\int_D f_n\mathrm{d}x, \tag{4.23}$$

$$-\int_D f\mathrm{d}x \leqslant -\varlimsup_{n\to\infty}\int_D f_n\mathrm{d}x. \tag{4.24}$$

结合式 (4.23) 和式 (4.24) 得

$$\varlimsup_{n\to\infty}\int_D f_n\mathrm{d}x \leqslant \int_D f\mathrm{d}x \leqslant \varliminf_{n\to\infty}\int_D f_n\mathrm{d}x.$$

由此得本定理之结论. 定理证毕.

例 4.3.2　设 $f\in L([a,b])$, 求证:

$$\frac{\mathrm{d}}{\mathrm{d}x}\int_a^b f(y)\sin(xy)\mathrm{d}y = \int_a^b yf(y)\cos(xy)\mathrm{d}y.$$

证明　此时易知对每一 $x\in\mathbf{R}$, 上述两个积分中的被积函数 (作为 y 的函数) 都在 $[a,b]$ 上 L 可积. 现任意取定 $x\in\mathbf{R}$, 并任取 $\Delta_n\to 0$. 再对每一 $n\geqslant 1$, 令

$$f_n(y) = \frac{1}{\Delta_n}f(y)[\sin(xy+\Delta_n y)-\sin(xy)].$$

易证 $|f_n(y)|\leqslant |yf(y)|\in L([a,b])$ 及 $f_n(y)\to yf(y)\cos(xy)$. 故由控制收敛定理知

$$\frac{\mathrm{d}}{\mathrm{d}x}\int_a^b f(y)\sin(xy)\mathrm{d}y = \lim_{n\to\infty}\int_a^b f_n(y)\mathrm{d}y = \int_a^b yf(y)\cos(xy)\mathrm{d}y.$$

定理 4.3.4 (积分的可数可加性)　设 $f\in L(D), \{E_k\}_{k\geqslant 1}$ 是 D 的一个分划, 则

$$\int_D f\mathrm{d}x = \sum_{k=1}^{\infty}\int_{E_k} f\mathrm{d}x. \tag{4.25}$$

证明　不妨设 f 非负 (不然考虑 f_+ 和 f_-), 对每一 $n\geqslant 1$, 令

$$f_n(x) = \begin{cases} f(x), & x\in\bigcup\limits_{k=1}^{n}E_k,\\ 0, & x\notin\bigcup\limits_{k=1}^{n}E_k. \end{cases}$$

则 f_n 非负, 而且对每一 $x\in D, \{f_n(x)\}$ 单增收敛于 $f(x)$, 因此由单调收敛定理得知

$$\int_D f\mathrm{d}x = \lim_{n\to\infty}\int_D f_n\mathrm{d}x. \tag{4.26}$$

但由 f_n 的定义及定理 4.2.1 得知

$$\int_D f_n\mathrm{d}x = \int_{\bigcup\limits_{k=1}^{n}E_k} f\mathrm{d}x = \sum_{k=1}^{n}\int_{E_k} f\mathrm{d}x. \tag{4.27}$$

这样结合式 (4.26) 和式 (4.27) 得式 (4.25). 定理证毕.

注 公式 (4.25) 需要条件 $f \in L(D)$, 条件不满足就可能会得出错误的结论. 例如设

$$f(x) = \frac{(-1)^{n+1}}{n}, \quad x \in (n-1, n],\ n = 1, 2, \cdots$$

这里 $\{(n-1, n]\}_{n\geqslant 1}$ 是 $(0, \infty)$ 的一个分划. 此时若利用式 (4.25), 就会以为 $f(x)$ 在 $(0, \infty)$ 上的 Lebesgue 积分为

$$\int_0^\infty f(x)\mathrm{d}x = \sum_{n=1}^\infty \int_{n-1}^n f(x)\mathrm{d}x = \sum_{n=1}^\infty \frac{(-1)^{n+1}}{n} = \ln 2.$$

但这是一个错误的结论. 这是因为 $\displaystyle\int_0^\infty |f(x)|\mathrm{d}x = \sum_{n=1}^\infty \frac{1}{n} = \infty$, 即 $|f(x)|$ 在 $(0, \infty)$ 上不可积, 从而 $f(x)$ 不可积.

定理 4.3.5 (积分的绝对连续性) 设 $f \in L(D)$. 则对任何 $\varepsilon > 0$, 存在 $\delta > 0$, 使得对 D 的任何可测子集 A, 只要 $m(A) < \delta$, 就有

$$\left|\int_A f\mathrm{d}x\right| < \varepsilon.$$

证明 不妨设 f 非负 (不然讨论 f_+ 和 f_-). 对每一 $n \geqslant 1$, 令

$$f_n(x) = \begin{cases} f(x), & 0 \leqslant f(x) \leqslant n, \\ n, & f(x) > n. \end{cases}$$

则 f_n 非负, 而且对每一 $x \in D$, $\{f_n(x)\}$ 单增收敛于 $f(x)$. 既然 f 可积, 从而 f_n 也可积. 由单调收敛定理, $\displaystyle\int_D f_n\mathrm{d}x \to \int_D f\mathrm{d}x$, 或等价地 $\displaystyle\int_D (f - f_n)\mathrm{d}x \to 0$. 因此有 N 使

$$0 \leqslant \int_D (f - f_N)\mathrm{d}x < \frac{\varepsilon}{2}.$$

现取 $\delta = \dfrac{\varepsilon}{2N}$. 则对 D 中满足 $m(A) < \delta$ 的任何可测子集 A,

$$\begin{aligned}\left|\int_A f\mathrm{d}x\right| &= \int_A (f - f_N)\mathrm{d}x + \int_A f_N\mathrm{d}x \\ &\leqslant \int_D (f - f_N)\mathrm{d}x + N \cdot m(A) < \frac{\varepsilon}{2} + N \cdot \delta = \varepsilon.\end{aligned}$$

定理证毕.

推论 设 $f \in L((a, b))$, 则 $F(x) = \displaystyle\int_a^x f(t)\mathrm{d}t$ 是 (a, b) 上的一个一致连续的函数.

4.4　Riemann 积分与 Lebesgue 积分

本节中我们把 f 在 $[a,b]$ 上的 Riemann 积分与 Lebesgue 积分分别记为 $(R)\int_a^b f\mathrm{d}x$ 和 $(L)\int_a^b f\mathrm{d}x$.

设 f 在 $[a,b]$ 上有界. 对每一 $x\in[a,b]$ 及 $\delta>0$, 令

$$M_\delta(x)=\sup\{f(y):y\in(x-\delta,x+\delta)\bigcap[a,b]\},$$
$$m_\delta(x)=\inf\{f(y):y\in(x-\delta,x+\delta)\bigcap[a,b]\}.$$

此时当 x 固定时, $M_\delta(x)$ 关于 δ 单增, $m_\delta(x)$ 关于 δ 单减. 从而存在下面两个有限极限:

$$M_0(x)=\lim_{\delta\to0^+}M_\delta(x),\quad m_0(x)=\lim_{\delta\to0^+}m_\delta(x),\quad x\in[a,b].$$

$M_0(x)$ 和 $m_0(x)$ 分别称为 f 的 **Baire 上函数**和 **Baire 下函数**. 显然对任何 $x\in[a,b],\delta>0$,

$$m_\delta(x)\leqslant m_0(x)\leqslant f(x)\leqslant M_0(x)\leqslant M_\delta(x).\tag{4.28}$$

定理 4.4.1 (Baire)　设 f 在 $[a,b]$ 上有界, $x_0\in[a,b]$. 则为使 f 在 x_0 连续, 充分必要条件是 $M_0(x_0)=m_0(x_0)$.

证明　设 f 在 x_0 连续. 于是对任何 $\varepsilon>0$, 有 $\delta>0$, 使当 $x\in(x_0-\delta,x_0+\delta)\bigcap[a,b]$ 时 $|f(x)-f(x_0)|<\varepsilon$, 或

$$f(x_0)-\varepsilon<f(x)<f(x_0)+\varepsilon,\quad x\in(x_0-\delta,x_0+\delta)\bigcap[a,b].$$

由此得

$$f(x_0)-\varepsilon\leqslant m_\delta(x_0)\leqslant M_\delta(x_0)\leqslant f(x_0)+\varepsilon.$$

再由式 (4.28) 得 $f(x_0)-\varepsilon\leqslant m_0(x_0)\leqslant M_0(x_0)\leqslant f(x_0)+\varepsilon$. 从而

$$0\leqslant M_0(x_0)-m_0(x_0)\leqslant 2\varepsilon.$$

由 ε 任意性得 $M_0(x_0)=m_0(x_0)$.

反之设 $M_0(x_0)=m_0(x_0)$. 这等价于

$$\lim_{\delta\to0^+}[M_\delta(x_0)-m_\delta(x_0)]=0.$$

从而有 $\delta>0$ 使 $M_\delta(x_0)-m_\delta(x_0)<\varepsilon$. 于是对所有 $x\in(x_0-\delta,x_0+\delta)\bigcap[a,b]$, 从式 (4.28) 得知

$$|f(x)-f(x_0)|\leqslant M_\delta(x_0)-m_\delta(x_0)<\varepsilon.$$

这样 f 在 x_0 连续. 定理证毕.

定理 4.4.2 设 f 在 $[a,b]$ 上有界. 则其 Baire 上函数 $M_0(x)$ 及 Baire 下函数 $m_0(x)$ 都是有界可测函数, 从而它们在 $[a,b]$ 上 L 可积.

证明 对每一 $n \geqslant 1$, 把 $[a,b]$ 等分成 2^n 个小区间

$$\left\{\left[x_{k-1}^{(n)}, x_k^{(n)}\right]\right\}_{1 \leqslant k \leqslant 2^n},$$

其中

$$x_k^{(n)} = a + \frac{k(b-a)}{2^n}, \quad x_k^{(n)} - x_{k-1}^{(n)} = \frac{b-a}{2^n}.$$

然后令

$$\begin{aligned} M_k^{(n)} &= \sup\left\{f(x) : x \in \left[x_{k-1}^{(n)}, x_k^{(n)}\right]\right\}, \\ m_k^{(n)} &= \inf\left\{f(x) : x \in \left[x_{k-1}^{(n)}, x_k^{(n)}\right]\right\}, \\ \chi_{n,k}(x) &= \left[x_{k-1}^{(n)}, x_k^{(n)}\right] \text{ 的特征函数}, \\ U_n(x) &= \sum_{k=1}^{2^n} M_k^{(n)} \chi_{n,k}(x), \\ L_n(x) &= \sum_{k=1}^{2^n} m_k^{(n)} \chi_{n,k}(x), \\ S_n &= \frac{b-a}{2^n} \sum_{k=1}^{2^n} M_k^{(n)}, \\ s_n &= \frac{b-a}{2^n} \sum_{k=1}^{2^n} m_k^{(n)}. \end{aligned}$$

注意, S_n 和 s_n 分别是 f 对应于网 $\left\{x_k^{(n)}\right\}_k$ 的 Daboux 上和及下和. 此时易得下面 3 个结论 (其证明留作习题):

(P_1) $L_n(x) \leqslant f(x) \leqslant U_n(x), U_n(x)$ 和 $L_n(x)$ 都是简单函数;

(P_2) 对每一 $x \in [a,b], \{L_n(x)\}_n$ 单减, $\{U_n(x)\}_n$ 单减;

(P_3) $s_n = (R)\int_a^b L_n(x)\mathrm{d}x = (L)\int_a^b L_n(x)\mathrm{d}x \leqslant (L)\int_a^b U_n(x)\mathrm{d}x = (R)\int_a^b \cdot U_n(x)\mathrm{d}x = S_n$.

由 (P_2), 令

$$\lim_{n\to\infty} U_n(x) = U(x), \quad \lim_{n\to\infty} L_n(x) = L(x).$$

则从 (P_1) ~ (P_3) 及控制收敛定理又可得

(P_4) $U(x)$ 及 $L(x)$ 是两个有界可测函数, 从而它们在 $[a,b]$ 上 L 可积, 并且

$$L(x) \leqslant f(x) \leqslant U(x);$$

(P_5)

$$\begin{aligned}\lim_{n\to\infty}(L)\int_a^b L_n(x)\mathrm{d}x &= (L)\int_a^b L(x)\mathrm{d}x \\ &\leqslant (L)\int_a^b U(x)\mathrm{d}x = \lim_{n\to\infty}(L)\int_a^b U_n(x)\mathrm{d}x.\end{aligned}$$

现在为证本定理, 只需证明

(P_6) 在 $[a,b]$ 上几乎处处有 $M_0(x)=U(x), m_0(x)=L(x)$.

事实上, 令 $A=\left\{x_k^{(n)}: 0\leqslant k\leqslant 2^n, n\geqslant 1\right\}$, 则 A 是零测集. 现设 $x\in[a,b]-A$, 任意固定 $n\geqslant 1$, 则有 k 及 $\delta>0$ 使

$$x_{k-1}^{(n)} < x-\delta < x < x+\delta < x_k^{(n)}.$$

从而

$$m_0(x) \geqslant m_\delta(x) \geqslant m_k^{(n)} = L_n(x).$$

由 $m_0(x)\geqslant L_n(x)$ 及 $n\to\infty$ 得 $m_0(x)\geqslant L(x)$. 另一方面对任何 $\delta>0$, 必有 n 及 k 使

$$x-\delta < x_{k-1}^{(n)} < x < x_k^{(n)} < x+\delta.$$

于是

$$m_\delta(x) \leqslant m_k^{(n)} = L_n(x) \leqslant L(x).$$

由 $m_\delta(x)\leqslant L(x)$ 及 $\delta\to 0^+$ 得 $m_0(x)\leqslant L(x)$. 因此 $m_0(x)=L(x)$. 同理可证对一切 $x\in[a,b]-A$ 有 $M_0(x)=U(x)$. 定理证毕.

定理 4.4.3 为使 $[a,b]$ 上的有界函数 f 是 R 可积的, 充分必要条件是 f 在 $[a,b]$ 上几乎处处连续. 此外当 f 为 R 可积时, f 必 L 可积, 而且两个积分值相等.

证明 我们利用定理 4.4.2 证明中的符号和结论.

设 $[a,b]$ 上的有界函数 f 是 R 可积的. 则由数学分析中的知识得知 $S_n-s_n\to 0(n\to\infty)$. 从而由 (P_3), (P_5) 和 (P_6) 得

$$(L)\int_a^b [M_0(x)-m_0(x)]\mathrm{d}x = 0. \tag{4.29}$$

但 $M_0(x)-m_0(x)\geqslant 0$, 因此由式 (4.29) 得知几乎处处有 $M_0(x)=m_0(x)$. 故由定理 4.4.1, f 几乎处处连续. 此外由 (P_4) 和 (P_6), 几乎处处有 $f(x)=m_0(x)(=M_0(x))$,

因此 f 在 $[a,b]$ 上 L 可积. 再从

$$(R)\int_a^b L_n(x)\mathrm{d}x \leqslant (R)\int_a^b f(x)\mathrm{d}x \leqslant (R)\int_a^b U_n(x)\mathrm{d}x$$

及 (P_3) 和 (P_5) 得

$$(L)\int_a^b L(x)\mathrm{d}x \leqslant (R)\int_a^b f(x)\mathrm{d}x \leqslant (L)\int_a^b U(x)\mathrm{d}x.$$

因此 $(L)\displaystyle\int_a^b f(x)\mathrm{d}x = (R)\int_a^b f(x)\mathrm{d}x$.

为完成本定理的证明, 剩下只需证明当 f 在 $[a,b]$ 上几乎处处连续时, f 必 R 可积. 事实上此时由定理 4.4.1 及 4.4.2, 在 $[a,b]$ 上几乎处处有

$$L(x) = m_0(x) = M_0(x) = U(x).$$

因此由 (P_3) 和 (P_5) 得

$$\begin{aligned}\lim_{n\to\infty}(S_n - s_n) &= \lim_{n\to\infty}\left[(L)\int_a^b U_n(x)\mathrm{d}x - (L)\int_a^b L_n(x)\mathrm{d}x\right]\\ &= (L)\int_a^b [U(x) - L(x)]\mathrm{d}x = 0.\end{aligned}$$

故由 R 可积的充分必要条件得知 f 是 R 可积的. 定理证毕.

例 4.4.1 若 χ_C 是 Cantor 完备集的特征函数, 则 χ_C 在 $[0,1]$ 上的不连续点全体即为 C. 由于 $m(C)=0$, 故 χ_C 在 $[0,1]$ 上 R 可积, 并且

$$(R)\int_0^1 \chi_C\mathrm{d}x = (L)\int_0^1 \chi_C\mathrm{d}x = (L)\int_C \mathrm{d}x = m(C) = 0.$$

例 4.4.2 在例 4.2.1 中我们利用定义求得 $(L)\displaystyle\int_0^\infty \mathrm{e}^{-x}\mathrm{d}x = 1$. 现在利用本定理, 可以用更简单的方法来得到这个结果. 事实上对每一 $n \geqslant 1$, 令

$$f_n(x) = \begin{cases} \mathrm{e}^{-x}, & 0 \leqslant x \leqslant n, \\ 0, & x > n. \end{cases}$$

此时由于 e^{-x} 在 $[0,n]$ 上 Riemann 可积, 故由本定理,

$$(L)\int_0^\infty f_n(x)\mathrm{d}x = (L)\int_0^n \mathrm{e}^{-x}\mathrm{d}x = (R)\int_0^n \mathrm{e}^{-x}\mathrm{d}x = 1 - \mathrm{e}^{-n}.$$

又对每一 $x \geqslant 0$, $\{f_n(x)\}_{n\geqslant 1}$ 单增收敛于 e^{-x}, 故由 Levi 单调收敛定理,

$$(L)\int_0^\infty \mathrm{e}^{-x}\mathrm{d}x = \lim_{n\to\infty}(L)\int_0^\infty f_n(x)\mathrm{d}x = \lim_{n\to\infty}(1 - \mathrm{e}^{-n}) = 1.$$

4.5　重积分、累次积分、Fubini 定理

首先我们注意, 本章前面 4 节中讲述的 Lebesgue 积分的定义、有关性质及其证明对 $\mathbf{R}^n$ 中的可测函数都是适用的.

其次我们介绍 $\mathbf{R}^n$ 上的可积函数在积分意义下用有紧支集的连续函数来逼近的问题.

$\mathbf{R}^n$ 上的函数 f 称为有**紧支集**, 若 $\{f \neq 0\}$ 是有界集.

定理 4.5.1　设 $f \in L(\mathbf{R}^n)$, 则对任何 $\varepsilon > 0$, 存在有紧支集的连续函数 g, 使 $\int_{\mathbf{R}^n} |f-g|\mathrm{d}x < \varepsilon$, 并且 $\max\limits_{x\in\mathbf{R}^n} |g(x)| \leqslant \sup\limits_{x\in\mathbf{R}^n} |f(x)|$.

证明　用 $\|x\|$ 表示 $\mathbf{R}^n$ 中的点 x 与原点 0 的距离 $d(x,0)$.

对 $k>0$, 令

$$f_k(x) = \begin{cases} f(x), & |f(x)| \leqslant k \text{ 且 } \|x\| \leqslant k, \\ 0, & \text{其他 } x. \end{cases}$$

由于 $|f_k(x) - f(x)| \leqslant |f(x)|, |f_k(x) - f(x)| \to 0 (k\to\infty)$, 从而由控制收敛定理, 有 k_0 使 $\int_{\mathbf{R}^n} |f_{k_0} - f|\mathrm{d}x < \frac{\varepsilon}{3}$. 再由 $\mathbf{R}^n$ 中的 Lusin 定理 (定理 3.3.3), 有 $\{\|x\| \leqslant k_0\}$ 上的连续函数 g 使

$$m(\{\|x\| \leqslant k_0 \text{ 且 } f_{k_0}(x) \neq g(x)\}) < \frac{\varepsilon}{6k_0},$$
$$\sup_{\|x\|\leqslant k_0} |g(x)| \leqslant \sup_{\|x\|\leqslant k_0} |f_{k_0}(x)| \leqslant k_0.$$

从而易知 $\int_{\|x\|\leqslant k_0} |f_{k_0} - g|\mathrm{d}x \leqslant \frac{\varepsilon}{3}$. 再由测度性质, 存在 $\delta > 0$, 使

$$k_0 \cdot m(\{k_0 < \|x\| < k_0 + \delta\}) < \frac{\varepsilon}{3}.$$

现对 $\|x\| \geqslant k_0 + \delta$ 定义 $g(x) = 0$. 则 g 是闭集 $\{\|x\| \geqslant k_0 + \delta\} \bigcup \{\|x\| \leqslant k_0\}$ 上的连续函数. 再由 Tietz 定理 (定理 3.5.1), g 可开拓成 $\mathbf{R}^n$ 上的连续函数, 使 $\sup\limits_{x\in\mathbf{R}^n} |g(x)| \leqslant k_0$. 现在 g 是 $\mathbf{R}^n$ 上有紧支集的连续函数, 并且

$$\begin{aligned} \int_{\mathbf{R}^n} |f-g|\mathrm{d}x &\leqslant \int_{\mathbf{R}^n} |f - f_{k_0}|\mathrm{d}x + \int_{\mathbf{R}^n} |f_{k_0} - g|\mathrm{d}x \\ &= \int_{\mathbf{R}^n} |f - f_{k_0}|\mathrm{d}x + \int_{k_0<\|x\|<k_0+\delta} |g|\mathrm{d}x + \int_{\|x\|\leqslant k_0} |f_{k_0} - g|\mathrm{d}x \\ &< \frac{\varepsilon}{3} + \frac{\varepsilon}{3} + \frac{\varepsilon}{3} = \varepsilon. \end{aligned}$$

定理证毕.

下面我们讨论 $\mathbf{R}^n$ 上的重积分和累次积分.

若正整数 p 和 q 满足 $p+q=n$, 则 $\mathbf{R}^n$ 可以看成 $\mathbf{R}^p$ 和 $\mathbf{R}^q$ 的直积, 即 $\mathbf{R}^n=\mathbf{R}^p\times\mathbf{R}^q$. 此时 $\mathbf{R}^n$ 上的函数 f 可以用 $f(x,y)$ 来表示, 其中 $x\in\mathbf{R}^p, y\in\mathbf{R}^q$. 当 $y\in\mathbf{R}^q$ 固定时, $f(x,y)$ 就是 $x\in\mathbf{R}^p$ 的函数; 当 $x\in\mathbf{R}^p$ 固定时, $f(x,y)$ 就是 $y\in\mathbf{R}^q$ 的函数. 又若 $f(x,y)$ 是 $\mathbf{R}^n$ 上的可测函数并且其 L 积分有定义, 则其积分值可以写成

$$\int_{\mathbf{R}^p\times\mathbf{R}^q} f(x,y)\mathrm{d}x\mathrm{d}y,$$

这种表示法称为**重积分**. 另一方面对任意 $x\in\mathbf{R}^p, f(x,y)$ 作为 $y\in\mathbf{R}^q$ 上的函数其 L 积分为 $\int_{\mathbf{R}^q} f(x,y)\mathrm{d}y$ (若存在), 该积分值是 $x\in\mathbf{R}^p$ 的函数, 即

$$F(x)=\int_{\mathbf{R}^q} f(x,y)\mathrm{d}y.$$

而 $F(x)$ 在 $x\in\mathbf{R}^p$ 上的积分 (若存在) 就是

$$\int_{\mathbf{R}^p}\left[\int_{\mathbf{R}^q} f(x,y)\mathrm{d}y\right]\mathrm{d}x.$$

上述形状的积分称为**累次积分**. 本节要研究的就是下列等式

$$\int_{\mathbf{R}^p\times\mathbf{R}^q} f(x,y)\mathrm{d}x\mathrm{d}y=\int_{\mathbf{R}^p}\left[\int_{\mathbf{R}^q} f(x,y)\mathrm{d}y\right]\mathrm{d}x. \tag{4.30}$$

定理 4.5.2 (Tonelli) 设 $f(x,y)$ 是 $(x,y)\in\mathbf{R}^p\times\mathbf{R}^q$ 上的非负可测函数, 则:

(i) 对几乎所有的 $x\in\mathbf{R}^p, f(x,y)$ 作为 $y\in\mathbf{R}^q$ 的函数是非负可测的;

(ii) $F(x)=\int_{\mathbf{R}^q} f(x,y)\mathrm{d}y$ 作为 $x\in\mathbf{R}^p$ 的函数在 $\mathbf{R}^p$ 上是非负可测的;

(iii) 式 (4.30) 成立.

证明 先设 f 是 $\mathbf{R}^p\times\mathbf{R}^q$ 中的可测集 E 的特征函数, 即 $f(x,y)=\chi_E(x,y)$. 我们分情形讨论.

情形 1: $E=I_p\times I_q$, 其中 I_p 和 I_q 分别是 $\mathbf{R}^p$ 和 $\mathbf{R}^q$ 中的长方体.

此时当 $x\notin I_p$ 时, $f(x,y)=0$; 当 $x\in I_p$ 时,

$$f(x,y)=\begin{cases}1, & y\in I_q,\\ 0, & y\notin I_q.\end{cases}$$

故对所有 $x\in\mathbf{R}^p, f(x,y)$ 作为 $y\in\mathbf{R}^q$ 的函数是非负可测的, 并且

$$F(x)=\int_{\mathbf{R}^q} f(x,y)\mathrm{d}y=\begin{cases}\ell(I_q), & x\in I_p,\\ 0, & x\notin I_p,\end{cases}$$

$$\int_{\mathbf{R}^p} F(x)\mathrm{d}x = \int_{I_p} \ell(I_q)\mathrm{d}x = \ell(I_p)\cdot\ell(I_q). \tag{4.31}$$

另一方面由积分定义, 式 (4.31) 的右端正是 $f(x,y)$ 在 $\mathbf{R}^p\times\mathbf{R}^q$ 上的积分. 从而式 (4.30) 成立.

情形 2: E 是开集.

此时由定理 1.5.14, $E=\bigcup\limits_{k=1}^{\infty} I^{(k)}$, 其中 $\{I^{(k)}\}_{k\geqslant 1}$ 是 $\mathbf{R}^p\times\mathbf{R}^q$ 中两两不相交半开方体. 现每一 $I^{(k)}$ 可以表示为 $I^{(k)}=I_p^{(k)}\times I_q^{(k)}$, 其中 $I_p^{(k)}$ 和 $I_q^{(k)}$ 分别是 $\mathbf{R}^p$ 和 $\mathbf{R}^q$ 中的方体. 我们令 $f_k(x,y)$ 是 $I_p^{(k)}\times I_q^{(k)}$ 的特征函数, 则

$$f(x,y)=\sum_{k=1}^{\infty} f_k(x,y).$$

由情形 1, 对每一 $f_k(x,y)$, 定理中的 (i)~(iii) 都满足. 这样对一切 $x\in\mathbf{R}^p, f(x,y)$ 作为 $y\in\mathbf{R}^q$ 的函数非负可测, 并由单调收敛定理,

$$F(x)=\int_{\mathbf{R}^q} f(x,y)\mathrm{d}y=\int_{\mathbf{R}^q}\sum_{k=1}^{\infty} f_k(x,y)\mathrm{d}y=\sum_{k=1}^{\infty}\int_{\mathbf{R}^q} f_k(x,y)\mathrm{d}y$$

在 $\mathbf{R}^p$ 上非负可测. 最后再次利用单调收敛定理得

$$\begin{aligned}
\int_{\mathbf{R}^p\times\mathbf{R}^q} f(x,y)\mathrm{d}x\mathrm{d}y &= \int_{\mathbf{R}^p\times\mathbf{R}^q}\sum_{k=1}^{\infty} f_k(x,y)\mathrm{d}x\mathrm{d}y\\
&=\sum_{k=1}^{\infty}\int_{\mathbf{R}^p\times\mathbf{R}^q} f_k(x,y)\mathrm{d}x\mathrm{d}y=\sum_{k=1}^{\infty}\int_{\mathbf{R}^p}\left[\int_{\mathbf{R}^q} f_k(x,y)\mathrm{d}y\right]\mathrm{d}x\\
&=\int_{\mathbf{R}^p}\left[\sum_{k=1}^{\infty}\int_{\mathbf{R}^q} f_k(x,y)\mathrm{d}y\right]\mathrm{d}x=\int_{\mathbf{R}^p}\left[\int_{\mathbf{R}^q}\sum_{k=1}^{\infty} f_k(x,y)\mathrm{d}y\right]\mathrm{d}x\\
&=\int_{\mathbf{R}^p}\left[\int_{\mathbf{R}^q} f(x,y)\mathrm{d}y\right]\mathrm{d}x.
\end{aligned}$$

这样我们证明了当 E 是开集时 (i)~(iii) 成立.

情形 3: E 是有界闭集.

此时令

$$\begin{aligned}
G_1&=\{(x,y)\in\mathbf{R}^p\times\mathbf{R}^q : 0<d((x,y),E)<1\},\\
G_2&=\{(x,y)\in\mathbf{R}^p\times\mathbf{R}^q : d((x,y),E)<1\},
\end{aligned}$$

则 G_1 和 G_2 是 $\mathbf{R}^q\times\mathbf{R}^q$ 中的有界开集并且 $E=G_2-G_1, G_1\subset G_2$. 这样

$$f(x,y)=f_2(x,y)-f_1(x,y)\geqslant 0,$$

其中 f_1 和 f_2 分别是 G_1 和 G_2 的特征函数. 于是由情形 2, f_1 和 f_2 都满足 (i)~(iii). 所以对所有 $x \in \mathbf{R}^p, f(x,y)$ 作为 $y \in \mathbf{R}^q$ 的函数非负可积, 并且

$$F(x) = \int_{\mathbf{R}^q} f(x,y)\mathrm{d}y = \int_{\mathbf{R}^q} f_2(x,y)\mathrm{d}y - \int_{\mathbf{R}^q} f_1(x,y)\mathrm{d}y$$

在 $\mathbf{R}^p$ 上非负可积. 此时对 f 来说 (4.30) 是明显成立的.

情形 4: E 是零测集.

此时有 $\mathbf{R}^p \times \mathbf{R}^q$ 中的单减开集列 $\{G_k\}_{k\geqslant 1}$, 使 $E \subset G_k$, 并且 $m(G_k) \to 0$. 令 $H = \bigcap\limits_{k=1}^{\infty} G_k$, 则 $E \subset H$, 并且 $m(H) = 0$. 令 $f_k(x,y)$ 表示 G_k 的特征函数, 则由控制收敛定理及情形 2,

$$\begin{aligned}
0 &= \int_{\mathbf{R}^p\times\mathbf{R}^q} \chi_H(x,y)\mathrm{d}x\mathrm{d}y = \lim_{k\to\infty} \int_{\mathbf{R}^p\times\mathbf{R}^q} f_k(x,y)\mathrm{d}x\mathrm{d}y \\
&= \lim_{k\to\infty} \int_{\mathbf{R}^p} \left[\int_{\mathbf{R}^q} f_k(x,y)\mathrm{d}y\right] \mathrm{d}x = \int_{\mathbf{R}^p} \left[\lim_{k\to\infty} \int_{\mathbf{R}^q} f_k(x,y)\mathrm{d}y\right] \mathrm{d}x \\
&= \int_{\mathbf{R}^p} \left[\int_{\mathbf{R}^q} \lim_{k\to\infty} f_k(x,y)\mathrm{d}y\right] \mathrm{d}x = \int_{\mathbf{R}^p} \left[\int_{\mathbf{R}^q} \chi_H(x,y)\mathrm{d}y\right] \mathrm{d}x.
\end{aligned}$$

由此对几乎所有的 $x \in \mathbf{R}^p$ 有 $\int_{\mathbf{R}^q} \chi_H(x,y)\mathrm{d}y = 0$, 从而对几乎所有的 $x \in \mathbf{R}^p$, $\chi_H(x,y)$ 作为 $y \in \mathbf{R}^q$ 的函数几乎处处为 0. 但

$$0 \leqslant f(x,y) = \chi_E(x,y) \leqslant \chi_H(x,y),$$

因此对几乎所有的 $x \in \mathbf{R}^p, f(x,y)$ 作为 $y \in \mathbf{R}^q$ 的函数几乎处处为 0. 因此对几乎所有的 $x \in \mathbf{R}^p$, 有

$$F(x) = \int_{\mathbf{R}^q} f(x,y)\mathrm{d}y = 0.$$

显然此时式 (4.30) 是成立的.

情形 5: E 是一般可测集.

此时 $E = \left(\bigcup\limits_{k=1}^{\infty} F_k\right) \bigcup Z$, 其中 $\{F_k\}_{k\geqslant 1}$ 是单增有界闭集列, Z 是零测集, 并且 $F_k \bigcap Z = \varnothing (k \geqslant 1)$. 分别用 f_0 和 f_k 表示 Z 和 F_k 的特征函数 $(k \geqslant 1)$, 则

$$f(x,y) = \chi_E(x,y) = \lim_{k\to\infty} f_k(x,y) + f_0(x,y).$$

由情形 3 和情形 4 知, 所有 $f_k (k \geqslant 0)$ 满足 (i)~(iii). 故 f 亦如此.

至此我们证明了 $\mathbf{R}^p \times \mathbf{R}^q$ 中任何可测集 E 上的特征函数 f 满足 (i)~(iii). 从而易知任何非负简单函数及任何非负可测函数都满足 (i)~(iii). 定理证毕.

定理 4.5.3 (Fubini)　设 $f(x,y)$ 在 $\mathbf{R}^p\times\mathbf{R}^q$ 上可积, 则:

(i) 对几乎所有的 $x\in\mathbf{R}^p, f(x,y)$ 作为 $y\in\mathbf{R}^q$ 上的函数在 $\mathbf{R}^q$ 上可积;

(ii) $F(x)=\displaystyle\int_{\mathbf{R}^q}f(x,y)\mathrm{d}y$ 在 $x\in\mathbf{R}^p$ 上可积;

(iii) 式 (4.30) 成立.

证明　令 $f=f_+-f_-$, 则 f_+ 和 f_- 都是 $\mathbf{R}^p\times\mathbf{R}^q$ 上的非负可积函数. 于是利用 Tonelli 定理即得本定理.

推论　设 $f(x,y)$ 在 $\mathbf{R}^p\times\mathbf{R}^q$ 上可积, 则

$$\int_{\mathbf{R}^q}\left[\int_{\mathbf{R}^q}f(x,y)\mathrm{d}y\right]\mathrm{d}x=\int_{\mathbf{R}^p\times\mathbf{R}^q}f(x,y)\mathrm{d}x\mathrm{d}y=\int_{\mathbf{R}^q}\left[\int_{\mathbf{R}^p}f(x,y)\mathrm{d}x\right]\mathrm{d}y.$$

作为上述定理的应用, 我们来介绍卷积及分布函数.

引理 4.5.1　若 $f(x)$ 是 $\mathbf{R}^n$ 上的可测函数, 则 $f(x-y)$ 是 $(x,y)\in\mathbf{R}^n\times\mathbf{R}^n$ 上的可测函数.

证明　此时对任何实数 $\alpha, E=\{f(z)>\alpha\}$ 是 $\mathbf{R}^n$ 中的可测集. 现在

$$\{(x,y)\in\mathbf{R}^n\times\mathbf{R}^n: f(x-y)>\alpha\}=\{(x,y)\in\mathbf{R}^n\times\mathbf{R}^n: x-y\in E\}.$$

由定理 2.7.2, 上式右端是 $\mathbf{R}^n\times\mathbf{R}^n$ 中可测集, 从而左端亦是. 故 $f(x-y)$ 是 $\mathbf{R}^n\times\mathbf{R}^n$ 上的可测函数.

今设 f 和 g 是 $\mathbf{R}^n$ 上的可测函数. 若对几乎所有的 $x\in\mathbf{R}^n$, 积分 $\displaystyle\int_{\mathbf{R}^n}f(x-y)g(y)\mathrm{d}y$ 存在, 则该积分作为 x 的函数称为 f 和 g 的**卷积**, 记为 $f*g$.

定理 4.5.4　若 f 和 g 都在 $\mathbf{R}^n$ 上可积, 则 $(f*g)(x)$ 对几乎所有 $x\in\mathbf{R}^n$ 有意义并且是 $\mathbf{R}^n$ 上的可积函数. 此外

$$\int_{\mathbf{R}^n}|(f*g)(x)|\mathrm{d}x\leqslant\int_{\mathbf{R}^n}|f(x)|\mathrm{d}x\cdot\int_{\mathbf{R}^n}|g(x)|\mathrm{d}x. \tag{4.32}$$

证明　先设 f 和 g 都非负, 此时由引理 4.5.1, 易知 $f(x-y)g(y)$ 是 $\mathbf{R}^n\times\mathbf{R}^n$ 上的非负可测函数. 故由 Tonelli 定理,

$$\begin{aligned}&\int_{\mathbf{R}^n}\mathrm{d}x\int_{\mathbf{R}^n}f(x-y)g(y)\mathrm{d}y=\int_{\mathbf{R}^n}\mathrm{d}y\int_{\mathbf{R}^n}f(x-y)g(y)\mathrm{d}x\\&=\int_{\mathbf{R}^n}g(y)\mathrm{d}y\int_{\mathbf{R}^n}f(x-y)\mathrm{d}x=\int_{\mathbf{R}^n}g(y)\mathrm{d}y\cdot\int_{\mathbf{R}^n}f(x)\mathrm{d}x<\infty.\end{aligned}$$

这说明 $(f*g)(x)$ 几乎处处存在有限, 并且式 (4.32) 成立.

对一般情形, 只需注意 $|(f*g)(x)|\leqslant(|f|*|g|)(x)$. 从而

$$\int_{\mathbf{R}^n}|(f*g)(x)|\mathrm{d}x\leqslant\int_{\mathbf{R}^n}(|f|*|g|)(x)\mathrm{d}x$$

$$= \int_{\mathbf{R}^n} |f(x)|\mathrm{d}x \cdot \int_{\mathbf{R}^n} |g(x)|\mathrm{d}x < \infty.$$

定理证毕.

定理 4.5.5 设 f 是可测集 $E \subset \mathbf{R}^n$ 上的可测函数. 对每一 $\lambda > 0$, 令

$$g(\lambda) = m(\{x \in E : |f(x)| > \lambda\}). \tag{4.33}$$

则当 $1 \leqslant p < \infty$ 时,

$$\int_E |f(x)|^p \mathrm{d}x = p \int_0^\infty \lambda^{p-1} g(\lambda) \mathrm{d}\lambda.$$

证明 令

$$F(\lambda, x) = \begin{cases} 1, & |f(x)| > \lambda, \\ 0, & |f(x)| \leqslant \lambda, \end{cases}$$

当固定 $\lambda > 0$ 时, $F(\lambda, x)$ 作为 x 的函数是式 (4.33) 右端可测集的特征函数. 此时由 Tonelli 定理,

$$\begin{aligned} \int_E |f(x)|^p \mathrm{d}x &= \int_E \mathrm{d}x \int_0^{|f(x)|} p\lambda^{p-1} \mathrm{d}\lambda \\ &= \int_E \mathrm{d}x \int_0^\infty p\lambda^{p-1} F(\lambda, x) \mathrm{d}\lambda \\ &= \int_0^\infty p\lambda^{p-1} \mathrm{d}\lambda \int_E F(\lambda, x) \mathrm{d}x \\ &= p \int_0^\infty \lambda^{p-1} g(\lambda) \mathrm{d}\lambda. \end{aligned}$$

定理证毕.

注 式 (4.33) 中的函数 $g(\lambda)$ 称为 f 的**分布函数**.

第 4 章习题与例题

1. 设 $m(E) > 0, f \in L(E), f$ 非负且 $\int_E f(x)\mathrm{d}x = 0$. 求证: $f(x) = 0$, a.e.
2. 设 $f \in L(E)$. 求证: $k \cdot m(\{|f| > k\}) \to 0 (k \to \infty)$.
3. 设 $m(E) < \infty$, $\{f_k\}$ 是 E 上几乎处处有限的可测函数列. 求证: 为使 $f_k \Rightarrow 0$, 充要条件是 $\int_E \dfrac{|f_k(x)|}{1 + |f_k(x)|} \mathrm{d}x \to 0 (k \to \infty)$.
4. 设 $f \in L([a, b]), \varepsilon > 0$, 求证:

   (i) 有有界可测函数 g, 使 $\int_a^b |f(x) - g(x)|\mathrm{d}x < \varepsilon$;

   (ii) 有连续函数 h, 使 $\int_a^b |f(x) - h(x)|\mathrm{d}x < \varepsilon$;

(iii) 有多项式 P, 使 $\int_a^b |f(x)-P(x)|\mathrm{d}x<\varepsilon$;

(iv) 有阶梯函数 S, 使 $\int_a^b |f(x)-S(x)|\mathrm{d}x<\varepsilon$.

注　若 $[a,b]$ 上有网 $a=x_0<x_1<\cdots<x_n=b$, 使得对每一 $0\leqslant i\leqslant n-1, S(x)$ 在 (x_i,x_{i+1}) 上是常数, 则 $S(x)$ 称为阶梯函数.

5. **例**　设 $f\in L([a,b])$. 求证：当 $k\to\infty$ 时,

(i) $\int_a^b f(x)\cos kx\mathrm{d}x\to 0, \int_a^b f(x)\sin kx\mathrm{d}x\to 0$;

(ii) $\int_a^b f(x)|\cos kx|\mathrm{d}x\to \frac{2}{\pi}\int_a^b f(x)\mathrm{d}x$.

证明　(i) 当 f 是多项式时, 利用分部积分易知命题成立. 对一般的 $f\in L([a,b])$, 只需利用题 4.

(ii) 关键是证明当 $f(x)=1$ 时命题成立, 即

$$\int_a^b |\cos kx|\mathrm{d}x\to\frac{2(b-a)}{\pi}\quad (k\to\infty). \tag{4.34}$$

因为一旦证明了式 (4.34), 则对任何阶梯函数 $S(x)$:

$$S(x)=c_n, x_n\leqslant x<x_{n+1}, n=0,1,\cdots,p, x_0=a, x_{p+1}=b,$$

我们有

$$\begin{aligned}&\int_a^b S(x)|\cos kx|\mathrm{d}x=\sum_{n=0}^{p}c_n\int_{x_n}^{x_{n+1}}|\cos kx|\mathrm{d}x\\ \to&\frac{2}{\pi}\sum_{n=0}^{p}c_n(x_{n+1}-x_n)=\frac{2}{\pi}\int_a^b S(x)\mathrm{d}x,\end{aligned}$$

即对阶梯函数 (ii) 成立. 再利用题 4 易知对一般 $f\in L([a,b])$, (ii) 成立.

至于式 (4.34), 这是一个数学分析的问题. 由于 $|\cos x|$ 以 π 为周期, 故

$$\begin{aligned}\lim_{k\to\infty}\int_a^b|\cos kx|\mathrm{d}x&=\lim_{k\to\infty}\frac{1}{k}\int_{ka}^{kb}|\cos x|\mathrm{d}x\\&=\lim_{k\to\infty}\frac{1}{k}\left[\frac{k(b-a)}{\pi}\right]\int_0^{\pi}|\cos x|\mathrm{d}x\\&=\frac{2(b-a)}{\pi}.\end{aligned}$$

6. 设 $0<\alpha<1$, 求证 $x^{-\alpha}\in L([0,1])$, 并求其积分.

7. 设 $f\in L(\mathbf{R}), f(0)=0, f'(0)$ 存在有限. 求证 $\frac{f(x)}{x}\in L(\mathbf{R})$.

8. 设 f 在 $[0,1]$ 上非负可测. 若有 $p>0$ 使 $f^p\in L([0,1])$, 求证：对任何 $q\in(0,p)$ 有 $f^q\in L([0,1])$.

9. 设对任何 $\lambda \in (a,b)$ 有 $f \in L((a,\lambda))$, 求证：为使 $f \in L((a,b))$, 充要条件是极限 $\lim\limits_{\lambda\to b^-}\int_a^\lambda |f(x)|\mathrm{d}x$ 存在有限. 而且当条件满足时, $\int_a^b f(x)\mathrm{d}x = \lim\limits_{\lambda\to b^-}\int_a^\lambda f(x)\mathrm{d}x$.

10. 设 f 和 $f_k(k \geqslant 1)$ 都属于 $L(\mathbf{R})$ 且 $|f_k(x)| \leqslant f(x)$. 求证:

$$\int_{\mathbf{R}} \varliminf_{k\to\infty} f_k(x)\mathrm{d}x \leqslant \varliminf_{k\to\infty}\int_{\mathbf{R}} f_k(x)\mathrm{d}x \leqslant \varlimsup_{k\to\infty}\int_{\mathbf{R}} f_k(x)\mathrm{d}x \leqslant \int_{\mathbf{R}} \varlimsup_{k\to\infty} f_k(x)\mathrm{d}x.$$

11. 设 $f \in L(E), E \subset \mathbf{R}$, 求证:

(i) $F(x) = \int_{(-\infty,x)\bigcap E} f(t)\mathrm{d}t$ 是 x 的一致连续函数;

(ii) $I = \left\{\int_e f(x)\mathrm{d}x : e \text{ 是 } E \text{ 的可测子集}\right\}$ 是一个闭区间, 并描述该闭区间的两个端点.

12. 设在可测集 E 上非负可测函数列 $f_k \Rightarrow f$, 求证: $\int_E f(x)\mathrm{d}x \leqslant \varliminf_{k\to\infty}\int_E f_k(x)\mathrm{d}x$.

13. 设 $\{n_k\}_{k\geqslant 1}$ 是一列严格单增正整数. 求证：使 $\{\sin n_k x\}_{k\geqslant 1}$ 收敛的点 x 的全体是零测集.

14. 设 $m(E) > 0$,

(i) 若对每一 $x \in E$, 有 $a_n \cos nx + b_n \sin nx \to 0(n \to \infty)$, 求证: $a_n \to 0, b_n \to 0$.

(ii) 若 $\dfrac{a_0}{2} + \sum\limits_{n=1}^{\infty} a_n \cos nx + b_n \sin nx$ 在 E 上绝对收敛, 求证: $\sum\limits_{n=1}^{\infty}(|a_n| + |b_n|) < \infty$. (提示: $a_n \cos nx + b_n \sin nx = r_n \cos(nx + \theta_n)$, 其中 $r_n = \sqrt{a_n^2 + b_n^2}$.)

15. 设 $f \in L([a,b])$, 而且对任何非负整数 k 有 $\int_a^b x^k f(x)\mathrm{d}x = 0$. 求证: $f(x) = 0$, a.e. (若 $k_0 \geqslant 1$, 而且对任何 $k \geqslant k_0$, 有 $\int_a^b x^k f(x)\mathrm{d}x = 0$, 结论是否成立?)

16. 设 g 是 $[-1,1]$ 上有界可测函数, 若对 $[-1,1]$ 上任何偶连续函数 f 有 $\int_{-1}^1 f(x)g(x)\mathrm{d}x = 0$, 求证: $g(-x) = -g(x)$, a.e.

17. 设 $f \in L(\mathbf{R})$, 并且对任何有紧支集的连续函数 g, 有 $\int_{\mathbf{R}} f(x)g(x)\mathrm{d}x = 0$. 求证: $f(x) = 0$, a.e.

18. 设 $f \in L(\mathbf{R})$, 求证:

$$\int_{x_1}^{x_2} f(ax+b)\mathrm{d}x = \frac{1}{a}\int_{ax_1+b}^{ax_2+b} f(x)\mathrm{d}x,$$

其中 $x_1 < x_2, a \neq 0$.

19. 设 $f \in L(\mathbf{R})$. 求证: $\sum\limits_{n=-\infty}^{\infty} f(x+n)$ 几乎处处绝对收敛.

20. 设 f 是 $\mathbf{R}$ 上可测周期函数, T 是其正周期, $f \in L([0,T])$. 求证:

$$\frac{1}{x}\int_0^x f(t)\mathrm{d}t \to \frac{1}{T}\int_0^T f(t)\mathrm{d}t(x \to \infty).$$

21. 设 f 在 $\mathbf{R}$ 上连续, $\Delta_n(x) = n\left[f\left(x+\frac{1}{n}\right) - f(x)\right]$, 若对任何 $x \in \mathbf{R}, \Delta_n(x) \to 0$, 并且有常数 M, 使 $|\Delta_n(x)| \leqslant M$. 求证: f 是常数.

22. 设 f 定义于可测集 E 上, 并对任何 $\varepsilon > 0$, 有 $g_\varepsilon, h_\varepsilon \in L(E)$, 使 $g_\varepsilon(x) \leqslant f(x) \leqslant h_\varepsilon(x)$ 及 $\int_E [h_\varepsilon(x) - g_\varepsilon(x)]\mathrm{d}x < \varepsilon$. 求证: $f \in L(E)$.

23. 设 $\{f_k\}$ 和 $\{g_k\}$ 是可测集 E 上的两列可测函数, 且 $|f_k(x)| \leqslant g_k(x)$. 今若 $f_k(x) \to f(x), g_k(x) \to g(x)$, a.e., 并且 $\int_E g_k(x)\mathrm{d}x \to \int_E g(x)\mathrm{d}x < \infty$. 求证: $\int_E f_k(x)\mathrm{d}x \to \int_E f(x)\mathrm{d}x$. (本题可以看成 Lebesgue 控制收敛定理的推广.)

24. 设 $\{r_k\}_{k\geqslant 1}$ 是 $[0,1]$ 中有理数全体. 求证: $f(x) = \sum_{k=1}^{\infty} \frac{1}{k^2\sqrt{|x-r_k|}}$ 在 $[0,1]$ 上几乎处处收敛.

25. 设 $f \in L(\mathbf{R}), a > 0$, 求证: $n^{-a}f(nx) \to 0$, a.e.

26. 设 $f \in L([0,1]), \int_0^1 f(x)\mathrm{d}x = a$, 求证: 对任何正整数 n 有 $E \subset [0,1]$, 使 $m(E) = \frac{1}{n}$ 并且 $\int_E f(x)\mathrm{d}x = \frac{a}{n}$.

27. 设 $\{E_k\}_{1\leqslant k\leqslant n}$ 是 $[0,1]$ 中 n 个可测集. 若 $[0,1]$ 中每一点至少属于这 n 个集中的 q 个集, 求证: 这些集中至少有一个的测度不小于 $\frac{q}{n}$.

28. 设 f 在 $[0,1]$ 上非负可测. 若有非负整数 k, 使 $\int_0^1 f^k(x)\mathrm{d}x = \int_0^1 f^{k+1}(x)\mathrm{d}x = \int_0^1 f^{k+2}(x)\mathrm{d}x < \infty$, 求证: 有可测集 $E \subset [0,1]$, 使 $f(x) = \chi_E(x)$, a.e.

29. 设 $f \in L([0,1])$ 并且只取正值, $0 < \lambda < 1$. 求证:

$$\inf\left\{\int_E f\mathrm{d}x : E \subset [0,1], m(E) \geqslant \lambda\right\} > 0.$$

30. 设 f 是 $[a,b]$ 上非负可积函数, $\{F_\lambda\}_{\lambda\in\Lambda}$ 是 $[a,b]$ 中的一族闭子集, 使得对任何 $\lambda_1, \lambda_2 \in \Lambda$ 或者 $F_{\lambda_1} \subset F_{\lambda_2}$, 或者 $F_{\lambda_1} \supset F_{\lambda_2}$. 今若对任何 $\lambda \in \Lambda$ 有 $\int_{F_\lambda} f(x)\mathrm{d}x \geqslant 1$, 求证: $\int_{\bigcap F_\lambda} f(x)\mathrm{d}x \geqslant 1$.

31. 设 $f \in L([0,1]), 0 < \lambda < 1$, 若对 $[0,1]$ 中任何测度为 λ 的集 E 有 $\int_E f(x)\mathrm{d}x = 0$, 求证: $f(x) = 0$, a.e.

32. 在题 31 中, 若把条件 "任何测度为 λ 的集 E" 换成 "任何测度为 λ 的开集 E", 结论如何?

33. 设 $m(E)<\infty, f$ 在 E 上非负可测. 求证下列 3 个命题等价:

(i) $f \in L(E)$;

(ii) $\sum\limits_{k=1}^{\infty} 2^k m(\{f \geqslant 2^k\})<\infty$;

(iii) $\sum\limits_{k=1}^{\infty} m(\{f \geqslant k\})<\infty$.

34. 设 f 在可测集 E 上非负可测, $m(E)=\infty$. 求证下面两条件是 $f \in L(E)$ 的必要条件:

(i) $\sum\limits_{k=1}^{\infty} m(\{f \geqslant k\})<\infty$;

(iii) $\sum\limits_{k=1}^{\infty} \dfrac{1}{2^k} m\left(\left\{f \geqslant \dfrac{1}{2^k}\right\}\right)<\infty$.

试问 (i) 或 (ii) 是否是 $f \in L(E)$ 的充分条件?

35. 设 f 和 $f_k(k \geqslant 1)$ 都是 $L(E)$ 中的非负函数, 此外, $f_k(x) \rightarrow f(x)$, a.e. 及 $\int_E f_k(x) \mathrm{d} x \rightarrow \int_E f(x) \mathrm{d} x$. 求证: 对 E 的任一可测子集 e, 有 $\int_e f_k(x) \mathrm{d} x \rightarrow \int_e f(x) \mathrm{d} x$.

36. 设 f 和 $f_k(k \geqslant 1)$ 都是 $L(\mathbf{R})$ 中的函数, 而且对任何可测集 $E, \left\{\int_E f_k(x) \mathrm{d} x\right\}_{k \geqslant 1}$ 单增收敛于 $\int_E f(x) \mathrm{d} x$. 求证 $f_k(x) \rightarrow f(x)$, a.e.

37. 设 f 在 $[0,1]$ 上非负可积. 试求非负可测函数 g, 使得 $f g \in L([0,1])$ 且 $g(x) \rightarrow \infty(x \rightarrow 0^{+})$.

38. 给定收敛于 0 的实数列 $\{\alpha_k\}$, 试构造在任一点皆不收敛的非负可积函数列 $\{u_k(x)\}$, 使级数 $\sum\limits_k \alpha_k \int_{\mathbf{R}} u_k(x) \mathrm{d} x$ 收敛.

39. 设 $\delta>0,\{\alpha_k\}$ 是非负实数列, $E_k \subset[a, b], m(E_k) \geqslant \delta, k=1,2, \cdots$. 今若 $\sum\limits_k \alpha_k \chi_{E_k}(x)<\infty$, a.e., 求证 $\sum\limits_k \alpha_k<\infty$. (提示: 取 $E \subset[a, b]$, 使 $m(E)<\dfrac{\delta}{2}$ 而且 $\sum\limits_k \alpha_k \chi_{E_k}(x)$ 在 $[a, b]-E$ 上有界.)

40. 设 $f \in L((a-1, b+1))$. 求证: $\int_a^b|f(x+h)-f(x)| \mathrm{d} x \rightarrow 0(h \rightarrow 0)$. (注意 $a=-\infty, b=\infty$ 时的情形.)

41. 设 f 和 g 在 $[a, b]$ 上 R 可积, 而且在 $[a, b]$ 的一个稠子集上相等, 求证: 它们在 $[a, b]$ 上的积分相等, 并且 $f(x)=g(x)$, a.e.

42. 试给出 $E \subset[a, b]$ 的充要条件, 以使 χ_E 在 $[a, b]$ 上 R 可积.

43. 求 $[a, b]$ 中的零测集 Z, 使对 $[a, b]$ 上任何 R 可积函数 f, Z 中必有 f 的连续点. (提示:

取 G_δ 集 Z, 使 Z 包含 $[a,b]$ 中所有有理数且 $m(Z)=0$. 再利用第 1 章题 56.)

44. 设对每一 $x\in\mathbf{R}$, $f(x,y)$ 作为 y 的函数在 $[a,b]$ 上可积; 而对每一 $y\in[a,b]$, $f(x,y)$ 作为 x 的函数在 $\mathbf{R}$ 上可微. 此外, 有 $g\in L([a,b])$ 使对任何 $x\in\mathbf{R}$ 及 $y\in[a,b]$ 有 $\left|\dfrac{\mathrm{d}}{\mathrm{d}x}f(x,y)\right|\leqslant g(y)$. 求证: 对任何 $x\in\mathbf{R}$ 有

$$\frac{\mathrm{d}}{\mathrm{d}x}\int_a^b f(x,y)\mathrm{d}y=\int_a^b\frac{\mathrm{d}}{\mathrm{d}x}f(x,y)\mathrm{d}y.$$

45. 设 f 和 g 都是可测集 E 上几乎处处有限的非负可测函数. 令

$$E_y=\{g(x)\geqslant y\},\quad F(y)=\int_{E_y}f(x)\mathrm{d}x.$$

求证: $\displaystyle\int_0^\infty F(y)\mathrm{d}y=\int_E f(x)g(x)\mathrm{d}x$.

46. 设 $f(x,y)$ 在 $[0,1]\times[0,1]$ 上可积, 求证:

$$\int_0^1\mathrm{d}x\int_0^x f(x,y)\mathrm{d}y=\int_0^1\mathrm{d}y\int_y^1 f(x,y)\mathrm{d}x.$$

47. 设 $f(x)$ 和 $g(x)$ 都在 $[a,b]$ 上连续, 且 $f(x)\leqslant g(x)$. 令 $E=\{(x,y):x\in[a,b],f(x)\leqslant y\leqslant g(x)\}$. 而 $h(x,y)$ 在 E 上可积. 求证:

$$\int_E h(x,y)\mathrm{d}x\mathrm{d}y=\int_a^b\mathrm{d}x\int_{f(x)}^{g(x)}h(x,y)\mathrm{d}y.$$

48. (i) 求证: 对任何实数 α, $\{(x,y):xy=\alpha\}$ 是 $\mathbf{R}^2$ 中的零测集.

(ii) 求所有实数 p, 使 $(1-xy)^p$ 在 $[0,1]\times[0,1]$ 上 L 可积.

49. **例**　设 $f(x)$ 在 $\mathbf{R}$ 上可测且有周期 1. 此外, 有 $M>0$ 使对任何 $x\in\mathbf{R}$ 有 $\displaystyle\int_0^1|f(x+t)-f(t)|\mathrm{d}t\leqslant M$. 求证 $f\in L([0,1])$.

证明　由于 $f(x)$ 在 $[0,1]$ 上几乎处处有限, 从而可取 $[0,1]$ 中的正测度集 E, 使 $\displaystyle\int_E|f(x)|\mathrm{d}x<\infty$. 现由条件, 对任何 $x\in\mathbf{R}$ 有 $\displaystyle\int_E|f(x+t)-f(t)|\mathrm{d}t\leqslant M$. 因而对任何 $x\in\mathbf{R}$ 有

$$\int_E|f(x+t)|\mathrm{d}t\leqslant M+\int_E|f(t)|\mathrm{d}t.$$

由 Tonelli 定理,

$$\int_E\mathrm{d}t\int_0^1|f(x+t)|\mathrm{d}x=\int_0^1\mathrm{d}x\int_E|f(x+t)|\mathrm{d}t<\infty.$$

由于 $m(E)>0$, 故至少有一个 t 使 $\displaystyle\int_0^1|f(x+t)|\mathrm{d}x<\infty$. 再由 f 的周期性, $\displaystyle\int_0^1|f(x)|\mathrm{d}x<\infty$.

50. 设 $f\in L([0,1])$, $\displaystyle\int_0^1 f(x)\mathrm{d}x\neq 0$. 求可测函数 g, 使 $fg\in L([0,1])$, $fg^2\notin L([0,1])$.

51. 设 $f \in L(\mathbf{R})$, 求证: 当下两条件之一满足时, $f(x) = 0$, a.e.

(i) 对任何测度为 1 的开集 G 有 $\int_G f(x)\mathrm{d}x = 0$;

(ii) 对任何开集 G 有 $\int_G f(x)\mathrm{d}x = \int_{\overline{G}} f(x)\mathrm{d}x$.

52. 设 $\{A_n\}_{n\geqslant 1}$ 是一列可测集, $\sum\limits_{n=1}^{\infty} m(A_n) < \infty$. 令

$$G_k = \{x : \{A_n\}_{n\geqslant 1} \text{ 中有且只有 } k \text{ 项包含 } x\}, \quad k = 1, 2, \cdots$$

求证: G_k 可测且 $\sum\limits_{k=1}^{\infty} k \cdot m(G_k) = \sum\limits_{n=1}^{\infty} m(A_n)$.

53. 设 $f \in L([0,1]), E = \{x \in [0,1] : f(x) \text{ 是整数}\}$, 求证: $\int_0^1 |\cos[\pi f(x)]|^n \mathrm{d}x \to m(E) (n \to \infty)$.

54. 设 $f \in L(\mathbf{R}), g(x) = f\left(x - \dfrac{1}{x}\right)$, 求证: $g \in L(\mathbf{R})$ 且 $\int_{\mathbf{R}} f(x)\mathrm{d}x = \int_{\mathbf{R}} g(x)\mathrm{d}x$. (提示: 按照 f 是区间上特征函数, 有紧支集连续函数, 一般可积函数的次序来证.)

55. 设 $f \in L([0,1])$ 且非负, $\int_0^1 f(x)\mathrm{d}x > 0, 0 < \alpha \leqslant 1$, 试求极限 $\lim\limits_{n\to\infty} \int_0^1 n \ln\left[1 + \left(\dfrac{f(x)}{n}\right)^{\alpha}\right]\mathrm{d}x$.

56. 设 $f \in L([0,1])$, 极限 $\lim\limits_{n\to\infty} \dfrac{1}{n} \int_0^1 \ln(1 + \mathrm{e}^{nf(x)})\mathrm{d}x$ 是否存在? 存在时求此极限.

57. 对 $[0,1]$ 中任何两个可测集 A 和 B 定义 $\rho(A, B) = \int_0^1 |\chi_A - \chi_B|\mathrm{d}x$. 现若 $[0,1]$ 中的可测集列 $\{A_n\}_{n\geqslant 1}$ 满足 $\rho(A_m, A_n) \to 0 (m, n \to \infty)$, 求证: $[0,1]$ 中有可测集 A 使 $\rho(A_n, A) \to 0 (n \to \infty)$.

58. **例** 设在 (a,b) 上 $f_k(x) \to f(x), f_k'(x) \to F(x)$, 其中 f_k, f_k', f, f', F 都连续 $(k \geqslant 1)$. 求证: $f'(x) = F(x), x \in (a,b)$.

证明 任取 $[c,d] \subset (a,b)$, 由条件得知有 $[x, x+\delta] \subset [c,d]$, 使 $\{f_k'\}_{k\geqslant 1}$ 在 $[x, x+\delta]$ 上一致有界 (第 1 章题 57). 这样由控制收敛定理, 当 $0 < \Delta < \delta$ 时,

$$\begin{aligned} f(x+\Delta) - f(x) &= \lim_{k\to\infty} [f_k(x+\Delta) - f_k(x)] \\ &= \lim_{k\to\infty} \int_x^{x+\Delta} f_k'(t)\mathrm{d}t = \int_x^{x+\Delta} F(t)\mathrm{d}t. \end{aligned}$$

从而易知 $f'(x) = F(x)$. 由于 $[c,d]$ 是任取的, 所以满足 $f'(x) = F(x)$ 的点 x 在 (a,b) 中稠. 这样由 f' 和 F 连续得知处处有 $f'(x) = F(x)$.

59. 设 φ 在 $\mathbf{R}$ 上可测, 并对任何 $f \in L(\mathbf{R})$ 有 $\varphi f \in L(\mathbf{R})$. 求证: 有零测集 E, 使 φ 在 $\mathbf{R} - E$ 上有界.

60. $L([a,b])$ 中的一族函数 $\mathcal{F}$ 称为有一致绝对连续性, 若对任何 $\varepsilon > 0$, 有 $\delta > 0$, 使对任何测度小于 δ 的集 E 及任何 $f \in \mathcal{F}$, 有

$$\int_E |f(x)|\mathrm{d}x < \varepsilon.$$

(i) 设 $\mathcal{F} \subset L([a,b])$ 有一致绝对连续性. 求证: $\left\{\int_a^b |f(x)|\mathrm{d}x : f \in \mathcal{F}\right\}$ 有界, 并且对任何 $\varepsilon > 0$, 有 $k > 0$, 使对一切 $f \in \mathcal{F}$ 有 $\int_{\{|f|\geqslant k\}} |f(x)|\mathrm{d}x < \varepsilon$.

(ii) 证明: 为使 $\mathcal{F} \subset L([a,b])$ 有一致绝对连续性, 充要条件是存在 $M > 0$ 及 $[0,\infty)$ 上正值单增函数 $\varphi(u)$, 使 $\varphi(u) \to \infty(u \to \infty)$, 并且对任何 $f \in \mathcal{F}$,

$$\int_a^b |f(x)|\varphi(|f(x)|)\mathrm{d}x < M.$$

(提示: 为证 (ii) 中的充分性, 先证对任何 $A > 0, E \subset [a,b]$ 及 $f \in \mathcal{F}$ 有

$$\int_E |f(x)|\mathrm{d}x < A \cdot m(E) + \frac{M}{\varphi(A)}.$$

为证 (ii) 中的必要性, 取单减正数列 $\{\lambda_n\}_{n\geqslant 0}$, 使 $\sum_n \lambda_n < \infty$. 由 (i), 存在严格单增正数列 $\{k_n\}_{n\geqslant 1}$, 使 $k_n \to \infty$ 并且

$$\int_{\{|f|\geqslant k_n\}} |f(x)|\mathrm{d}x < \lambda_n^2,\ \forall f \in \mathcal{F},\ n \geqslant 1.$$

令 $\varphi(u) = \dfrac{1}{\lambda_n}, k_n \leqslant u < k_{n+1} (n = 0, 1, \cdots, k_0 = 0)$. 则 $\varphi(u)$ 即为所求.)

第 5 章　微分和积分

本章主要研究下面两对关系：

(i) $\int_a^b f'(x)\mathrm{d}x$ 与 $f(b)-f(a)$;

(ii) $\frac{\mathrm{d}}{\mathrm{d}x}\int_a^x f(t)\mathrm{d}t$ 与 $f(x)$.

很明显, 有关结论完全决定于 f 的性质. 本章将分情况加以讨论.

5.1 单调函数

本节主要结果是下面的.

定理 5.1.1 (Lebesgue)　若 f 是 $[a,b]$ 上的实值单增函数, 则 f 在 $[a,b]$ 上几乎处处可导, 其导函数 f' 在 $[a,b]$ 上可积并且

$$\int_a^b f'(x)\mathrm{d}x \leqslant f(b)-f(a).$$

为证上述定理, 我们先证明 Vitali 引理.

首先, 我们称一个实数集 E 被一个区间族 Λ **按 Vitali 意义所覆盖**, 如果对任何 $x\in E$ 及 $\varepsilon>0$, 存在 Λ 中的区间 I, 使得 $x\in I$ 并且 $m(I)<\varepsilon$.

引理 5.1.1 (Vitali)　若外测度有限的实数集 E 按 Vitali 意义被区间族 Λ 所覆盖, 则对任何 $\varepsilon>0, \Lambda$ 中有有限个两两不相交的区间 $\{I_k\}_{1\leqslant k\leqslant n}$, 使

$$m^*\left(E-\bigcup_{k=1}^n I_k\right)<\varepsilon. \tag{5.1}$$

证明　由外测度定义, 此时有开集 Q, 使

$$E\subset Q,\ \text{并且}\ m(Q)<\infty.$$

然后记 $\Lambda_0=\{I\in\Lambda:\bar{I}\subset Q\}$. 这里 $\bar{I}$ 是区间 I 的闭包. 显然 Λ_0 也按 Vitali 意义覆盖 E. 现分以下两种情形讨论.

情形 1：Λ_0 中有有限个元 $\{I_k\}_{1\leqslant k\leqslant n}$, 使 $\{\bar{I}_k\}_{1\leqslant k\leqslant n}$ 两两不相交, 并且 $E-\bigcup\limits_{k=1}^n \bar{I}_k=\varnothing$.

此时 $E-\bigcup\limits_{k=1}^{n} I_k$ 是有限实数集, 故式 (5.1) 成立.

情形 2: Λ_0 中任何有限个使 $\{\bar{I}_k\}_{1\leqslant k\leqslant n}$ 两两不相交的元 $\{I_k\}_{1\leqslant k\leqslant n}$, 皆有 $E-\bigcup\limits_{k=1}^{n}\bar{I}_k\neq\varnothing$.

此时任取 $I_1\in\Lambda_0$. 由于 $E-\bar{I}_1$ 非空, 因此区间族 $\Lambda_1=\{I\in\Lambda_0:\bar{I}\bigcap\bar{I}_1=\varnothing\}$ 非空. 由于 Λ_1 中所有区间的长度都小于 $m(Q)$, 所以有 $I_2\in\Lambda_1$, 使对任何 $I\in\Lambda_1$,

$$2m(I_2)>m(I).$$

又 $E-\bigcup\limits_{i=1}^{2}\bar{I}_i$ 非空, 所以同样推理得知, 在区间族 $\Lambda_2=\{I\in\Lambda_0:\bar{I}\bigcap\bar{I}_i=\varnothing,i=1,2\}$ 中有 I_3, 使对任何 $I\in\Lambda_2$,

$$2m(I_3)>m(I).$$

依次类推. 这样我们得到 Λ_0 中一列区间 $\{I_i\}_{i\geqslant1}$, 使 $\{\bar{I}_i\}_{i\geqslant1}$ 两两不相交, 并且对每一 $i\geqslant1$ 有

$$2m(I_{i+1})>m(I),\tag{5.2}$$

其中

$$I\in\Lambda_i=\{I\in\Lambda_0:\bar{I}\bigcap\bar{I}_j=\varnothing,1\leqslant j\leqslant i\}.$$

现在由于 $\sum\limits_{i=1}^{\infty}m(I_i)=m\left(\bigcup\limits_{i=1}^{\infty}I_i\right)\leqslant m(Q)<\infty$, 从而有 N 使

$$\sum_{i=N+1}^{\infty}m(I_i)<\frac{\varepsilon}{5}\ \text{或}\ \sum_{i=N+1}^{\infty}5m(I_i)<\varepsilon.\tag{5.3}$$

为证本引理, 只需证明 $m^*\left(E-\bigcup\limits_{i=1}^{N}\bar{I}_i\right)<\varepsilon$, 或利用式 (5.3), 只需证明

$$E-\bigcup_{i=1}^{N}\bar{I}_i\subset\bigcup_{i=N+1}^{\infty}[x_i-5r_i,x_i+5r_i],\tag{5.4}$$

其中 x_i 和 r_i 分别是区间 I_i 的中心和半径. 为此任取 $x\in E-\bigcup\limits_{i=1}^{N}\bar{I}_i$, 此时有 $I\in\Lambda_0$, 使

$$x\in I,\ \text{且}\ \bar{I}\bigcap\bar{I}_i=\varnothing,\quad 1\leqslant i\leqslant N.$$

显然, 不可能对一切 $i>N$ 有 $\bar{I}\bigcap\bar{I}_i=\varnothing$, 因为不然从式 (5.2) 及 $m(I_{i+1})\to0(i\to\infty)$ 得出 $m(I)=0$, 此为不可能. 这样至少有一个 $i>N$ 使 $\bar{I}\bigcap\bar{I}_i\neq\varnothing$. 令

$$i_0=\min\{i:\bar{I}\bigcap\bar{I}_i\neq\varnothing\}.$$

则 $i_0 \geqslant N+1$, 并由式 (5.2), $m(I) < 2m(I_{i_0})$. 于是由 $x \in I$ 及 $\bar{I} \bigcap \bar{I}_{i_0} \neq \varnothing$, x 与 I_{i_0} 的中心 x_{i_0} 的距离 d 满足

$$d \leqslant m(I) + \frac{1}{2}m(I_{i_0}) < 2m(I_{i_0}) + \frac{1}{2}m(I_{i_0}) = 5r_{i_0}.$$

从而 $x \in [x_{i_0} - 5r_{i_0}, x_{i_0} + 5r_{i_0}]$. 式 (5.4) 得证.

定理 5.1.1 的证明 对 $\mathbf{R}$ 上任何单增实值函数 f, 我们定义下面四个函数:

$$(D^+f)(x) = \overline{\lim_{h\to 0^+}} \frac{f(x+h)-f(x)}{h}, \quad (D_+f)(x) = \underline{\lim_{h\to 0^+}} \frac{f(x+h)-f(x)}{h},$$

$$(D^-f)(x) = \overline{\lim_{h\to 0^-}} \frac{f(x+h)-f(x)}{h}, \quad (D_-f)(x) = \underline{\lim_{h\to 0^-}} \frac{f(x+h)-f(x)}{h}.$$

显然这四个函数都取非负广义实数. 我们先证下列命题.

(P_1) $\{D^+f > D_-f\}$ 是零测集.

为此, 只需证明对任何满足 $u > v$ 的正实数 u, v 及正数 r,

$$E = \{D^+f > u > v > D_-f\} \bigcap (-r, r)$$

是零测集. 为此, 对任给 $\varepsilon > 0$, 令开集 Q 满足

$$E \subset Q, \text{ 并且 } m(Q) < m^*(E) + \varepsilon, \tag{5.5}$$

并记

$$\varLambda = \{[x-h, x] \subset Q : x \in E, h > 0, f(x) - f(x-h) < vh\}.$$

显然 $\varLambda$ 按 Vitali 意义覆盖 E. 从而由引理 5.1.1, $\varLambda$ 中有有限个两两不相交的区间 $I_k = [x_k - h_k, x_k], k = 1, 2, \cdots, N$, 使

$$m^*\left(E - \bigcup_{k=1}^{N} I_k\right) < \varepsilon. \tag{5.6}$$

令

$$F = E \bigcap \left(\bigcup_{k=1}^{N} I_k^\circ\right), \quad I_k^\circ \text{ 是 } I_k \text{ 的内核}.$$

则由式 (5.6) 得知 $m^*(E) = m^*\left(F \bigcup \left(E - \bigcup_{k=1}^{N} I_k^\circ\right)\right) < m^*(F) + \varepsilon$, 或

$$m^*(F) > m^*(E) - \varepsilon. \tag{5.7}$$

此外由于 $\{I_k\}_{1\leqslant k\leqslant N}$ 两两不相交, 我们有

$$\sum_{k=1}^{N}[f(x_k)-f(x_k-h_k)]<v\sum_{k=1}^{N}h_k\leqslant vm(Q)<v[m^*(E)+\varepsilon]. \tag{5.8}$$

另一方面, 记

$$\begin{aligned}\Omega=&\{[y,y+w]:y\in F,w>0,\ \text{存在某 }k,1\leqslant k\leqslant N,\\&\text{使 }[y,y+w]\subset I_k^\circ,f(y+w)-f(y)>uw\}.\end{aligned}$$

易知 Ω 按 Vitali 意义覆盖 F. 于是由引理 5.1.1, 有 Ω 中有限个两两不相交的区间 $J_i=[y_i,y_i+w_i],i=1,2,\cdots,M$, 使

$$m^*\left(F-\bigcup_{i=1}^{M}J_i\right)<\varepsilon. \tag{5.9}$$

这样由式 (5.7) 与式 (5.9) 知

$$\begin{aligned}\sum_{i=1}^{M}w_i&=m\left(\bigcup_{i=1}^{M}J_i\right)\geqslant m^*\left(F\bigcap\left(\bigcup_{i=1}^{M}J_i\right)\right)\\&\geqslant m^*(F)-m^*\left(F-\bigcup_{i=1}^{M}J_i\right)>m^*(E)-2\varepsilon.\end{aligned} \tag{5.10}$$

又由 f 单增及每一 J_i 包含于某一 I_k 中得知

$$\sum_{k=1}^{N}[f(x_k)-f(x_k-h_k)]\geqslant\sum_{i=1}^{M}[f(y_i+w_i)-f(y_i)]>u\sum_{i=1}^{M}w_i. \tag{5.11}$$

结合式 (5.8), 式 (5.10) 和式 (5.11), 得

$$u[m^*(E)-2\varepsilon]<v[m^*(E)+\varepsilon].$$

这样由 $u>v$ 及 ε 任意性得 $m^*(E)=0$. 命题 (P_1) 得证.

(P_2) 几乎处处有 $(D^+f)(x)=(D_+f)(x)=(D^-f)(x)=(D_-f)(x)$.

事实上, 若令 $g(x)=-f(-x)$, 则 g 是单增实值函数. 从而由 (P_1), 对几乎所有的 x 有 $(D^+g)(x)\leqslant(D_-g)(x)$. 因此对几乎所有的 x 有 $(D^+g)(-x)\leqslant(D_-g)(-x)$. 但易知 $(D^+g)(-x)=(D^-f)(x),(D_-g)(-x)=(D_+f)(x)$. 于是对几乎所有的 x 我们皆有 $(D^-f)(x)\leqslant(D_+f)(x)$. 结合 (P_1) 得到几乎处处有

$$(D^+f)(x)\leqslant(D_-f)(x)\leqslant(D^-f)(x)\leqslant(D_+f)(x)\leqslant(D^+f)(x).$$

命题 (P_2) 得证.

现设 f 是 $[a,b]$ 上实值单增函数. 当 $x<a$ 时, 令 $f(x)=f(a)$, 当 $x>b$ 时, 令 $f(x)=f(b)$, 则 f 开拓成 $\mathbf{R}$ 上实值单增函数. 由上述命题 (P_2), $f'(x)$ 几乎处处存在. 对每一 $n\geqslant 1$, 令

$$g_n(x)=\frac{f\left(x+\dfrac{1}{n}\right)-f(x)}{\dfrac{1}{n}},$$

则 g_n 非负可测并且几乎处处收敛于 $f'(x)$. 这样由 Fatou 定理,

$$\int_a^b f'(x)\mathrm{d}x=\int_a^b \varliminf_{n\to\infty} g_n(x)\mathrm{d}x\leqslant \varliminf_{n\to\infty}\int_a^b g_n(x)\mathrm{d}x.$$

但

$$\begin{aligned}\int_a^b g_n(x)\mathrm{d}x&=n\int_a^b\left[f\left(x+\frac{1}{n}\right)-f(x)\right]\mathrm{d}x\\&=n\left[\int_{a+\frac{1}{n}}^{b+\frac{1}{n}}f(x)\mathrm{d}x-\int_a^b f(x)\mathrm{d}x\right]\\&=n\left[\int_b^{b+\frac{1}{n}}f(x)\mathrm{d}x-\int_a^{a+\frac{1}{n}}f(x)\mathrm{d}x\right]\\&=f(b)-n\int_a^{a+\frac{1}{n}}f(x)\mathrm{d}x\\&\leqslant f(b)-n\int_a^{a+\frac{1}{n}}f(a)\mathrm{d}x=f(b)-f(a).\end{aligned}$$

于是 $\displaystyle\int_a^b f'(x)\mathrm{d}x\leqslant f(b)-f(a)$. 这说明 $f'(x)$ 在 $[a,b]$ 上可积, 从而 $f'(x)$ 几乎处处有限, 即 f 几乎处处可导. 定理证毕.

下面我们要说明定理 5.1.1 不能再改进.

例 5.1.1 若 E 是 $[a,b]$ 中零测集, 则存在 $[a,b]$ 上单增实值连续函数 f, 使对每一 $x\in E$ 有 $f'(x)=\infty$.

事实上, 此时有单减开集列 $\{G_n\}_{n\geqslant 1}$, 使

$$E\subset G_n, m(G_n)<\frac{1}{2^n}.$$

然后令

$$f_n(x)=m([a,x]\bigcap G_n),\quad f(x)=\sum_{n=1}^{\infty}f_n(x).$$

显然 f_n 是非负单增连续函数, 并且 $f_n(x)<\dfrac{1}{2^n}$, 从而 f 是单增连续实值函数. 现

对任何 $x \in E$ 以及 $n \geqslant 1$, 当正数 h 充分小时, $[x, x+h] \subset G_n$. 此时由 $\{G_k\}$ 的单减性知 $[x, x+h] \subset G_k, k=1,2,\cdots,n$, 从而

$$\begin{aligned}\frac{f(x+h)-f(x)}{h} &\geqslant \frac{1}{h}\sum_{k=1}^{n}[f_k(x+h)-f_k(x)]\\ &= \frac{1}{h}\sum_{k=1}^{n} m([x, x+h]\bigcap G_k) = \frac{nh}{h} = n.\end{aligned}$$

由此得知 $f'(x) = \infty$.

上例说明定理 5.1.1 中的 "f 在 $[a, b]$ 上几乎处处可导" 不能再改进.

其次, 当 $x \in \left[0, \frac{1}{2}\right]$ 时定义 $f(x) = 0$, 当 $x \in \left(\frac{1}{2}, 1\right]$ 时定义 $f(x) = 1$, 则 $f(x)$ 在 $[0, 1]$ 上单增并且当 $x \neq \frac{1}{2}$ 时, $f'(x) = 0$. 从而 $\int_0^1 f'(x)\mathrm{d}x = 0 < 1 = f(1) - f(0)$. 此说明定理 5.1.1 中的不等式不能再改进. 更有意思的是下面的例题.

例 5.1.2　存在 $[a, b]$ 上严格单增连续函数 f, 使几乎处处有 $f'(x) = 0$.

不妨考虑区间 $[0, 1]$. $[0, 1]$ 上连续函数 $y = f(x)$ 的图像若由有限段直线联结而成, 则 f 称为**折线函数**, 并且每一段直线的两个端点统称为**节点**. 很明显折线函数被其节点集惟一确定. 若 f 的节点集是 $\{(x_k, y_k)\}_k$, 则 $\{x_k\}$ 也称为 f 的节点集.

现固定 $t \in (0, 1)$, 我们归纳地定义折线函数 $\{f_n(x)\}_{n \geqslant 0}$ 如下:

令 $f_0(x) = x$, 则 f_0 是折线函数, 节点集是 $\{0, 1\}$.

今若严格单增的折线函数 f_{n-1} 已定义, 其节点集是

$$\{x_k^{(n-1)}\}_{0 \leqslant k \leqslant 2^{n-1}},$$

其中 $x_k^{(n-1)} = \dfrac{k}{2^{n-1}}, 0 \leqslant k \leqslant 2^{n-1}$, 则严格单增折线函数 f_n 通过下面三条来定义:

(i) 在 f_{n-1} 的节点处, f_n 与 f_{n-1} 的值相同;

(ii) 在 f_{n-1} 的两个相邻节点 $x_{k-1}^{(n-1)}$ 与 $x_k^{(n-1)}$ 的中点

$$\lambda_k^{(n-1)} = \frac{1}{2}[x_{k-1}^{(n-1)} + x_k^{(n-1)}] = \frac{2k-1}{2^n}$$

处, f_n 的值为

$$f_n(\lambda_k^{(n-1)}) = \frac{1-t}{2} f_{n-1}(x_{k-1}^{(n-1)}) + \frac{1+t}{2} f_{n-1}(x_k^{(n-1)}).$$

易知 $f_{n-1}(\lambda_k^{(n-1)}) < f_n(\lambda_k^{(n-1)}) < f_{n-1}(x_k^{(n-1)})$.

(iii) f_n 的节点集是 $\{x_k^{(n)}\}_{0 \leqslant k \leqslant 2^n} (= \{x_k^{(n-1)}\} \bigcup \{\lambda_k^{(n-1)}\})$.

由上述定义易知 $0 \leqslant f_{n-1}(x) \leqslant f_n(x) \leqslant 1$, 从而极限 $\lim\limits_{n\to\infty} f_n(x) = f(x)$ 存在有限. 由于每一 f_n 严格单增, 从而 f 在 $[0,1]$ 上单增, $f(0)=0, f(1)=1$. 下面我们证明 f 满足例 5.1.2 中的要求.

首先任意固定 n 及 $k(1 \leqslant k \leqslant 2^n)$, 由上述 (i) 及 (ii),

$$\begin{aligned} & f_n(x_k^{(n)}) - f_n(x_{k-1}^{(n)}) \\ = & \begin{cases} \dfrac{1-t}{2}[f_{n-1}(x_{k_1}^{(n-1)}) - f_{n-1}(x_{k_1-1}^{(n-1)})], & \text{若 } k = 2k_1, \\ \dfrac{1+t}{2}[f_{n-1}(x_{k_1}^{(n-1)}) - f_{n-1}(x_{k_1-1}^{(n-1)})], & \text{若 } k = 2k_1 - 1. \end{cases} \end{aligned} \tag{5.12}$$

若把上式的左端说成是 f_n 的一个节差, 则式 (5.12) 说明 f_n 的每个节差是 f_{n-1} 的某个节差与 $\dfrac{1-t}{2}$ 或 $\dfrac{1+t}{2}$ 的乘积. 由于 f_0 只有一个节差 $f_0(1) - f_0(0) = 1$, 因此递推公式 (5.12) 给出

$$f_n(x_k^{(n)}) - f_n(x_{k-1}^{(n)}) = \prod_{i=1}^{n} \frac{1+\varepsilon_i t}{2}, \text{ 其中 } \varepsilon_i = 1 \text{ 或 } -1. \tag{5.13}$$

另一方面, 由定义得知当 $m \geqslant n$ 时,

$$f_m(x_k^{(n)}) = f_n(x_k^{(n)}), \quad f_m(x_{k-1}^{(n)}) = f_n(x_{k-1}^{(n)}),$$

因此由式 (5.13) 得

$$f(x_k^{(n)}) - f(x_{k-1}^{(n)}) = \prod_{i=1}^{n} \frac{1+\varepsilon_i t}{2}. \tag{5.14}$$

从而

$$0 < f(x_k^{(n)}) - f(x_{k-1}^{(n)}) \leqslant \left(\frac{1+t}{2}\right)^n, \ 1 \leqslant k \leqslant 2^n, \ n \geqslant 1. \tag{5.15}$$

今对 $[0,1]$ 中任何两点 $x_1 < x_2$. 必有某 n 及 k 使 $x_1 < x_{k-1}^{(n)} < x_k^{(n)} < x_2$. 因此由 f 的单增性及式 (5.15),

$$f(x_2) - f(x_1) \geqslant f(x_k^{(n)}) - f(x_{k-1}^{(n)}) > 0,$$

这说明 f 严格单增. 再从式 (5.15) 及 $\left(\dfrac{1+t}{2}\right)^n \to 0(n \to \infty)$ 易知 f 连续. 最后设 $x \in (0,1)$, f 在该点可导. 此时对每一 $n \geqslant 1$, 有惟一的 k 使 $x \in [x_{k-1}^{(n)}, x_k^{(n)})$. 于是由式 (5.14),

$$f'(x) = \lim_{n\to\infty} \frac{f(x_k^{(n)}) - f(x_{k-1}^{(n)})}{x_k^{(n)} - x_{k-1}^{(n)}} = \lim_{n\to\infty} \prod_{i=1}^{n} (1+\varepsilon_i t). \tag{5.16}$$

从 $0 < t < 1, \varepsilon_i = 1$ 或 -1 及极限 $\lim\limits_{n\to\infty}\prod\limits_{i=1}^{n}(1+\varepsilon_i t)$ 存在有限得知该极限只能为 0, 即 $f'(x) = 0$. 这样, f 在 $[0,1]$ 上的导数几乎处处为 0. 从而

$$\int_0^1 f'(x)\mathrm{d}x = 0 < 1 = f(1) - f(0).$$

5.2 有界变差函数

若 f 是 $[a,b]$ 上的实值函数, $X = \{x_k\}_{0\leqslant k\leqslant n}$ 是 $[a,b]$ 上的一个网, 其中 $a = x_0 < x_1 < \cdots < x_n = b$, 则

$$V(X) = \sum_{k=1}^{n} |f(x_k) - f(x_{k-1})|$$

称为 f 对应网 X 的**变差**, 而

$$T_a^b(f) = \sup\{V(X) : X \text{ 是 } [a,b] \text{ 上的网}\}$$

称为 f 在 $[a,b]$ 上的**全变差**. 若 $T_a^b(f) < \infty$, 则 f 称为是 $[a,b]$ 上的**有界变差函数**.

很明显, $[a,b]$ 上的单调实值函数是有界变差的. 下面的例子说明连续函数不一定有界变差.

例 5.2.1 设 $f(x) = x\cos\dfrac{\pi}{2x}(x \neq 0)$ 及 $f(0) = 0$, 则 f 在 $[0,1]$ 上连续. 但若对每一 $n \geqslant 1$, 令 $[0,1]$ 上的网 X_n 为

$$X_n = \left\{0, \frac{1}{2n}, \frac{1}{2n-1}, \cdots, \frac{1}{3}, \frac{1}{2}, 1\right\},$$

则易知 $V(X_n) = 1 + \dfrac{1}{2} + \cdots + \dfrac{1}{n} \to \infty (n \to \infty)$. 因此 f 在 $[0,1]$ 上不是有界变差的.

定理 5.2.1 $[a,b]$ 上的有界变差函数 f 必有界.

证明 此时对任何 $x \in [a,b]$, 我们有

$$|f(x) - f(a)| \leqslant T_a^b(f) < \infty.$$

从而 $|f(x)| \leqslant |f(a)| + T_a^b(f)$. 定理证毕.

定理 5.2.2 若 f 和 g 都在 $[a,b]$ 上有界变差, 则 $f \pm g$ 及 fg 也都有界变差并且 $T_a^b(f \pm g) \leqslant T_a^b(f) + T_a^b(g)$. 此外当 $|g(x)| \geqslant \lambda > 0$ 时, f/g 也有界变差.

上定理的证明留作习题.

定理 5.2.3 设 f 是 $[a,b]$ 上的实值函数. 则对任何 $c \in [a,b], T_a^b(f) = T_a^c(f) + T_c^b(f)$.

证明 任取 $[a,c]$ 上的网 X_1 及 $[c,b]$ 上的网 X_2, 则 $X_1\bigcup X_2=X$ 是 $[a,b]$ 上的网, 并且

$$V(X_1)+V(X_2)=V(X)\leqslant T_a^b(f),$$

从而

$$T_a^c(f)+T_c^b(f)\leqslant T_a^b(f). \tag{5.17}$$

其次, 任取 $[a,b]$ 上的网 X, 则 $X\bigcup\{c\}=Y$ 也是 $[a,b]$ 上的网, 并且 $V(X)\leqslant V(Y)$. 令

$$Y_1=\{x\in Y:x\leqslant c\},\quad Y_2=\{x\in Y:x\geqslant c\},$$

则 Y_1 和 Y_2 分别是 $[a,c]$ 及 $[c,b]$ 上的网. 此时

$$V(X)\leqslant V(Y)=V(Y_1)+V(Y_2)\leqslant T_a^c(f)+T_c^b(f),$$

从而

$$T_a^b(f)\leqslant T_a^c(f)+T_c^b(f). \tag{5.18}$$

结合式 (5.17) 与式 (5.18) 即得本定理.

若 f 在 $[a,b]$ 上有界变差, 则由上定理, 对任何 $x\in[a,b]$, f 在 $[a,x]$ 上也有界变差. 此时函数 $T_a^x(f)$ 称为 f 的**不定全变差**. 很明显它是 $x\in[a,b]$ 的非负实值单增函数.

定理 5.2.4 若 f 在 $[a,b]$ 上有界变差, 则 $f(x)$ 和 $T_a^x(f)$ 有相同的右连续点集和相同的左连续点集.

证明 设 $x_0\in[a,b)$ 是 $T_a^x(f)$ 的右连续点, 则从

$$|f(x_0+h)-f(x_0)|\leqslant T_{x_0}^{x_0+h}(f)=T_a^{x_0+h}(f)-T_a^{x_0}(f)$$

得知 x_0 也是 f 的右连续点. 类似可证 $T_a^x(f)$ 的左连续点也是 f 的左连续点.

今设 $x_0\in[a,b)$ 是 f 的右连续点, 任给 $\varepsilon>0$, 有 $\delta>0$, 使

$$|f(x)-f(x_0)|<\frac{\varepsilon}{2},\quad x_0<x<x_0+\delta, \tag{5.19}$$

并且 (由于 $\lim\limits_{x\to x_0^+}T_a^x(f)$ 存在有限)

$$0\leqslant T_a^{x_2}(f)-T_a^{x_1}(f)<\frac{\varepsilon}{2},\quad x_0<x_1<x_2<x_0+\delta. \tag{5.20}$$

现在任取 $x\in(x_0,x_0+\delta)$, 并设 $\{y_k\}_{0\leqslant k\leqslant n}$ 是 $[x_0,x]$ 上任一网, 其中 $x_0=y_0<y_1<\cdots<y_n=x$. 此时由式 (5.19),

$$|f(y_1)-f(y_0)|<\frac{\varepsilon}{2}.$$

而由式 (5.20),

$$\sum_{k=2}^{n}|f(y_k)-f(y_{k-1})|\leqslant T_{y_1}^{x}(f)=T_a^x(f)-T_a^{y_1}(f)<\frac{\varepsilon}{2}.$$

因此 $\sum_{k=1}^{n}|f(y_k)-f(y_{k-1})|<\varepsilon$. 由网的任意性得

$$T_a^x(f)-T_a^{x_0}(f)=T_{x_0}^x(f)\leqslant\varepsilon,\quad x_0<x<x_0+\delta.$$

从而 $T_a^x(f)$ 在 x_0 右连续. 类似可证 $f(x)$ 的左连续点也是 $T_a^x(f)$ 的左连续点. 定理证毕.

我们知道单调函数的不连续点是至多可数的. 这样从上定理我们有如下推论:

推论　若 f 在 $[a,b]$ 上有界变差, 则 f 的不连续点是至多可数的.

下面的定理完全刻画了有界变差函数.

定理 5.2.5　为使 f 是 $[a,b]$ 上的有界变差函数, 充分必要条件是 f 可以表示为两个单增实值函数的差.

证明　充分性显然. 只证必要性. 设 f 有界变差. 则当 $a\leqslant x_1<x_2\leqslant b$ 时, 由于

$$f(x_2)-f(x_1)\leqslant T_{x_1}^{x_2}(f)=T_a^{x_2}(f)-T_a^{x_1}(f),$$

因此 $T_a^{x_1}(f)-f(x_1)\leqslant T_a^{x_2}(f)-f(x_2)$. 这样 $T_a^x(f)-f(x)$ 是单增的. 从而 $f(x)=T_a^x(f)-[T_a^x(f)-f(x)]$ 是两个单增实值函数的差. 定理证毕.

推论　若 f 在 $[a,b]$ 上有界变差, 则 f 几乎处处可导并且 f' 在 $[a,b]$ 上可积.

证明　这是定理 5.1.1 和定理 5.2.5 的直接结果.

5.3　不定积分

若 $f\in L([a,b])$, 则函数

$$F(x)=\int_a^x f(t)\mathrm{d}t,\quad x\in[a,b]$$

称为 f 的**不定积分**.

定理 5.3.1　若 $f\in L([a,b])$, 则其不定积分 $F(x)$ 是 $[a,b]$ 上连续的有界变差函数, 并且

$$T_a^b(F)=\int_a^b|f(t)|\mathrm{d}t. \tag{5.21}$$

证明 F 的连续性可从积分的绝对连续性 (定理 4.3.5) 得到. 其次从

$$\begin{aligned}\sum_{k=1}^{n}|F(x_k)-F(x_{k-1})| &= \sum_{k=1}^{n}\left|\int_{x_{k-1}}^{x_k} f(t)\mathrm{d}t\right| \\ &\leqslant \sum_{k=1}^{n}\int_{x_{k-1}}^{x_k}|f(t)|\mathrm{d}t = \int_a^b |f(t)|\mathrm{d}t,\end{aligned}$$

得知 F 有界变差, 并且 $T_a^b(F) \leqslant \int_a^b |f(t)|\mathrm{d}t$. 为证这实际上是一个等式, 只需证明相反不等式成立. 为此先设 f 连续. 此时

$$Q_1 = \{f>0\}\bigcap(a,b) \text{ 及 } Q_2 = \{f<0\}\bigcap(a,b)$$

是两个开集. 于是可设 $\{(a_n,b_n)\}_{n\geqslant 1}$ 及 $\{(c_n,d_n)\}_{n\geqslant 1}$ 分别是 Q_1 和 Q_2 的构成区间. 此时由积分的可数可加性 (定理 4.3.4) 得

$$\begin{aligned}\int_a^b |f(t)|\mathrm{d}t &= \int_{Q_1}|f(t)|\mathrm{d}t + \int_{Q_2}|f(t)|\mathrm{d}t \\ &= \sum_{k=1}^{\infty}\left\{\int_{a_k}^{b_k} f(t)\mathrm{d}t + \int_{c_k}^{d_k}[-f(t)]\mathrm{d}t\right\} \\ &= \lim_{n\to\infty}\left[\sum_{k=1}^{n}|F(b_k)-F(a_k)| + \sum_{k=1}^{n}|F(d_k)-F(c_k)|\right] \\ &\leqslant T_a^b(F).\end{aligned}$$

这样当 f 连续时式 (5.21) 成立. 对一般可积函数 f, 由第 4 章题 4, 对任何 $\varepsilon>0$, 有连续函数 g, 使

$$\int_a^b |f(t)-g(t)|\mathrm{d}t < \varepsilon.$$

令 $h=f-g$, 并记 H 和 G 分别是 h 和 g 的不定积分, 则从上段已证得知

$$\begin{aligned}\int_a^b |f(t)|\mathrm{d}t - \varepsilon < \int_a^b |g(t)|\mathrm{d}t &= T_a^b(G) \leqslant T_a^b(F) + T_a^b(H) \\ &\leqslant T_a^b(F) + \int_a^b |h(t)|\mathrm{d}t < T_a^b(F) + \varepsilon.\end{aligned}$$

因此由 ε 的任意性得 $\int_a^b |f(t)|\mathrm{d}t \leqslant T_a^b(F)$. 从而此时式 (5.21) 也成立. 定理证毕.

引理 5.3.1 若 $[a,b]$ 上的可积函数 f 的不定积分 F 恒为 0, 则 $f(x)$ 几乎处处为 0.

证明 由定理 5.3.1,

$$\int_a^b |f(x)|\mathrm{d}x = 0.$$

所以 $f(x)$ 几乎处处为 0. 引理证毕.

定理 5.3.2 若 F 是 $[a,b]$ 上可积函数 f 的不定积分, 则几乎处处有 $F'(x) = f(x)$.

证明 先设 f 有界, $|f(x)| \leqslant M$. 此时由定理 5.3.1 及定理 5.2.5 的推论知, $F(x) = \int_a^x f(t)\mathrm{d}t$ 几乎处处可导, 并且 $F'(x)$ 在 $[a,b]$ 上可积. 这样几乎处处有

$$g_n(x) = n\left[F\left(x+\frac{1}{n}\right) - F(x)\right] \to F'(x)(n\to\infty).$$

但现在

$$|g_n(x)| = \left|n\int_x^{x+\frac{1}{n}} f(t)\mathrm{d}t\right| \leqslant M,$$

所以由控制收敛定理得知对一切 $x \in [a,b]$, 有

$$\begin{aligned}
\int_a^x F'(t)\mathrm{d}t &= \lim_{n\to\infty}\int_a^x g_n(t)\mathrm{d}t \\
&= \lim_{n\to\infty} n\int_a^x \left[F\left(t+\frac{1}{n}\right) - F(t)\right]\mathrm{d}t \\
&= \lim_{n\to\infty}\left[n\int_x^{x+\frac{1}{n}} F(t)\mathrm{d}t - n\int_a^{a+\frac{1}{n}} F(t)\mathrm{d}t\right] \\
&= F(x) - F(a) = \int_a^x f(t)\mathrm{d}t.
\end{aligned}$$

因此由引理 5.3.1 知几乎处处有 $F'(x) = f(x)$.

对一般可积函数 f, 不妨设 f 非负. 令

$$f_n(x) = \begin{cases} f(x), & 0 \leqslant f(x) \leqslant n, \\ 0, & f(x) > n, \end{cases}$$

$$G_n(x) = F(x) - \int_a^x f_n(t)\mathrm{d}t = \int_a^x [f(t) - f_n(t)]\mathrm{d}t. \tag{5.22}$$

则 f_n 有界, $f - f_n \geqslant 0, G_n(x)$ 是 x 的单增函数. 因此 $G_n(x)$ 几乎处处有非负导数. 所以从式 (5.22) 及上段已证得知几乎处处有 $0 \leqslant G_n'(x) = F'(x) - f_n(x)$ 或 $F'(x) \geqslant f_n(x)$. 再由 n 的任意性, 几乎处处有

$$F'(x) \geqslant f(x). \tag{5.23}$$

这样 $\int_a^b F'(x)\mathrm{d}x \geqslant \int_a^b f(x)\mathrm{d}x$. 但 $F(x)$ 是单增的, 故由定理 5.1.1, $\int_a^b F'(x)\mathrm{d}x \leqslant F(b) - F(a) = \int_a^b f(x)\mathrm{d}x$. 从而我们有 $\int_a^b F'(x)\mathrm{d}x = \int_a^b f(x)\mathrm{d}x$. 或 $\int_a^b [F'(x) - f(x)]\mathrm{d}x = 0$. 再由式 (5.23) 得知几乎处处有 $F'(x) = f(x)$. 定理证毕.

设 $f \in L([a,b])$. $x \in (a,b)$ 称为 f 的 Lebesgue 点, 若

$$\lim_{h\to 0} \frac{1}{h}\int_x^{x+h} |f(t) - f(x)|\mathrm{d}t = 0.$$

易证 f 的连续点是 f 的 Lebesgue 点.

定理 5.3.3 若 $f \in L([a,b])$, 则除一零测集外, $[a,b]$ 中其他所有点都是 f 的 Lebesgue 点, 并在所有这种点 x 处有 $F'(x) = f(x)$, 其中 F 是 f 的不定积分.

证明 令 $\{r_n\}_{n\geqslant 1}$ 是有理数全体. 对每一 r_n, 由定理 5.3.2, 几乎处处有

$$\frac{\mathrm{d}}{\mathrm{d}x}\int_a^x |f(t) - r_n|\mathrm{d}t = |f(x) - r_n|,$$

或

$$\lim_{h\to 0} \frac{1}{h}\int_x^{x+h} |f(t) - r_n|\mathrm{d}t = |f(x) - r_n|. \tag{5.24}$$

用 E_n 表示 (a,b) 中不满足式 (5.24) 的点 x 的全体, 则 $m(E_n) = 0$. 从而 $E = \left(\bigcup_{n=1}^{\infty} E_n\right) \bigcup \{|f| = \infty\}$ 是零测集. 任取 $x \in (a,b) - E$. 对任何 $\varepsilon > 0$, 取 r_n 使 $|f(x) - r_n| < \frac{\varepsilon}{3}$, 再取 $\delta > 0$, 使

$$\left|\frac{1}{h}\int_x^{x+h} |f(t) - r_n|\mathrm{d}t - |f(x) - r_n|\right| < \frac{\varepsilon}{3}, \quad 0 < |h| < \delta.$$

这样, 当 $0 < |h| < \delta$ 时,

$$\frac{1}{h}\int_x^{x+h} |f(t) - f(x)|\mathrm{d}t \leqslant \frac{1}{h}\int_x^{x+h} |f(t) - r_n|\mathrm{d}t + |f(x) - r_n| < \varepsilon.$$

于是 x 是 Lebesgue 点. 此外从

$$\left|\frac{F(x+h) - F(x)}{h} - f(x)\right| = \left|\frac{1}{h}\int_x^{x+h} [f(t) - f(x)]\mathrm{d}t\right|$$

$$\leqslant \frac{1}{h}\int_x^{x+h}|f(t)-f(x)|\mathrm{d}t$$
$$\to 0(h\to 0)$$

得知 $F'(x)=f(x)$. 定理证毕.

5.4 绝对连续函数

设 f 是 $[a,b]$ 上的实值函数, 若对任何 $\varepsilon>0$, 有 $\delta>0$, 使对 $[a,b]$ 中任何有限个两两不相交的开区间 $\{(a_k,b_k)\}_{1\leqslant k\leqslant n}$, 只要 $\sum\limits_{k=1}^{n}(b_k-a_k)<\delta$, 就有

$$\sum_{k=1}^{n}|f(b_k)-f(a_k)|<\varepsilon,$$

则 f 称为 $[a,b]$ 上的**绝对连续函数**.

若 $f\in L([a,b]), F(x)=\int_a^x f(t)\mathrm{d}t$ 是其不定积分, 则对 $[a,b]$ 中两两不相交的开区间 $\{(a_k,b_k)\}_{1\leqslant k\leqslant n}$, 有

$$\begin{aligned}\sum_{k=1}^{n}|F(b_k)-F(a_k)|&=\sum_{k=1}^{n}\left|\int_{a_k}^{b_k}f(t)\mathrm{d}t\right|\\&\leqslant\sum_{k=1}^{n}\int_{a_k}^{b_k}|f(t)|\mathrm{d}t\\&=\int_{\bigcup\limits_{k=1}^{n}(a_k,b_k)}|f(t)|\mathrm{d}t.\end{aligned}$$

从而由积分的绝对连续性, 我们首先有

定理 5.4.1 $[a,b]$ 上可积函数的不定积分是绝对连续函数.

其次注意, 绝对连续函数必定是连续函数. 下面定理的证明留作习题.

定理 5.4.2 若 f 和 g 都在 $[a,b]$ 上绝对连续, 则 $f\pm g$ 和 fg 也都绝对连续. 此外当 g 没有零点时, $\dfrac{f}{g}$ 也绝对连续.

定理 5.4.3 若 f 和 φ 分别在 $[a,b]$ 和 $[p,q]$ 上绝对连续, $a\leqslant\varphi(x)\leqslant b,\varphi$ 严格单增, 则 $f(\varphi(t))$ 在 $[p,q]$ 上绝对连续.

证明 任给 $\varepsilon>0$, 此时有 $\lambda>0$, 使对 $[a,b]$ 中任何有限个两两不相交的开区间 $\{(a_k,b_k)\}_k$, 只要 $\sum\limits_k(b_k-a_k)<\lambda$, 就有 $\sum\limits_k|f(b_k)-f(a_k)|<\varepsilon$. 对此 λ, 有 $\delta>0$,

使对 $[p,q]$ 中任何有限个两两不相交的开区间 $\{(p_n,q_n)\}_n$, 只要 $\sum\limits_n(q_n-p_n)<\delta$, 就有 $\sum\limits_n[\varphi(q_n)-\varphi(p_n)]<\lambda$, 从而 $\sum\limits_n|f(\varphi(q_n))-f(\varphi(p_n))|<\varepsilon$. 由此得知 $f(\varphi(t))$ 在 $[p,q]$ 上绝对连续. 定理证毕.

定理 5.4.4 $[a,b]$ 上绝对连续函数 f 必有界变差.

证明 此时有 $\delta>0$, 使 $[a,b]$ 中任何有限个两两不相交的开区间 $\{(a_k,b_k)\}_{1\leqslant k\leqslant n}$, 只要 $\sum\limits_{k=1}^n(b_k-a_k)<\delta$, 就有 $\sum\limits_{k=1}^n|f(b_k)-f(a_k)|<1$. 现令 $X=\{x_k\}_{0\leqslant k\leqslant N}$ 是 $[a,b]$ 的一个网, 使得 $x_k-x_{k-1}<\delta, 1\leqslant k\leqslant N$. 于是对每一 k, 我们有 $T_{x_{k-1}}^{x_k}(f)\leqslant 1$. 从而 $T_a^b(f)=\sum\limits_{k=1}^N T_{x_{k-1}}^{x_k}(f)\leqslant N$, 于是 f 是有界变差的. 定理证毕.

推论 $[a,b]$ 上绝对连续函数几乎处处可导, 其导函数在 $[a,b]$ 上可积.

定理 5.4.5 若 $[a,b]$ 上的绝对连续函数 f 的导数几乎处处为 0, 则 f 是常数.

证明 任给 $\varepsilon>0$. 此时有 $\delta>0$, 使对 $[a,b]$ 中任何有限个两两不相交的开区间 $\{(a_k,b_k)\}_{1\leqslant k\leqslant n}$, 只要 $\sum\limits_{k=1}^n(b_k-a_k)<\delta$, 就有 $\sum\limits_{k=1}^n|f(b_k)-f(a_k)|<\varepsilon$. 令

$$\begin{aligned}
&E=\{x\in(a,b):f'(x)=0\},\\
&\Lambda=\{[x,x+h]\subset(a,b):x\in E,h>0,\\
&\qquad |f(x+h)-f(x)|<\varepsilon h\}.
\end{aligned}$$

易知 Λ 按 Vitali 意义覆盖 E. 于是由引理 5.1.1, Λ 中有有限个两两不相交的区间 $I_k=[x_k,x_k+h_k], 1\leqslant k\leqslant n$, 使

$$m\left([a,b]-\bigcup_{k=1}^n I_k\right)=m\left(E-\bigcup_{k=1}^n I_k\right)<\delta.$$

不妨设 $a<x_1<x_2<\cdots<x_n<x_n+h_n<b$. 于是下列区间

$$(a,x_1),(x_1+h_1,x_2),(x_2+h_2,x_3),\cdots,(x_n+h_n,b)$$

的长度总和小于 δ. 于是

$$|f(x_1)-f(a)|+|f(x_2)-f(x_1+h_1)|+\cdots+|f(b)-f(x_n+h_n)|<\varepsilon. \tag{5.25}$$

另一方面由 Λ 的定义,

$$\sum_{k=1}^n|f(x_k+h_k)-f(x_k)|<\varepsilon\sum_{k=1}^n h_k\leqslant\varepsilon(b-a). \tag{5.26}$$

结合式 (5.25) 和式 (5.26) 得知 $|f(b)-f(a)| < \varepsilon+\varepsilon(b-a)$. 由 ε 任意性得 $f(b)=f(a)$. 在上述推理中若用 $[a,b]$ 中任何 x 代替 b, 则同样有 $f(x)=f(a)$. 因此 f 是常数. 定理证毕.

定理 5.4.6　若 f 在 $[a,b]$ 上绝对连续, 则

$$f(x)=f(a)+\int_a^x f'(t)\mathrm{d}t, \quad x\in[a,b]. \tag{5.27}$$

证明　此时 $g(x)=f(x)-\displaystyle\int_a^x f'(t)\mathrm{d}t$ 在 $[a,b]$ 上绝对连续并且几乎处处有 $g'(x)=f'(x)-f'(x)=0$. 因此由定理 5.4.5, g 为常数. 于是从 $g(x)=g(a)=f(a)$ 得本定理.

在数学分析中我们知道, 若 f 在 $[a,b]$ 上可微, 并且 f' 在 $[a,b]$ 上 Riemann 可积, 则成立 Newton-Leibnitz 公式

$$\int_a^b f'(x)\mathrm{d}x=f(b)-f(a). \tag{5.28}$$

现在若 $a=0,b=1,f(x)=\sqrt{x}$, 则由于 f 在 $x=0$ 不可导, 并且 $f'(x)=\dfrac{1}{2\sqrt{x}}(0<x\leqslant 1)$ 在 $[0,1]$ 上无界, 因此 $f'(x)$ 在 $[0,1]$ 上不是 Riemann 可积的. 所以在 Riemann 积分意义下, 对 $f(x)=\sqrt{x}$ 来说公式 (5.28) 不成立. 但容易验证 $f(x)=\sqrt{x}$ 在 $[0,1]$ 上绝对连续. 因此由定理 5.4.6 知在 Lebesgue 积分意义下, 公式 (5.28) 对 $f(x)=\sqrt{x}$ 成立.

另一方面, 在例 5.1.2 中, 我们列举在 $[0,1]$ 上严格单增但导数几乎处处为 0 的函数的例. 对这种函数来说, 式 (5.28) 当然不成立, 因此由定理 5.4.6 知它不可能绝对连续. 但我们有下面的定理.

定理 5.4.7　若 f 在 $[a,b]$ 上单增且满足式 (5.28), 则 f 必绝对连续.

证明　此时令

$$g(x)=f(x)-f(a)-\int_a^x f'(t)\mathrm{d}t, \quad x\in[a,b].$$

当 $a\leqslant x_1\leqslant x_2\leqslant b$ 时, 由定理 5.1.1, $\displaystyle\int_{x_1}^{x_2} f'(t)\mathrm{d}t\leqslant f(x_2)-f(x_1)$. 因而容易验证 g 是单增的. 但由 f 满足的公式 (5.28), $g(a)=g(b)=0$, 从而 $g(x)\equiv 0, f(x)=f(a)+\displaystyle\int_a^x f'(t)\mathrm{d}t$. 所以 f 绝对连续. 定理证毕.

另外, 相应于上面提到的数学分析中的结果, 我们可以证明下述定理.

定理 5.4.8 若 f 在 $[a,b]$ 上可微而且 $f' \in L([a,b])$, 则 f 在 $[a,b]$ 上绝对连续, 从而式 (5.28) 成立.

为证上面的定理, 我们先证下面两条引理, 它们本身也有意义. 记

$$(Df)(x) = \varliminf_{h\to 0} \frac{f(x+h)-f(x)}{h}.$$

引理 5.4.1 若 $[a,b]$ 上的实值函数 f 满足 $(Df)(x) \geqslant 0, x \in [a,b]$, 则 f 单增.

证明 我们先证 $f(a) \leqslant f(b)$, 假设 $f(a) > f(b)$. 取 $\varepsilon > 0$ 充分小, 使 $f(a)+\varepsilon a > f(b)+\varepsilon b$. 令 $g(x) = f(x)+\varepsilon x$. 此时

$$(Dg)(x) = (Df)(x) + \varepsilon \geqslant \varepsilon, \quad x \in [a,b]. \tag{5.29}$$

由于 $g(a) > g(b)$, 所以对 $c = \dfrac{a+b}{2}$, 或者 $g(a) > g(c)$, 或者 $g(c) > g(b)$. 这样从 $g(a) > g(b)$ 出发, 得到 $[a_1,b_1] \subset [a,b]$, 使 $g(a_1) > g(b_1)$ 且 $b_1 - a_1 = \dfrac{1}{2}(b-a)$. 类似有 $[a_2,b_2] \subset [a_1,b_1]$, 使 $g(a_2) > g(b_2)$ 且 $b_2 - a_2 = \dfrac{1}{2}(b_1 - a_1)$, 等等. 这样就得到一列单减闭区间列 $\{[a_n,b_n]\}$, 使 $g(a_n) > g(b_n)$ 且 $b_n - a_n \to 0 (n\to\infty)$. 由闭区间套定理有 $\xi \in \bigcap [a_n,b_n]$. 易知, $(Dg)(\xi) \leqslant 0$, 此与 $(Dg)(\xi) \geqslant \varepsilon$ 矛盾. 这样 $f(a) \leqslant f(b)$.

对任何 $a \leqslant x_1 < x_2 \leqslant b$, 完全类似可证 $f(x_1) \leqslant f(x_2)$. 这样 f 单增.

引理 5.4.2 设 f 是 $[a,b]$ 上的实值函数且满足下面两条件:

(i) $(Df)(x) > -\infty, x \in [a,b]$;

(ii) 几乎处处有 $(Df)(x) \geqslant 0$.

则 f 单增.

证明 记 $E = \{x \in [a,b] : (Df)(x) < 0\}$. 由条件得知 $m(E) = 0$. 由定理 5.1.1 证明后的例 5.1.1 得知, 有单增函数 $e(x)$, 使当 $x \in E$ 时 $e'(x) = \infty$. 这样对任何 $\varepsilon > 0, g(x) = f(x) + \varepsilon e(x)$ 有 $(Dg)(x) \geqslant 0, x \in [a,b]$. 由引理 5.4.1, g 单增, 即对任何 $a \leqslant x_1 < x_2 \leqslant b$, 有

$$f(x_1) + \varepsilon e(x_1) \leqslant f(x_2) + \varepsilon e(x_2).$$

由 ε 的任意性得 $f(x_1) \leqslant f(x_2)$, 故 f 单增.

定理 5.4.8 的证明 对每一 $n \geqslant 1$, 令

$$g_n(x) = \begin{cases} f'(x), & f'(x) \leqslant n, \\ n, & f'(x) > n, \end{cases}$$

$$G_n(x) = f(x) - \int_a^x g_n(t)\mathrm{d}t.$$

首先几乎处处有 $G_n'(x) = f'(x) - g_n(x) \geqslant 0$. 其次对任何 $x \in [a,b]$,

$$\begin{aligned}\frac{G_n(x+h) - G_n(x)}{h} &= \frac{f(x+h) - f(x)}{h} - \frac{1}{h}\int_x^{x+h} g_n(t)\mathrm{d}t \\ &\geqslant \frac{f(x+h) - f(x)}{h} - \frac{1}{h}\int_x^{x+h} n\mathrm{d}t \\ &= \frac{f(x+h) - f(x)}{h} - n.\end{aligned}$$

从而 $(DG_n)(x) > -\infty$. 这样由引理 5.4.2, G_n 单增, $G_n(a) \leqslant G_n(x)$ 或

$$f(a) \leqslant f(x) - \int_a^x g_n(t)\mathrm{d}t, \quad a \leqslant x \leqslant b. \tag{5.30}$$

由于 $|g_n(x)| \leqslant |f'(x)|$ 并且 $g_n(x) \to f'(x)(n \to \infty)$, 故由控制收敛定理, 在式 (5.30) 中令 $n \to \infty$, 得

$$f(a) \leqslant f(x) - \int_a^x f'(t)\mathrm{d}t, \quad a \leqslant x \leqslant b.$$

若在上述论证中用 $-f$ 代替 f, 则同样可得

$$-f(a) \leqslant -f(x) + \int_a^x f'(t)\mathrm{d}t, \quad a \leqslant x \leqslant b.$$

由此得知, 对任何 $x \in [a,b]$ 有 $f(a) = f(x) - \displaystyle\int_a^x f'(t)\mathrm{d}t$, 于是 f 绝对连续. 定理证毕.

定理 5.4.9 (分部积分法)　设 f 和 g 都在 $[a,b]$ 上绝对连续, 则

$$\int_a^b f'(x)g(x)\mathrm{d}x + \int_a^b f(x)g'(x)\mathrm{d}x = f(b)g(b) - f(a)g(a).$$

证明　此时 fg 在 $[a,b]$ 上绝对连续, 因此

$$\begin{aligned}f(b)g(b) - f(a)g(a) &= \int_a^b [f(x)g(x)]'\mathrm{d}x \\ &= \int_a^b f'(x)g(x)\mathrm{d}x + \int_a^b f(x)g'(x)\mathrm{d}x.\end{aligned}$$

定理证毕.

5.5 积分的变量替换

设 f 在 $[a,b]$ 上可积. 我们要研究 $[p,q]$ 上的函数 φ 应满足什么条件才能使

$$\int_a^b f(x)\mathrm{d}x = \int_p^q f(\varphi(t))\varphi'(t)\mathrm{d}t. \tag{5.31}$$

首先, φ 绝对连续是一个比较自然的条件, 因为此时 $\varphi'(t)$ 几乎处处存在且可积. 但仅有这个条件, 在一般情形下, 连 $f[\varphi(t)]$ 的可测性都不能保证. 为此, 我们先研究可测集通过绝对连续映射后所得像的可测性问题.

引理 5.5.1 设 $\varphi(t)$ 是 $[p,q]$ 上的绝对连续函数. 若 E 是 $[p,q]$ 中的零测集, 则 $\varphi(E)$ 也是零测集.

证明 任给 $\varepsilon>0$. 由 φ 绝对连续, 存在 $\delta>0$, 只要 $[p,q]$ 中使 $\{(x_k,y_k)\}_{k\geqslant 1}$ 两两不相交的开区间列满足 $\sum\limits_{k=1}^{\infty}(y_k-x_k)<\delta$, 就有 $\sum\limits_{k=1}^{\infty}|\varphi(y_k)-\varphi(x_k)|<\varepsilon$.

现在取 $[p,q]$ 中的开集 $G=\bigcup\limits_{k=1}^{\infty}(a_k,b_k)$, 使 $E\subset G$, 并且 $\sum\limits_{k=1}^{\infty}(b_k-a_k)<\delta$. 由于 φ 连续, 所以 $\varphi([a_k,b_k])$ 是一个闭区间, 并且有 $[a_k,b_k]$ 中的两点 x_k 和 y_k, 使 $\varphi([a_k,b_k])=[\varphi(x_k),\varphi(y_k)]$. 于是由 $\sum\limits_{k=1}^{\infty}|y_k-x_k|<\delta$,

$$\begin{aligned} m^*(\varphi(E)) &\leqslant m(\varphi(G)) \leqslant \sum_{k=1}^{\infty} m(\varphi([a_k,b_k])) \\ &= \sum_{k=1}^{\infty}|\varphi(y_k)-\varphi(x_k)|<\varepsilon. \end{aligned}$$

由 ε 任意性得 $m(\varphi(E))=0$.

引理 5.5.2 设 $\varphi(t)$ 是 $[p,q]$ 上的绝对连续函数. 若 $E\subset[p,q]$ 可测, 则 $\varphi(E)$ 也可测.

证明 此时有 $[p,q]$ 中单增闭集列 $\{F_n\}_{n\geqslant 1}$ 及零测集 Z, 使 $E=\left(\bigcup\limits_{n=1}^{\infty}F_n\right)\bigcup Z$. 从而 $\varphi(E)=\left(\bigcup\limits_{n=1}^{\infty}\varphi(F_n)\right)\bigcup\varphi(Z)$. 由于 $\varphi(F_n)$ 是闭集, 可测, 并由引理 5.5.1, $\varphi(Z)$ 是零测集, 因此 $\varphi(E)$ 可测.

定理 5.5.1 设 $\varphi(t)$ 是 $[p,q]$ 上严格单增绝对连续函数. 若 E 是 $[p,q]$ 中可测集, 则

$$m(\varphi(E))=\int_E\varphi'(t)\mathrm{d}t. \tag{5.32}$$

证明　当 $E=(t_1,t_2)$ 时, $\varphi(E)=(\varphi(t_1),\varphi(t_2))$, 从而

$$m(\varphi(E))=\varphi(t_2)-\varphi(t_1)=\int_{t_1}^{t_2}\varphi'(t)\mathrm{d}t=\int_E\varphi'(t)\mathrm{d}t,$$

即式 (5.32) 成立. 于是易知当 E 为开集及闭集时式 (5.32) 成立. 现设 E 是一般可测集. 于是对任何满足 $F\subset E\subset G$ 的闭集 F 及开集 G, 有 (注意 $\varphi'(t)\geqslant 0$)

$$\int_F\varphi'(t)\mathrm{d}t=m(\varphi(F))\leqslant m(\varphi(E))\leqslant m(\varphi(G))=\int_G\varphi'(t)\mathrm{d}t,$$

及

$$\int_F\varphi'(t)\mathrm{d}t\leqslant\int_E\varphi'(t)\mathrm{d}t\leqslant\int_G\varphi'(t)\mathrm{d}t.$$

从而

$$\left|m(\varphi(E))-\int_E\varphi'(t)\mathrm{d}t\right|\leqslant\int_{G-F}\varphi'(t)\mathrm{d}t.$$

由 E 可测知上面不等式右端可任意地小. 所以式 (5.32) 成立. 定理证毕.

定理 5.5.2　设 $\varphi(t)$ 是 $[p,q]$ 上严格单增绝对连续函数, $a=\varphi(p),b=\varphi(q)$. 则对 $[a,b]$ 上任何可积函数 f,

$$\int_a^b f(x)\mathrm{d}x=\int_p^q f(\varphi(t))\varphi'(t)\mathrm{d}t. \tag{5.33}$$

证明　先设 f 连续, 于是 $f(\varphi(t))$ 连续. 令

$$F(x)=\int_a^x f(s)\mathrm{d}s(a\leqslant x\leqslant b),$$
$$G(t)=\int_p^t f(\varphi(s))\varphi'(s)\mathrm{d}s(p\leqslant t\leqslant q).$$

则在 $[a,b]$ 上处处有 $F'(x)=f(x)$. 所以 (定理 5.4.3) 绝对连续函数 $F(\varphi(t))$ 在 $[p,q]$ 上几乎处处有

$$[F(\varphi(t))]'=f(\varphi(t))\varphi'(t)=G'(t).$$

这样 $[p,q]$ 上绝对连续函数 $H(t)=F(\varphi(t))-G(t)$ 的导数几乎处处为 0. 所以由定理 5.4.5, $H(t)$ 在 $[p,q]$ 上恒等于 $H(p)=F(a)-G(p)=0-0=0$, 即 $F(\varphi(t))\equiv G(t)$. 特别地, $F(b)=F(\varphi(q))=G(q)$, 即式 (5.33) 成立.

其次, 设 f 在 $[a,b]$ 上有界可积, $|f(x)|\leqslant M$. 此时由 Lusin 定理 (定理 3.3.3), 有 $[a,b]$ 上连续函数列 $\{g_n\}$, 使 $|g_n(x)|\leqslant M$, 并且几乎处处有 $g_n(x)\to f(x)(n\to\infty)$. 由上段已证,

$$\int_a^b g_n(x)\mathrm{d}x=\int_p^q g_n(\varphi(t))\varphi'(t)\mathrm{d}t,\quad n\geqslant 1. \tag{5.34}$$

若能证明下列命题：在 $[p,q]$ 上几乎处处有

$$g_n(\varphi(t))\varphi'(t) \to f(\varphi(t))\varphi'(t), n \to \infty, \tag{5.35}$$

则利用控制收敛定理及式 (5.34) 即可得式 (5.33). 下面我们来证明上述命题. 令

$$\begin{aligned} E_1 &= \{t \in [p,q] : \lim_{n\to\infty} g_n(\varphi(t)) = f(\varphi(t))\}, \\ E_2 &= \{t \in [p,q] : \varphi'(t) \text{ 存在有限}\}, \\ F &= [p,q] - E_1 \bigcap E_2 = E_1^c \bigcup E_2^c. \end{aligned}$$

当 $t \in E_1 \bigcap E_2$ 时式 (5.35) 成立. 现讨论 F. 由于 $m(E_2^c) = 0$, 从而由引理 5.5.1, $m(\varphi(E_2^c)) = 0$. 另外由 g_n 的取法, $\varphi(E_1^c)$ 是 $[a,b]$ 中零测集. 这样 $\varphi(F)$ 是 $[a,b]$ 中零测集. 于是可取 $[a,b]$ 中单减开集列 $\{G_n\}$, 使

$$\varphi(F) \subset G_n, \quad m(G_n) \to 0(n \to \infty).$$

现在 $\varphi^{-1}(G_n)$ 是 $[p,q]$ 中开集, 并由定理 5.5.1,

$$m(G_n) = \int_{\varphi^{-1}(G_n)} \varphi'(t)\mathrm{d}t.$$

在上式中令 $n \to \infty$, 得 $\displaystyle\int_{\varphi^{-1}(G)} \varphi'(t)\mathrm{d}t = 0$, 其中 $G = \bigcap\limits_{n=1}^{\infty} G_n$. 这样由 $\varphi'(t)$ 几乎处处存在有限且非负得知在 $\varphi^{-1}(G)$ 上几乎处处有 $\varphi'(t) = 0$. 又 $F \subset \varphi^{-1}(G_n)$, 故 $F \subset \varphi^{-1}(G)$. 所以在 F 上几乎处处有 $\varphi'(t) = 0$. 从而在 $[p,q]$ 上式 (5.35) 几乎处处成立.

再设 f 在 $[a,b]$ 上非负可积. 令

$$f_n(x) = \begin{cases} f(x), & 0 \leqslant f(x) \leqslant n, \\ n, & f(x) > n, \end{cases}$$

则 f_n 有界可积. 由上段证明, 用 f_n 代替 f 后的式 (5.33) 成立. 再由对每一 $x \in [a,b], f_n(x)$ 单增收敛于 $f(x)$ 及单调收敛定理, 式 (5.33) 对 f 成立. 最后利用 $f = f_+ - f_-$, 式 (5.33) 对任何可积函数 f 成立. 定理证毕.

5.6 密度、全密点与近似连续

设 $E \subset \mathbf{R}$ 是可测集, $x \in \mathbf{R}, h > 0$, 则

$$\frac{m(E\bigcap[x-h,x+h])}{2h}$$

称为 E 在 $[x-h,x+h]$ 中的**平均密度**, 而把极限 (若存在)

$$\lim_{h\to 0^+}\frac{m(E\bigcap[x-h,x+h])}{2h}$$

称为 E 在点 x 的**密度**; 当密度为 1 时, x 称为 E 的**全密点**. 很明显, 一个集合的所有内点都是该集合的全密点.

定理 5.6.1　可测集 E 中几乎所有的点都是 E 的全密点.

证明　由于 E 的特征函数 χ_E 在有界区间上可积, 从而不定积分 $F(x)=\int_0^x\chi_E(t)\mathrm{d}t$ 对几乎所有的实数 x 有 $F'(x)=\chi_E(x)$. 特别对 E 中几乎所有的点 x 有 $F'(x)=\chi_E(x)=1$. 而在这种点处, 当 $h\to 0^+$ 时,

$$\begin{aligned}\frac{m(E\bigcap[x-h,x+h])}{2h}&=\frac{1}{2h}\int_{x-h}^{x+h}\chi_E(t)\mathrm{d}t\\&=\frac{F(x+h)-F(x-h)}{2h}\to F'(x)=1.\end{aligned}$$

定理证毕.

今设 f 定义于 $[a,b], x\in(a,b)$. 若有可测集 $E\subset[a,b]$, 使 x 是 E 的全密点, 并且 f 沿 E 在点 x 连续, 则称 x 是 f 的**近似连续点**.

可测函数可能没有连续点 (例如 Dirichlét 函数), 但我们有下面的

定理 5.6.2　若 f 是 $[a,b]$ 上几乎处处有限的可测函数, 则 $[a,b]$ 中几乎所有的点都是 f 的近似连续点.

证明　由 Lusin 定理, 有 $[a,b]$ 的可测子集列 $\{E_n\}_{n\geqslant 1}$, 使 $m([a,b]-E_n)<\frac{1}{n}$, 并且对每一 $n\geqslant 1$, f 沿 E_n 连续. 现令 E_n 中全密点全体为 D_n. 则由定理 5.6.1, $m(D_n)=m(E_n)$, 并且 D_n 中所有点都是 f 的近似连续点. 因此 $D=\bigcup_{n=1}^{\infty}D_n$ 中所有点都是 f 的近似连续点. 而从

$$m([a,b]-D)\leqslant m([a,b]-D_n)=m([a,b]-E_n)<\frac{1}{n}$$

得知 $m(D)=b-a$. 定理证毕.

第 5 章习题与例题

1. 证明定理 5.2.2.
2. 设 f 在 $\mathbf{R}$ 上单增有界, 求证 $f'\in L(\mathbf{R})$.
3. **例** (Fubini)　设 $f_n(n\geqslant 1)$ 都是 $[a,b]$ 上单增实值函数, 而且对每一 $x\in[a,b]$, $\sum f_n(x)$ 收敛于 $s(x)$. 求证: $s'(x)=\sum f_n'(x)$, a.e.

证明 先证 $\sum f_n'(x) < \infty$, a.e. 事实上, 令

$$E = \{x \in [a,b] : s'(x) \text{ 和 } f_n'(x) \text{ 存在有限}, n \geqslant 1\}.$$

则 $m(E) = b-a$, 并且当 $x \in E$ 时, $s'(x) \geqslant 0, f_n'(x) \geqslant 0 (n \geqslant 1)$. 这样当 $x \in E$ 时, 对一切 $n \geqslant 1$, 有 $\sum_{k=1}^{n} f_k'(x) \leqslant \sum_{k=1}^{n} f_k'(x) + \left[\sum_{k=n+1}^{\infty} f_k(x)\right]' = s'(x)$. 由此对 $x \in E, \sum_{n=1}^{\infty} f_n'(x) \leqslant s'(x) < \infty$.

现在不妨设 $f_n(a) = 0, s_n(x) = \sum_{k=1}^{n} f_k(x) (n \geqslant 1)$. 则对每一 $n \geqslant 1, s(x) - s_n(x)$ 是 x 的非负单增函数. 这样 $0 \leqslant s(x) - s_n(x) \leqslant s(b) - s_n(b) \to 0 (n \to \infty)$. 因此有子列 $\{n_k\}$, 使 $0 \leqslant s(x) - s_{n_k}(x) \leqslant s(b) - s_{n_k}(b) < \frac{1}{2^k} (k \geqslant 1, x \in [a,b])$. 令

$$g_k(x) = s(x) - s_{n_k}(x), \quad k = 1, 2, \cdots$$

则 $g_k (k \geqslant 1)$ 都是 $[a,b]$ 上实值单增函数, 而且 $\sum g_k(x)$ 对每一 $x \in [a,b]$ 收敛. 于是由已证, $\sum g_k'(x)$ 几乎处处收敛, 从而 $g_k'(x) \to 0$, a.e. $(k \to \infty)$ 或 $s_{n_k}'(x) \to s'(x)$, a.e. 于是易知同样有 $s_n'(x) \to s'(x)$, a.e. $(n \to \infty)$, 即 $\sum f_n'(x) = s'(x)$, a.e.

4. 设 $\{r_n\}_{n \geqslant 1}$ 是 $(0,1)$ 中有理数全体, 定义 $f(x) = \sum_{r_n < x} 2^{-n}, x \in (0,1], f(0) = 0$. 证明: $f(x)$ 在 $[0,1]$ 上严格单增并且 $f'(x) = 0$, a.e.
5. 若 f 在 $[0,a]$ 上有界变差, 求证: $F(x) = \frac{1}{x}\int_0^x f(t)\mathrm{d}t (F(0) = 0)$ 在 $[0,a]$ 上也有界变差. (提示: 先设 f 单增, 此时可证 F 单增.)
6. 设 $f_k (k \geqslant 1)$ 都是 $[a,b]$ 上有界变差函数, 而且 $f_k(x) \to f(x) (x \in [a,b])$. 此外有 $M > 0$ 使 $T_a^b(f_k) \leqslant M (k \geqslant 1)$. 求证: $T_a^b(f) \leqslant M$.
7. 设 f 是 $[a,b]$ 上实值函数而且有 $M > 0$, 使对任何 $\varepsilon > 0$ 有 $T_{a+\varepsilon}^b(f) \leqslant M$. 求证: f 在 $[a,b]$ 上有界变差.
8. 设 f 在 $[a,b]$ 上连续. 对 $[a,b]$ 上任一网 $X = \{x_k\}_{0 \leqslant k \leqslant n}$, 令 $|X|$ 表示该网的直径 (即 $|X| = \max\{x_k - x_{k-1}\}$). 求证: $\lim_{|X| \to 0} \sum_{k=1}^{n} |f(x_k) - f(x_{k-1})| = T_a^b(f)$.
9. **例** 设 f 在 $[a,b]$ 上有界变差. 求证: $\frac{\mathrm{d}}{\mathrm{d}x} T_a^x(f) = |f'(x)|$, a.e.

证明 在 $[a,b]$ 上取一列网 $X_n = \{x_k^{(n)}\}_{0 \leqslant k \leqslant p_n}$, 使 $T_a^b(f) - V(X_n) < \frac{1}{2^n}, n \geqslant 1$, 其中 $V(X_n) = \sum_{k=1}^{p_n} |f(x_k) - f(x_{k-1})|$. 现对每一 $n \geqslant 1$, 我们可以构造一个函数 $f_n(x)$, 满足下两条件:

(i) $f_n(a) = 0$;

(ii) 在每一 $[x_{k-1}^{(n)}, x_k^{(n)}](1 \leqslant k \leqslant p_n)$ 上, $f_n(x)$ 与 $f(x)$ 或 $-f(x)$ 只相差一个常数, 并且 $f_n(x_{k-1}^{(n)}) \leqslant f_n(x_k^{(n)})$.

此时易知 $V(X_n) = \sum_{k=1}^{p_n}[f_n(x_k^{(n)}) - f_n(x_{k-1}^{(n)})] = f_n(b)$. 这样, $T_a^b(f) - f_n(b) < \frac{1}{2^n}(n \geqslant 1)$. 另外, 若 $x_{k-1}^{(n)} \leqslant y_1 < y_2 \leqslant x_k^{(n)}$, 则

$$f_n(y_2) - f_n(y_1) \leqslant |f(y_2) - f(y_1)| \leqslant T_{y_1}^{y_2}(f).$$

从而易知 $T_a^x(f) - f_n(x)$ 是 $[a, b]$ 上的单增函数. 这样

$$0 \leqslant T_a^x(f) - f_n(x) \leqslant T_a^b(f) - f_n(b) < \frac{1}{2^n}, \quad x \in [a, b].$$

于是 $\sum_{n=1}^{\infty}[T_a^x(f) - f_n(x)]$ 对每一 $x \in [a, b]$ 收敛. 由题 3, 几乎处处有 $[T_a^x(f) - f_n(x)]' \to 0(n \to \infty)$, 或 $f_n'(x) \to \frac{\mathrm{d}}{\mathrm{d}x}T_a^x(f)$, a.e. 但由 f_n 的性质, 对每一 $n \geqslant 1, |f_n'(x)| = |f'(x)|$, a.e. 此外 $\frac{\mathrm{d}}{\mathrm{d}x}T_a^x(f) \geqslant 0$. 从而 $\frac{\mathrm{d}}{\mathrm{d}x}T_a^x(f) = |f'(x)|$, a.e.

10. 设 f 和 g 都在 $[a, b]$ 上有界变差且 $f(a) = g(a) = 0$, 求证: $T_a^b(fg) \leqslant T_a^b(f)T_a^b(g)$.

11. 设 f 在 $[a, b]$ 上有界变差, 求证: 有 $M > 0$, 使当 $|h|$ 充分小时, $\int_a^b |f(x+h) - f(x)|\mathrm{d}x \leqslant M|h|$. (提示: 先设 f 单增.)

12. 设 f 在 $[a, b]$ 上可微, f' 有界变差, 求证: f' 连续.

13. **例** (Helly 选择原理)　设 $\{f_n\}_{n\geqslant 1}$ 是 $[a, b]$ 上的一列一致有界的单增函数, 则有子列 $\{f_{n_k}\}_{k\geqslant 1}$, 它们在 $[a, b]$ 上处处收敛.

证明　由对角线方法, 首先有子列 $\{g_i\}_{i\geqslant 1}$, 使它们在 $[a, b]$ 中的所有有理点收敛. 令

$$G^*(x) = \varlimsup_{i\to\infty} g_i(x), \quad G_*(x) = \varliminf_{i\to\infty} g_i(x).$$

则 G^* 和 G_* 都是单增函数. 用 E^* 和 E_* 分别表示它们的不连续点集. 由于 G^* 和 G_* 在有理点上相等, 故它们在 $[a, b] - (E^* \bigcup E_*)$ 上相等. 又由于 $E^* \bigcup E_*$ 至多可数, 再次用对角线方法, $\{g_i\}$ 中有子列 $\{h_k\}_{k\geqslant 1}$, 使它们在 $E^* \bigcup E_*$ 的每一点上收敛. 于是 $\{h_k\}_{k\geqslant 1}$ 即为 $\{f_n\}$ 中所求的子列.

14. 设 $\{f_n\}_{n\geqslant 1}$ 是 $[a, b]$ 上一列有界变差函数, 使得 $\{f_n(a)\}_{n\geqslant 1}$ 和 $\{T_a^b(f_n)\}_{n\geqslant 1}$ 都有界. 求证: 有子列 $\{f_{n_k}\}$, 它们在 $[a, b]$ 上处处收敛于一个有界变差函数.

15. 设 $f \in L([0, 1]), g$ 在 $[0, 1]$ 上实值单增, 若对任何 $[a, b] \subset [0, 1]$ 有 $\left[\int_a^b f(x)\mathrm{d}x\right]^2 \leqslant [g(b) - g(a)](b - a)$, 求证: $f^2 \in L([0, 1])$.

16. 设 f 是 $\mathbf{R}$ 上有界可测函数, 若有 $0 < \lambda < 1$ 及 $1 \leqslant p < \infty$, 使对任何有界区间 $[a, b]$ 有

$$\left(\int_a^b |f(x)|\mathrm{d}x\right)^p \leqslant \lambda(b - a)^{p-1}\int_a^b |f(x)|^p\mathrm{d}x.$$

求证: $f(x) = 0$, a.e.

17. 证明定理 5.4.2.

18. 设 f 在 $[a,b]$ 上满足 Lipschitz 条件, 即存在 $M>0$, 使

$$|f(x_1)-f(x_2)|\leqslant M|x_1-x_2|,\quad \forall x_1,x_2\in[a,b].$$

求证 f 绝对连续且 $|f'(x)|\leqslant M$, a.e.

19. 若 f 在 $[a,b]$ 上绝对连续, 求证: $|f(x)|^p$ 也绝对连续, 其中 $p\geqslant 1$. 当 $0<p<1$ 时, 上述命题是否成立? 试研究函数 $f(x)=x^2\sin^2\dfrac{1}{x}, f(0)=0, x\in[0,1], p=\dfrac{1}{2}$.

20. 求证: $\sqrt{x}$ 在 $[0,1]$ 上绝对连续.

21. 设 $E\subset\mathbf{R}$ 可测, $f_n(x)=n\displaystyle\int_0^{\frac{1}{n}}\chi_E(x+t)\mathrm{d}t, n=1,2\cdots$. 求证:

(i) f_n 在任何有界区间上绝对连续;

(ii) 在 $\mathbf{R}$ 上 $f_n(x)\to\chi_E(x)$, a.e.;

(iii) 对任何有界区间 $[a,b]$, $\displaystyle\int_a^b|f_n(x)-\chi_E(x)|\mathrm{d}x\to 0$.

22. 若 $m(E)<\infty$, 对上题中的 f_n, 是否有 $\displaystyle\int_{-\infty}^{+\infty}|f_n(x)-\chi_E(x)|\mathrm{d}x\to 0$? 说明理由.

23. 设 $\{g_k\}_{k\geqslant 1}$ 是 $[a,b]$ 上绝对连续函数列, $|g_k'(x)|\leqslant F(x)$, a.e., $F\in L([a,b])$. 此外 $g_k(x)\to g(x), g_k'(x)\to f(x)$, a.e. 求证 $g'(x)=f(x)$, a.e.

24. 任给 $0<\lambda<1$, 求证: 有 $[0,1]$ 上严格单增绝对连续函数 $f(x)$, 使 $m(E)\geqslant\lambda$, 其中 $E=\{x\in(0,1):f'(x)=0\}$.

25. 设 f 在 $\mathbf{R}$ 上可微, 而且 f 和 f' 都在 $\mathbf{R}$ 上可积, 求证: $\displaystyle\int_{\mathbf{R}}f'(x)\mathrm{d}x=0$.

26. 设 f 在任何有界闭区间上绝对连续. 求证对任何 $x\in\mathbf{R}$,

$$\frac{\mathrm{d}}{\mathrm{d}x}\int_a^b f(x+y)\mathrm{d}y=\int_a^b f'(x+y)\mathrm{d}y.$$

27. 设 $f_n(n\geqslant 1)$ 都是 $[a,b]$ 上单增绝对连续函数, 并且 $\displaystyle\sum_{n=1}^{\infty}f_n(x)$ 在 $[a,b]$ 上处处收敛于 $s(x)$, 求证: $s(x)$ 也是单增绝对连续函数. (提示: 利用题 3.)

28. 证明 $f(x)=\begin{cases}x^2\sin\dfrac{1}{x^2}, & x\neq 0,\\ 0, & x=0\end{cases}$ 在 $[0,1]$ 上处处可微但不绝对连续. (提示: 研究 $f'(x)$ 在 $[0,1]$ 上的可积性.)

29. 设 $\alpha>0,\beta>0, f(x)=x^{\alpha}\sin x^{-\beta}, 0<x\leqslant 1, f(0)=0$. 求证: 当且仅当 $\alpha>\beta$ 时 $f(x)$ 绝对连续.

30. 研究定理 5.1.1 证明后的例 5.1.1 中的函数, 进而说明对 $[a,b]$ 中任一零测集 E, 有 $[a,b]$ 上绝对连续函数 f, 使对每一 $x\in E, f'(x)=\infty$.

31. 设 $f\in L([a,b])$. 若 $\displaystyle\int_a^b|f(x+h)-f(x)|\mathrm{d}x=o(|h|)$, 求证: 除一零测集外 f 为常数. (提

示：令 $F(x)=\int_a^x f(t)\mathrm{d}t, E=\{F'=f\}$. 证明 f 在 E 上是常数.)

32. 设 f 是 $[a,b]$ 上单增实值函数. 求证：$f=g+h$, 其中 g 是单增绝对连续函数, h 是单增实值函数且 $h'(x)=0$, a.e.
33. 设对每一 $0<x<1, f$ 在 $[0,x]$ 上绝对连续, 在 $[x,1]$ 上有界变差, 而且 f 在 $x=1$ 连续. 求证：f 在 $[0,1]$ 上绝对连续.
34. 设 f 在 $[a,b]$ 上连续, 几乎处处可导且 $f'\in L([a,b])$, 若对任何 $\varepsilon>0, f$ 在 $[a+\varepsilon,b]$ 上绝对连续, 求证：f 在 $[a,b]$ 上绝对连续.
35. 设 $f(x)\in L([0,1]), f$ 在 0 的一个邻域中有界.
    (i) 求证：对任何 $n\geqslant 1, f(x^n)\in L([0,1])$;
    (ii) 若 f 单调, 求极限 $\lim\limits_{n\to\infty}\int_0^1 f(x^n)\mathrm{d}x$.
36. 设 $f\in L([a,b])$. 若 $x\in(a,b)$ 是 f 的近似连续点, 而且 f 在 x 附近有界, 求证：x 是 f 的 Lebesgue 点.
37. 设 f 在 $[a,b]$ 上严格单增绝对连续, 则为使其反函数 f^{-1} 在 $[f(a),f(b)]$ 上绝对连续, 充要条件是 $m(E)=0$, 其中 $E=\{x\in(a,b):f'(x)=0\}$.

第6章　L^p　空　间

6.1　基本概念与性质

设 E 是可测集, $1 \leqslant p < \infty$, 则记

$$L^p(E) = \left\{f : f \text{ 在 } E \text{ 上可测, 且 } \int_E |f(x)|^p \mathrm{d}x < \infty\right\}.$$

对每一 $f \in L^p(E)$, 称

$$\|f\|_p = \left[\int_E |f(x)|^p \mathrm{d}x\right]^{\frac{1}{p}}$$

为 f 的**范数**或 p **模**. 若 $L^p(E)$ 中两个元 f 和 g 在 E 上几乎处处相等, 则记 $f = g$.

注意: $L^1(E)$ 也记成 $L(E)$.

定理 6.1.1 (Hölder 不等式)　设 $1 < p < \infty, 1 < q < \infty, \dfrac{1}{p} + \dfrac{1}{q} = 1, f \in L^p(E), g \in L^q(E)$, 则 $fg \in L(E)$ 并且

$$\|fg\|_1 \leqslant \|f\|_p \cdot \|g\|_q. \tag{6.1}$$

证明　曲线 $y = x^{\frac{1}{p}}$ 在 $x \geqslant 0$ 时是上凸的, 所以该曲线在点 $(1,1)$ 处的切线 $y = \dfrac{1}{p}x + \dfrac{1}{q}$ 位于该曲线的上方, 即当 $x \geqslant 0$ 时, $x^{\frac{1}{p}} \leqslant \dfrac{1}{p}x + \dfrac{1}{q}$. 此不等式中的 x 用 $\dfrac{u}{v}$ 代入, 得

$$u^{1/p}v^{1/q} \leqslant \frac{1}{p}u + \frac{1}{q}v. \tag{6.2}$$

在式 (6.2) 中令

$$u = \frac{|f(x)|^p}{\|f\|_p^p}, \quad v = \frac{|g(x)|^q}{\|g\|_q^q},$$

则有

$$\frac{|f(x)g(x)|}{\|f\|_p \cdot \|g\|_q} \leqslant \frac{1}{p}\frac{|f(x)|^p}{\|f\|_p^p} + \frac{1}{q}\frac{|g(x)|^q}{\|g\|_q^q}.$$

在上不等式两边积分即得式 (6.1). 定理证毕.

定理 6.1.2 (Minkowski 不等式)　设 $f, g \in L^p(E), 1 \leqslant p < \infty$, 则 $f+g \in L^p(E)$, 并且

$$\|f + g\|_p \leqslant \|f\|_p + \|g\|_p. \tag{6.3}$$

证明　$p=1$ 时式 (6.3) 明显成立, 现设 $1<p<\infty, \dfrac{1}{p}+\dfrac{1}{q}=1$. 由于

$$\begin{aligned}|f(x)+g(x)|^p &\leqslant [2\max\{|f(x)|,|g(x)|\}]^p\\ &\leqslant 2^p(|f(x)|^p+|g(x)|^p),\end{aligned}$$

从而 $f+g\in L^p(E)$. 另一方面由于 $|f+g|^{\frac{p}{q}}\in L^q(E)$, 故由 Hölder 不等式得

$$\|f|f+g|^{\frac{p}{q}}\|_1\leqslant\|f\|_p\cdot\||f+g|^{\frac{p}{q}}\|_q, \tag{6.4}$$

$$\|g|f+g|^{\frac{p}{q}}\|_1\leqslant\|g\|_p\cdot\||f+g|^{\frac{p}{q}}\|_q. \tag{6.5}$$

又

$$|f+g|^p=|f+g|\cdot|f+g|^{\frac{p}{q}}\leqslant|f|\cdot|f+g|^{\frac{p}{q}}+|g|\cdot|f+g|^{\frac{p}{q}}. \tag{6.6}$$

在式 (6.6) 两边对 x 积分, 注意 $\||f+g|^{\frac{p}{q}}\|_q=\|f+g\|_p^{\frac{p}{q}}$, 并利用式 (6.4) 和式 (6.5) 得

$$\|f+g\|_p^p\leqslant(\|f\|_p+\|g\|_p)\cdot\|f+g\|_p^{\frac{p}{q}}.$$

由此得式 (6.3) (注意 $p-\dfrac{p}{q}=1$). 定理证毕.

推论 (三角不等式)　设 $f,g,h\in L^p(E)$, 则

$$\|f-h\|_p\leqslant\|f-g\|_p+\|g-h\|_p.$$

证明　此由 $f-h=(f-g)+(g-h)$ 及本定理得.

下面我们再介绍 $L^\infty(E)$. 设 f 是可测集 E 上的可测函数. 若有 E 的零测度子集 E_0 使 f 在 $E-E_0$ 上有界, 则称 f 在 E 上**本性有界**. E 上本性有界函数全体记为 $L^\infty(E)$. 若 $f\in L^\infty(E)$, 则

$$\|f\|_\infty=\inf\{M: 在\ E\ 上几乎处处有\ |f(x)|\leqslant M\},$$

称为 f 的**范数**或**本性界**.

例如, 若 $E=[a,b]$ 是有界闭区间, f 是 $[a,b]$ 上连续函数, 则 $\|f\|_\infty=\max|f(x)|$. 又如 $E=(a,b)$ 是开区间, f 是 (a,b) 上有界连续函数, 则 $\|f\|_\infty=\sup|f(x)|$. 再如 $E=\mathbf{R}$, 当 x 为有理数时, $f(x)=x$, 当 x 为无理数时, $f(x)=1$, 则 $\|f\|_\infty=1$.

定理 6.1.3　若 $f\in L^\infty(E)$, 则几乎处处有 $|f(x)|\leqslant\|f\|_\infty$.

证明　此时有正数列 $\{M_n\}_{n\geqslant1}$ 及 E 的零测子集列 $\{E_n\}$ 使

$$M_n\to\|f\|_\infty(n\to\infty),\ 并且\ |f(x)|\leqslant M_n, x\in E-E_n, n\geqslant1.$$

现在 $\bigcup\limits_{n=1}^{\infty}E_n$ 是零测集, 并且对每一 $x\in E-\bigcup\limits_{n=1}^{\infty}E_n$ 有 $|f(x)|\leqslant M_n$, 从而 $|f(x)|\leqslant$

$\|f\|_\infty$. 定理证毕.

总结以上讨论, 容易得到下面定理.

定理 6.1.4 设 E 为可测集, $1 \leqslant p \leqslant \infty$, 则对任何 $f, g \in L^p(E)$ 及实数 λ 和 μ 有 $\lambda f + \mu g \in L^p(E)$. 此外

(i) 为使 $\|f\|_p = 0$, 充要条件是几乎处处 $f(x) = 0$;

(ii) $\|\lambda f\|_p = |\lambda|\|f\|_p$;

(iii) $\|f + g\|_p \leqslant \|f\|_p + \|g\|_p$.

6.2 L^p 空间中的收敛、完备性及可分性

设 $1 \leqslant p \leqslant \infty, f, f_n \in L^p(E)$. 若 $\|f_n - f\|_p \to 0 (n \to \infty)$, 则称 $\{f_n\}$ **按 L^p 范数收敛**于 f (当 $1 \leqslant p < \infty$ 时, 也称 $\{f_n\} p$ 次平均收敛于 f), 并记成 $f_n \to f(L^p)$; 又若 $\|f_m - f_n\|_p \to 0 (m, n \to \infty)$, 则称 $\{f_n\}$ 是 $L^p(E)$ 中的**基本列**. 易知若 $\{f_n\}$ 在 $L^p(E)$ 中收敛, 则 $\{f_n\}$ 是基本列. 下面我们证明相反的结论也成立.

定理 6.2.1 (L^p 空间的完备性) 设 $1 \leqslant p \leqslant \infty$, 则 $L^p(E)$ 中任一基本列必收敛于 $L^p(E)$ 中某个元.

证明 设 f_n 是 $L^p(E)$ 中的基本列, 先设 $p = \infty$. 由定理 6.1.3, 对每一对正整数 (m, n), 有 E 的零测度子集 $E_{m,n}$ 使

$$|f_m(x) - f_n(x)| \leqslant \|f_m - f_n\|_\infty, \quad x \in E - E_{m,n}.$$

令 $F = \bigcup\limits_{m,n=1}^{\infty} E_{m,n}$, 则 $m(F) = 0$, 并且

$$|f_m(x) - f_n(x)| \leqslant \|f_m - f_n\|_\infty, \quad x \in E - F \text{ 及任何 } m \text{ 和 } n. \tag{6.7}$$

既然 f_n 是基本列, 所以由式 (6.7) 知对每一 $x \in E - F, \{f_n(x)\}$ 是实数基本列, 从而极限 $\lim\limits_{m\to\infty} f_m(x) = f(x)$ 存在有限. 现对任何 $\varepsilon > 0$, 有 N, 使当 $m, n > N$ 时, 有 $\|f_m - f_n\|_\infty < \varepsilon$. 从而由式 (6.7) 知

$$|f_m(x) - f_n(x)| < \varepsilon, m, n > N \text{ 及 } x \in E - F. \tag{6.8}$$

在式 (6.8) 中令 $m \to \infty$, 得

$$|f(x) - f_n(x)| \leqslant \varepsilon, n > N \text{ 及 } x \in E - F. \tag{6.9}$$

由此知 $f \in L^\infty(E)$ 并且 $\|f - f_n\|_\infty \leqslant \varepsilon (n > N)$. 这样我们证明了当 $p = \infty$ 时定理成立.

其次设 $1 \leqslant p < \infty$. 先假设

$$\sum_{k=1}^{\infty} \|f_{k+1} - f_k\|_p < \infty. \tag{6.10}$$

令

$$g_n(x) = |f_1(x)| + \sum_{k=1}^{n-1} |f_{k+1}(x) - f_k(x)|.$$

对每一 $x \in E, \{g_n(x)\}$ 单增, 故设 $\lim\limits_{n\to\infty} g_n(x) = g(x)$. 此时由单调收敛定理, $\int_E [g_n(x)]^p \mathrm{d}x \to \int_E [g(x)]^p \mathrm{d}x (n \to \infty)$. 但是

$$\|g_n\|_p \leqslant \|f_1\|_p + \sum_{k=1}^{\infty} \|f_{k+1} - f_k\|_p < \infty,$$

从而 $g \in L^p(E), g(x)$ 几乎处处有限. 另一方面, 当 $m > n$ 时,

$$g_m(x) - g_n(x) = \sum_{k=n}^{m-1} |f_{k+1}(x) - f_k(x)| \geqslant |f_m(x) - f_n(x)|. \tag{6.11}$$

这样在 E 上几乎处处存在着有限极限 $\lim\limits_{m\to\infty} f_m(x) = f(x)$. 在式 (6.11) 中令 $m \to \infty$, 则在 E 上几乎处处有

$$|f(x) - f_n(x)| \leqslant g(x) - g_n(x) \leqslant g(x),$$

从而易知 $f \in L^p(E)$ 并且

$$|f(x) - f_n(x)|^p \leqslant [g(x)]^p (\in L(E)).$$

于是由控制收敛定理, $\|f - f_n\|_p \to 0\,(n \to \infty)$, 即 f_n 按 L^p 中范数收敛于 f.

若 f_n 不满足式 (6.10), 则由 f_n 为基本列得知有子列 $\{f_{n_k}\}$, 使 $\sum\limits_{k=1}^{\infty} \|f_{n_{k+1}} - f_{n_k}\|_p < \infty$. 这样由上段证明, 存在 $f \in L^p(E)$ 使 $\|f_{n_k} - f\|_p \to 0(k \to \infty)$. 此时易知同样有 $\|f_n - f\|_p \to 0(n \to \infty)$. 定理证毕.

在上定理的证明中, 我们实际上还得到 $L^\infty(E)$ 中收敛的特征 (见式 (6.9)). 我们把它写成定理.

定理 6.2.2　为使 $L^\infty(E)$ 中的元列 f_n 收敛于 f, 充分必要条件是存在 E 的零测度子集 F, 使 f_n 在 $E - F$ 上一致收敛于 f.

定理 6.2.3　设 $1 \leqslant p \leqslant \infty, L^p(E)$ 中的元列 f_n 收敛于 f, 则 f_n 必测度收敛于 f.

证明 当 $p=\infty$ 时, 本定理的结论可从定理 6.2.2 得到. 而当 $1\leqslant p<\infty$ 时, 可从

$$\delta^p\cdot m(\{|f_n-f|\geqslant\delta\})\leqslant\int_{\{|f_n-f|\geqslant\delta\}}|f_n(x)-f(x)|^p\mathrm{d}x\leqslant\|f_n-f\|_p^p$$

得到. 定理证毕.

推论 1 若 $L^p(E)$ 中元列 f_n 收敛于 f, 则 $\{f_n\}$ 中有子列几乎处处收敛于 f.

推论 2 若 $L^p(E)$ 中元列 f_n 收敛, 则其极限是惟一的. 即若在 $L^p(E)$ 中 $f_n\to g$, 并且 $f_n\to h$, 则 $g=h$.

定理 6.2.4 若 $f_n\to f(L^p)$, 则 $\|f_n\|_p\to\|f\|_p$.

证明 这可从不等式

$$\|f\|_p-\|f_n-f\|_p\leqslant\|f_n\|_p\leqslant\|f\|_p+\|f_n-f\|_p$$

得到. 定理证毕.

设 $\mathcal{E}$ 是 $L^p(E)$ 中的一个子集, 若对任何 $f\in L^p(E),\mathcal{E}$ 中有元列 $\{e_n\}$ 使 $e_n\to f(L^p)$, 则 $\mathcal{E}$ 称为 $L^p(E)$ 中的一个**稠子集**. 很明显, 为使 $\mathcal{E}$ 是 $L^p(E)$ 中的稠子集, 充分必要条件是对任何 $f\in L^p(E)$ 及 $\varepsilon>0$, 必有 $\mathcal{E}$ 中的元 e, 使 $\|e-f\|_p<\varepsilon$.

定理 6.2.5 (L^p 空间的可分性) 若 $1\leqslant p<\infty$, 则 $L^p(E)$ 中有可数稠子集.

证明 我们仅对 $L^p(\mathbf{R}^n)$ 来证. 若 $\mathbf{R}^n$ 中长方体的每条边的两个端点都为有理数, 则该长方体称为有有理端点. 显然有限个端点为有理点的开长方体的并的全体 $\varLambda$ 是可数集. 因此形如

$$g(x)=\sum_{t=1}^{T}r_t\chi_{G_t}(x)$$

的简单函数全体是可数的, 其中 T 是正整数, r_t 是有理数, $G_t\in\varLambda,\chi_{G_t}$ 是 G_t 的特征函数. 现只需证明这种函数全体是 $L^p(\mathbf{R}^n)$ 的稠子集即可.

现任给 $\varepsilon>0,f\in L^p(\mathbf{R}^n)$. 与 $\mathbf{R}^n$ 中的定理 4.3.2 类似, 此时有简单函数

$$h(x)=\sum_{t=1}^{T}r_t\chi_{E_t}(x),$$

使 $\|f-h\|_p<\dfrac{\varepsilon}{2}$, 其中 r_t 是有理数, $\{E_t\}$ 是 $\mathbf{R}^n$ 中两两不相交可测集. 显然当 $r_t\neq0$ 时, 对应地, $m(E_t)<\infty$. 由 $\mathbf{R}^n$ 中的定理 2.5.2, 存在 $G_t\in\varLambda,t=1,2,\cdots,T$, 使 $\displaystyle\sum_{t=1}^{T}|r_t|[m(E_t\triangle G_t)]^{1/p}<\frac{\varepsilon}{2}$. 然后令 $g(x)$ 如上. 此时由于 $\|\chi_{E_t}-\chi_{G_t}\|_p=[m(E_t\triangle G_t)]^{1/p}$, 因此

$$\|h-g\|_p\leqslant\sum_{t=1}^{T}|r_t|\cdot\|\chi_{E_t}-\chi_{G_t}\|_p$$

$$=\sum_{t=1}^{T}|r_t|[m(E_t\triangle G_t)]^{1/p}<\frac{\varepsilon}{2}.$$

由此 $\|f-g\|_p\leqslant\|f-h\|_p+\|h-g\|_p<\varepsilon$. 定理证毕.

作为上定理的补充, 我们指出当 $m(E)>0$ 时, $L^\infty(E)$ 是不可分的. 以 $L^\infty[0,1]$ 为例, 假设它可分, 并设 $\{e_n\}_{n\geqslant1}$ 是它的一个可数稠子集. 于是当令 $B_n=\left\{f\in L^\infty[0,1]:\|f-e_n\|_\infty<\dfrac{1}{2}\right\}$ 时, 应有 $L^\infty[0,1]=\bigcup\limits_{n=1}^{\infty}B_n$. 另一方面, $L^\infty[0,1]$ 中的函数族 $\{\chi_{[0,\lambda]}\}_{0<\lambda\leqslant1}$ 中的元是不可数的. 因此至少有一个 n_0 使 B_{n_0} 中至少有两个不同的 $\chi_{[0,\lambda_1]}$ 和 $\chi_{[0,\lambda_2]}$, 其中 $0<\lambda_1<\lambda_2\leqslant1$. 于是

$$\|\chi_{[0,\lambda_1]}-\chi_{[0,\lambda_2]}\|_\infty\leqslant\|\chi_{[0,\lambda_1]}-e_{n_0}\|_\infty+\|e_{n_0}-\chi_{[0,\lambda_2]}\|_\infty<1.$$

但另一方面由直接计算, $\|\chi_{[0,\lambda_1]}-\chi_{[0,\lambda_2]}\|_\infty=1$. 此为矛盾.

6.3　L^2　空　间

对 $L^2(E)$ 中任何两个元 f 和 g, 按照 Hölder 不等式, 应有 $fg\in L(E)$. 于是我们可以定义

$$\langle f,g\rangle=\int_E f(x)g(x)\mathrm{d}x,$$

$\langle f,g\rangle$ 称为 f 和 g 的**内积**. 当 $\langle f,g\rangle=0$ 时, 称 f 与 g **正交**. 下面的定理是显而易见的, 其证明留作习题.

定理 6.3.1　(i) $\langle f,g\rangle=\langle g,f\rangle$ 并且 $\langle f,f\rangle=\|f\|_2^2$;

(ii) $\langle f_1+f_2,g\rangle=\langle f_1,g\rangle+\langle f_2,g\rangle$;

(iii) $\langle\lambda f,g\rangle=\lambda\langle f,g\rangle$, 其中 λ 为实数;

(iv) $|\langle f,g\rangle|\leqslant\|f\|_2\cdot\|g\|_2$ (也称 Schwartz 不等式);

(v) 若 $f_n\to f(L^2)$, 则对任何 $g\in L^2(E)$ 有

$$\langle f_n,g\rangle\to\langle f,g\rangle(n\to\infty).$$

若 $\{\varphi_\lambda\}_{\lambda\in\varLambda}$ 是 $L^2(E)$ 中一族元, 使得其中任何两个不同的元正交, 则该族称为 $L^2(E)$ 中的一个**正交组**; 若对每一 $\lambda\in\varLambda$ 还有 $\|\varphi_\lambda\|=1$, 则该族称为**标准正交组**. 例如, 容易验证

$$\frac{1}{\sqrt{2\pi}},\frac{1}{\sqrt{\pi}}\cos x,\frac{1}{\sqrt{\pi}}\sin x,\cdots,\frac{1}{\sqrt{\pi}}\cos nx,\frac{1}{\sqrt{\pi}}\sin nx,\cdots\tag{6.12}$$

是 $L^2[-\pi,\pi]$ 中的一个标准正交组.

利用正交性, 容易证明下面引理 (留作习题).

引理 6.3.1 若 $\{\varphi_k\}_{1\leqslant k\leqslant n}$ 是 $L^2(E)$ 中标准正交组, 则对任何实数组 $\{\lambda_k\}_{1\leqslant k\leqslant n}$, 有

$$\left\|\sum_{k=1}^{n}\lambda_k\varphi_k\right\|_2^2=\sum_{k=1}^{n}\lambda_k^2.$$

定理 6.3.2 $L^2(E)$ 中任一标准正交组 $\{\varphi_\lambda\}_{\lambda\in\Lambda}$ 中的元是至多可数的.

证明 由于 $L^2(E)$ 可分, 所以可设 $\{e_n\}_{n\geqslant 1}$ 是 $L^2(E)$ 的可数稠集. 对每一 $n\geqslant 1$, 令

$$B_n=\left\{f\in L^2(E):\|f-e_n\|_2<\frac{1}{\sqrt{2}}\right\},$$

则 $L^2(E)=\bigcup\limits_{n=1}^{\infty}B_n$. 为证本定理, 只需证明每一 B_n 至多包含 $\{\varphi_\lambda\}$ 中的一个元. 事实上, 假设 B_n 中包含两个不同的 φ_{λ_1} 和 φ_{λ_2}, 则一方面

$$\|\varphi_{\lambda_1}-\varphi_{\lambda_2}\|_2\leqslant\|\varphi_{\lambda_1}-e_n\|_2+\|e_n-\varphi_{\lambda_2}\|_2<\frac{1}{\sqrt{2}}+\frac{1}{\sqrt{2}}=\sqrt{2}.$$

另一方面, 由引理 6.3.1, $\|\varphi_{\lambda_1}-\varphi_{\lambda_2}\|=\sqrt{2}$. 此为矛盾. 定理证毕.

设 $\{e_n\}\subset L^2(E)$, 我们称系数为实数 λ_n 的无穷级数 $\sum\limits_{n=1}^{\infty}\lambda_n e_n$ 在 $L^2(E)$ 中收敛, 若其部分和 $s_n=\sum\limits_{k=1}^{n}\lambda_k e_k$ 在 $L^2(E)$ 中收敛.

定理 6.3.3 设 $\{e_n\}_{n\geqslant 1}$ 是 $L^2(E)$ 中的标准正交组, 则为使 $\sum\limits_{n=1}^{\infty}\lambda_n e_n$ 收敛, 充分必要条件是 $\sum\limits_{n=1}^{\infty}\lambda_n^2$ 收敛, 并且当收敛时

$$\left\|\sum_{n=1}^{\infty}\lambda_n e_n\right\|_2^2=\sum_{n=1}^{\infty}\lambda_n^2. \tag{6.13}$$

证明 事实上当 $m>n$ 时, 由引理 6.3.1,

$$\|s_m-s_n\|_2^2=\left\|\sum_{k=n+1}^{m}\lambda_k e_k\right\|_2^2=\sum_{k=n+1}^{m}\lambda_k^2.$$

这就是说, 部分和 $\{s_n\}$ 是 $L^2(E)$ 中的基本列与数值级数 $\sum\limits_{n=1}^{\infty}\lambda_n^2$ 收敛是等价的.

其次, 当 s_n 收敛于 $\sum_{k=1}^{\infty}\lambda_k e_k$ 时, 一方面, $\|s_n\|_2^2$ 收敛于 $\left\|\sum_{k=1}^{\infty}\lambda_k e_k\right\|_2^2$; 另一方面, $\|s_n\|_2^2=\sum_{k=1}^{n}\lambda_k^2$ 收敛于 $\sum_{k=1}^{\infty}\lambda_k^2$. 由此得式 (6.13). 定理证毕.

定理 6.3.4　设 $f\in L^2(E),\{e_n\}_{n\geqslant 1}$ 是 $L^2(E)$ 中的标准正交组.

(i) 对任何 $n\geqslant 1$ 及实数组 $\{\lambda_k\}_{1\leqslant k\leqslant n}$ 有

$$\left\|f-\sum_{k=1}^{n}\lambda_k e_k\right\|_2^2\geqslant\|f\|_2^2-\sum_{k=1}^{n}\langle f,e_k\rangle^2=\left\|f-\sum_{k=1}^{n}\langle f,e_k\rangle e_k\right\|_2^2;$$

(ii) $\sum_{k=1}^{\infty}\langle f,e_k\rangle^2\leqslant\|f\|_2^2$ (Bessel 不等式).

证明　事实上, (i) 可由下述恒等式得到

$$\left\|f-\sum_{k=1}^{n}\lambda_k e_k\right\|_2^2=\|f\|_2^2-\sum_{k=1}^{n}\langle f,e_k\rangle^2+\sum_{k=1}^{n}(\lambda_k-\langle f,e_k\rangle)^2.$$

而由 (i), 对任何 $n\geqslant 1$ 有 $\|f\|_2^2-\sum_{k=1}^{n}\langle f,e_k\rangle^2\geqslant 0$. 令 $n\to\infty$ 即得 (ii). 定理证毕.

把上定理与定理 6.3.3 结合, 就有下面的

推论　若 $\{e_n\}_{n\geqslant 1}$ 是 $L^2(E)$ 中的标准正交组, 则对每一 $f\in L^2(E)$, 级数 $\sum_{n=1}^{\infty}\langle f,e_n\rangle e_n$ 在 $L^2(E)$ 中收敛.

以后我们把 $\{\langle f,e_n\rangle\}_{n\geqslant 1}$ 和 $\sum_{n=1}^{\infty}\langle f,e_n\rangle e_n$ 分别称为 f 关于标准正交组 $\{e_n\}$ 的 Fourier 系数和 Fourier 级数. 所以上述推论可以说成 "$L^2(E)$ 中每一元 f 关于标准正交组的 Fourier 级数收敛".

定理 6.3.5 (Riesz-Fisher)　设 $\{e_n\}_{n\geqslant 1}$ 是 $L^2(E)$ 中的标准正交组, 实数列 $\{\lambda_n\}$ 使级数 $\sum_{n=1}^{\infty}\lambda_n^2$ 收敛, 则 $\{\lambda_n\}_{n\geqslant 1}$ 是 $L^2(E)$ 中某一元的 Fourier 系数.

证明　此时由定理 6.3.3, $f=\sum_{n=1}^{\infty}\lambda_n e_n$ 是 $L^2(E)$ 中的元. 于是利用 $\{e_n\}_{n\geqslant 1}$

是标准正交组, 对每一 $n \geqslant 1$, 有

$$\langle f, e_n\rangle = \left\langle \sum_{k=1}^{\infty} \lambda_k e_k, e_n \right\rangle = \lim_{m\to\infty} \left\langle \sum_{k=1}^{m} \lambda_k e_k, e_n \right\rangle = \lambda_n.$$

定理证毕.

定理 6.3.6 设 $\{e_n\}_{n\geqslant 1}$ 是 $L^2(E)$ 中的标准正交组, 则下面两个命题等价:

(i) 对任何 $f \in L^2(E)$ 有 $f = \sum\limits_{n=1}^{\infty} \langle f, e_n\rangle e_n$;

(ii) 若 $L^2(E)$ 中的元 g 与一切 e_n 正交, 则 $g = 0$.

证明 设 (i) 成立并且 g 与一切 e_n 正交, 于是我们得到 $g = \sum\limits_{n=1}^{\infty} \langle g, e_n\rangle e_n = 0$.

反之, 设 (ii) 成立并任取 $f \in L^2(E)$. 此时易知 $g = f - \sum\limits_{n=1}^{\infty} \langle f, e_n\rangle e_n$ 与一切 e_n 正交, 从而 $g = 0$, 亦即 $f = \sum\limits_{n=1}^{\infty} \langle f, e_n\rangle e_n$. 定理证毕.

设 $\{e_n\}_{n\geqslant 1}$ 是 $L^2(E)$ 中的标准正交组. 若对任何 $f \in L^2(E)$ 有 $f = \sum\limits_{n=1}^{\infty} \langle f, e_n\rangle e_n$, 则 $\{e_n\}_{n\geqslant 1}$ 称为**完备正交组**. 由定理 6.3.6 得知标准正交组 $\{e_n\}_{n\geqslant 1}$ 是完备的, 等价于 “$\{e_n\}_{n\geqslant 1}$ 中增加任何一个元后不可能再成为标准正交组”. 下面我们说明式 (6.12) 中的三角函数系在 $L^2([-\pi, \pi])$ 中是完备的. 为此只需证明下列命题.

(P) 若 $L^2([-\pi, \pi])$ 中的元 f 与式 (6.12) 中所有函数正交, 则几乎处处有 $f(x) = 0$.

先设 f 连续. 假设 (P) 的结论不成立, 则有 $x_0 \in [-\pi, \pi]$, 使

$$|f(x_0)| = \max\{|f(x)| : x \in [-\pi, \pi]\} > 0.$$

不失一般性, 设 $f(x_0) > 0$. 于是有充分小的 $\delta > 0$, 使

$$f(x) > \frac{1}{2} f(x_0), \quad x \in I = (x_0 - \delta, x_0 + \delta) \bigcap [-\pi, \pi]. \tag{6.14}$$

现令

$$t(x) = 1 + \cos(x - x_0) - \cos\delta.$$

由于对每一 $n \geqslant 1$, $[t(x)]^n$ 是一个三角多项式, 所以由 (P) 的条件,

$$\int_{-\pi}^{\pi} f(x)[t(x)]^n \mathrm{d}x = 0, \quad n \geqslant 1. \tag{6.15}$$

另一方面, 当 $x \in [-\pi, \pi] - I$ 时, $-2 \leqslant \cos(x - x_0) - \cos\delta \leqslant 0$, 从而 $|[t(x)]^n| \leqslant 1$, 并且

$$\left|\int_{[-\pi,\pi]-I} f(x)[t(x)]^n \mathrm{d}x\right| \leqslant 2\pi f(x_0). \tag{6.16}$$

此外, 由于 $t(x_0) = 2 - \cos\delta > 1$, 从而有 $0 < \delta_1 < \delta$ 及 $r > 1$, 使当 $x \in J = (x_0 - \delta_1, x_0 + \delta_1) \bigcap [-\pi, \pi]$ 时 $t(x) \geqslant r$, 于是由式 (6.14),

$$\int_I f(x)[t(x)]^n \mathrm{d}x \geqslant \int_J f(x)[t(x)]^n \mathrm{d}x \geqslant \frac{1}{2} f(x_0) r^n \delta_1. \tag{6.17}$$

结合式 (6.16) 和式 (6.17) 得 $\int_{-\pi}^{\pi} f(x)[t(x)]^n \mathrm{d}x \to \infty (n \to \infty)$. 此与式 (6.15) 矛盾. 这样在 f 连续时我们证明了命题 (P). 对一般的 $f \in L^2[-\pi, \pi]$, 我们取常数 B, 使

$$g(x) = \int_{-\pi}^{x} f(t)\mathrm{d}t - B, \quad \int_{-\pi}^{\pi} g(x)\mathrm{d}x = 0.$$

则 g 是绝对连续的, 并且几乎处处有 $g'(x) = f(x)$. 利用分部积分公式及 (P) 的条件, 容易验证 g 与式 (6.12) 中所有函数正交. 从而由上段已证, $g(x) \equiv 0$. 这样几乎处处有 $f(x) = g'(x) = 0$. 命题 (P) 得证.

根据命题 (P) 及定理 6.3.6, 对任何 $f \in L^2([-\pi, \pi])$, 在 $L^2[-\pi, \pi]$ 中收敛的意义下, 我们有 f 的 Fourier 级数展开式

$$f(x) = \frac{a_0}{2} + \sum_{n=1}^{\infty} (a_n \cos nx + b_n \sin nx),$$

其中

$$a_n = \frac{1}{\pi} \int_{-\pi}^{\pi} f(x) \cos nx \mathrm{d}x, \ n = 0, 1, \cdots$$
$$b_n = \frac{1}{\pi} \int_{-\pi}^{\pi} f(x) \sin nx \mathrm{d}x, \ n = 1, 2, \cdots$$

并且

$$\|f\|_2^2 = \int_{-\pi}^{\pi} |f(x)|^2 \mathrm{d}x = \frac{\pi a_0^2}{2} + \pi \sum_{n=1}^{\infty} (a_n^2 + b_n^2).$$

一般的空间 $L^2(E)$ 中是否有完备正交组呢? 我们在下一节中回答这一问题.

6.4 $L^2(E)$ 中的线性无关组

本节中 E 是可测集, $m(E) > 0$. 此外, $\|\cdot\|$ 表示 $L^2(E)$ 中的范数.

设 $\{f_k\}_{1\leqslant k\leqslant n}$ 是 E 上 n 个实函数. 若有 n 个不全为 0 的实数 $\{c_k\}_{1\leqslant k\leqslant n}$, 使在 E 上几乎处处有

$$c_1f_1(x)+c_2f_2(x)+\cdots+c_nf_n(x)=0, \tag{6.18}$$

则 $\{f_k\}_{1\leqslant k\leqslant n}$ 称为在 E 上**线性相关**; 否则称其在 E 上**线性无关**. 由定义容易有下面的 (证明留作习题)

定理 6.4.1　(i) 若 $\{f_k\}_{1\leqslant k\leqslant n}$ 在 E 上线性无关, 并在 E 上几乎处处有式 (6.18), 则所有的 c_k 皆为 0;

(ii) 若 $\{f_k\}_{1\leqslant k\leqslant n}$ 中有一个函数在 E 上几乎处处为 0, 则 $\{f_k\}$ 线性相关;

(iii) 线性无关组的任一部分组也是线性无关的.

例 6.4.1　设 $k_1,k_2,\cdots,k_n$ 是 n 个两两不相等的整数, 则由于多项式只能有有限个实根, 因此 $\{x^{k_m}\}_{1\leqslant m\leqslant n}$ 在任何区间上线性无关.

若函数列 $\{f_n\}_{n\geqslant 1}$ 中任何有限个元在 E 上线性无关, 则我们称 $\{f_n\}_{n\geqslant 1}$ 在 E 上线性无关. 例如容易证明 $\{x^n\}_{n\geqslant 0}$ 在任何区间上线性无关.

定理 6.4.2　$L^2(E)$ 中任何标准正交组是线性无关的.

证明　设 $\{f_n\}_{n\geqslant 1}$ 是 $L^2(E)$ 中标准正交组. 对任何 $n\geqslant 1$, 若在 E 上几乎处处有式 (6.18), 则对任何 $k, 1\leqslant k\leqslant n$, 用 f_k 对式 (6.18) 两端作内积, 得 $c_k=0$. 由此, $\{f_k\}_{1\leqslant k\leqslant n}$ 在 E 上线性无关. 由 n 的任意性, $\{f_n\}_{n\geqslant 1}$ 在 E 上线性无关. 定理证毕.

对 $L^2(E)$ 中 n 个元 $\{f_k\}_{1\leqslant k\leqslant n}$, 我们称

$$\Delta_n=\begin{vmatrix}\langle f_1,f_1\rangle & \langle f_1,f_2\rangle & \cdots & \langle f_1,f_n\rangle\\ \langle f_2,f_1\rangle & \langle f_2,f_2\rangle & \cdots & \langle f_2,f_n\rangle\\ \vdots & \vdots & & \vdots\\ \langle f_n,f_1\rangle & \langle f_n,f_2\rangle & \cdots & \langle f_n,f_n\rangle\end{vmatrix}$$

为 $\{f_k\}_{1\leqslant k\leqslant n}$ 的 Cramer 行列式, 其中

$$\langle f_i,f_j\rangle=\int_E f_i(x)f_j(x)\mathrm{d}x.$$

定理 6.4.3　$L^2(E)$ 中 n 个元 $\{f_k\}_{1\leqslant k\leqslant n}$ 线性相关的充分必要条件是其 Cramer 行列式为 0.

证明　设 $\{f_k\}_{1\leqslant k\leqslant n}$ 线性相关, 于是有不全为 0 的实数组 $\{c_k\}_{1\leqslant k\leqslant n}$, 使式 (6.18) 在 E 上几乎处处成立. 对每一 $k, 1\leqslant k\leqslant n$, 用 f_k 与式 (6.18) 两边作内积, 就得到 n 个方程

$$\sum_{j=1}^{n}c_j\langle f_k,f_j\rangle=0,\quad k=1,2,\cdots,n. \tag{6.19}$$

既然线性方程组 (6.19) 有不全为 0 的解 $\{c_k\}_{1\leqslant k\leqslant n}$, 所以其行列式 $\Delta_n=0$.

反之, 设 $\Delta_n=0$. 则线性方程组 (6.19) 有不全为 0 的解 $\{c_k\}_{1\leqslant k\leqslant n}$. 现在 (6.19) 可写成

$$\left\langle f_k,\sum_{j=1}^n c_jf_j\right\rangle=0,\quad k=1,2,\cdots,n.$$

从而 $\displaystyle\sum_{k=1}^n c_k\left\langle f_k,\sum_{j=1}^n c_jf_j\right\rangle=0$, 即 $\displaystyle\left\|\sum_{k=1}^n c_kf_k\right\|^2=0$. 由此在 E 上几乎处处有式 (6.18). 所以 $\{f_k\}_{1\leqslant k\leqslant n}$ 在 E 上线性相关. 定理证毕.

由上定理, $\Delta_n\neq 0$ 与 $\{f_k\}_{1\leqslant k\leqslant n}$ 在 E 上线性无关是等价的. 从而结合定理 6.4.1 (iii), 我们有

推论　若 $\Delta_n\neq 0$, 则对任何 $k,1\leqslant k\leqslant n$, 亦有 $\Delta_k\neq 0$.

进一步我们有下面的定理.

定理 6.4.4　若 $\{f_k\}_{1\leqslant k\leqslant n}$ 是 $L^2(E)$ 中的线性无关组, 则其 Cramer 行列式 $\Delta_n>0$.

证明　令

$$g_n(x)=\begin{vmatrix}\langle f_1,f_1\rangle & \langle f_1,f_2\rangle & \cdots & \langle f_1,f_{n-1}\rangle & f_1(x)\\ \langle f_2,f_1\rangle & \langle f_2,f_2\rangle & \cdots & \langle f_2,f_{n-1}\rangle & f_2(x)\\ \vdots & \vdots & & \vdots & \vdots\\ \langle f_n,f_1\rangle & \langle f_n,f_2\rangle & \cdots & \langle f_n,f_{n-1}\rangle & f_n(x)\end{vmatrix},\tag{6.20}$$

则由行列式性质易知

$$\langle g_n,f_k\rangle=\begin{cases}0, & 1\leqslant k<n,\\ \Delta_n, & k=n.\end{cases}\tag{6.21}$$

另一方面把式 (6.20) 按最后一列展开, 得

$$g_n(x)=c_1f_1(x)+c_2f_2(x)+\cdots+c_{n-1}f_{n-1}(x)+\Delta_{n-1}f_n(x).\tag{6.22}$$

由于 $\{f_k\}_{1\leqslant k\leqslant n}$ 线性无关, 所以 $\Delta_{n-1}\neq 0$ (定理 6.4.3 之推论), 并由式 (6.22), $g_n(x)$ 在 E 上不可能几乎处处为 0. 所以 $\|g_n\|^2>0$. 但若用 g_n 与式 (6.22) 两边作内积, 则利用式 (6.21) 得到 $\|g_n\|^2=\Delta_{n-1}\Delta_n$. 于是 $\Delta_{n-1}\Delta_n>0$, 即 Δ_n 与 Δ_{n-1} 同号. 类似可证 Δ_{n-1} 与 Δ_{n-2} 同号等等. 这样我们最后有 Δ_n 与 $\Delta_1=\langle f_1,f_1\rangle(>0)$ 同号, 即 $\Delta_n>0$. 定理证毕.

定理 6.4.5 (Schmidt)　设 $\{f_n\}_{n\geqslant 1}$ 是 $L^2(E)$ 中的线性无关组. 则有标准正交组 $\{e_n\}_{n\geqslant 1}$ 满足以下两条件:

(i) 对每一 $n\geqslant 1,e_n$ 是 $\{f_k\}_{1\leqslant k\leqslant n}$ 的线性组合;

(ii) 对每一 $n \geqslant 1, f_n$ 是 $\{e_k\}_{1\leqslant k\leqslant n}$ 的线性组合.

证明 取

$$e_1(x) = \frac{1}{\sqrt{\Delta_1}} f_1(x), \quad e_n(x) = \frac{1}{\sqrt{\Delta_{n-1}\Delta_n}} g_n(x), \quad n \geqslant 2,$$

其中 Δ_n 是 $\{f_k\}_{1\leqslant k\leqslant n}$ 的 Cramer 行列式, g_n 的定义如式 (6.20). 由 (6.21) 知 g_n (从而 e_n) 与 $f_k(1 \leqslant k \leqslant n-1)$ 都正交. 因此 $\{e_n\}_{n\geqslant 1}$ 是正交组. 再由定理 6.4.4 证明中得到的 $\|g_n\|^2 = \Delta_{n-1}\Delta_n$ 得知 $\{e_n\}_{n\geqslant 1}$ 是标准正交组. 现为证本定理, 只需证明 (ii) 满足, 即对每一 $n \geqslant 1$, 有实数组 $\{b_k\}_{1\leqslant k\leqslant n}$, 使

$$f_n = \sum_{k=1}^{n} b_k e_k. \tag{6.23}$$

事实上, 当 $n = 1$ 时由 e_1 的定义知式 (6.23) 成立. 现假设当 $n < m$ 时式 (6.23) 成立. 则由式 (6.22) 得知

$$f_m(x) = \frac{1}{\Delta_{m-1}} g_m(x) - \sum_{k=1}^{m-1} \frac{c_k}{\Delta_{m-1}} f_k(x). \tag{6.24}$$

现在 $g_m(x) = \sqrt{\Delta_{m-1}\Delta_m} e_m(x)$, 而 $f_k(1 \leqslant k \leqslant m-1)$ 是 $\{e_j\}_{1\leqslant j\leqslant k}$ 的线性组合. 从而由式 (6.24) 知 f_m 是 $\{e_k\}_{1\leqslant k\leqslant m}$ 的线性组合. 故由归纳法得知 (ii) 成立. 定理证毕.

现在我们可以回答上节最后提出的问题, 即

定理 6.4.6 $L^2(E)$ 中存在完备正交组.

证明 由于 $L^2(E)$ 可分, 所以有可数稠集 $\{f_n\}_{n\geqslant 1}$. 此时容易证明 $\{f_n\}_{n\geqslant 1}$ 中取走有限个元后仍是 $L^2(E)$ 的稠集, 所以我们可以假定 $\{f_n\}$ 中不含在 E 上几乎处处为 0 的元. 现取 $n_1 = 1$, 然后可以归纳地得到一个子列 $\{f_{n_k}\}_{k\geqslant 1}$, 使其满足下面两条件:

(i) $\{f_{n_k}\}_{k\geqslant 1}$ 是线性无关的;

(ii) 对任何满足 $n_k < j < n_{k+1}$ 的正整数 k 和 j, f_j 是 $\{f_{n_i}\}_{1\leqslant i\leqslant k}$ 的线性组合.

有了上述 $\{f_{n_k}\}_{k\geqslant 1}$ 后, 根据定理 6.4.5, 有标准正交组 $\{e_k\}_{k\geqslant 1}$, 它满足下面两条件:

(iii) 对每一 $k \geqslant 1, e_k$ 是 $\{f_{n_j}\}_{1\leqslant j\leqslant k}$ 的线性组合;

(iv) 对每一 $k \geqslant 1, f_{n_k}$ 是 $\{e_j\}_{1\leqslant j\leqslant k}$ 的线性组合.

现在我们证明 $\{e_k\}$ 是完备的. 为此只需证明若 $L^2(E)$ 中的 f 与一切 e_k 正交, 则 $\|f\| = 0$. 事实上假设 $\|f\| > 0$. 于是有某 j 使 $\|f - f_j\|^2 < \dfrac{1}{2}\|f\|^2$. 但由上述 (ii)

和 (iv), 有有限个 $e_k(1 \leqslant k \leqslant p)$, 使 $f_j = \sum_{k=1}^{p} c_k e_k$, 其中 $\{c_k\}$ 是实数组. 于是由 f 与一切 e_k 正交得知

$$\|f - f_j\|^2 = \left\| f - \sum_{k=1}^{p} c_k e_k \right\|^2 = \|f\|^2 + \sum_{k=1}^{p} c_k^2 \geqslant \|f\|^2.$$

这样就导致矛盾. 定理证毕.

最后我们举一个例子, 说明定理 6.4.5 中的 Schmidt 正交化过程. 我们知道函数组

$$1, x, x^2, \cdots, x^n, \cdots \tag{6.25}$$

在 $[-1,1]$ 上是线性无关的. 由定理 6.4.5 可以得到 $L^2([-1,1])$ 的标准正交组

$$L_0(x), L_1(x), L_2(x), \cdots, L_n(x), \cdots$$

其中 $L_n(x)$ 是 n 次实系数多项式, 它们称为 Legendre 多项式. 由构造得知每一 x^n 也是 $\{L_k(x)\}_{0\leqslant k\leqslant n}$ 的线性组合. 我们知道, 若 $f \in L^2([-1,1])$ 且 $\int_{-1}^{1} x^n f(x)\mathrm{d}x = 0$ 对一切 $n \geqslant 0$ 成立, 则 $f(x)$ 几乎处处为 0 (第 4 章题 15). 从而若对一切 $n \geqslant 0$ 有 $\int_{-1}^{1} L_n(x) f(x)\mathrm{d}x = 0$, 则 $f(x)$ 也几乎处处为 0. 由此得知 Legendre 多项式在 $L^2([-1,1])$ 中是完备的. 这样对任何 $f \in L^2([-1,1])$, 在 $L^2([-1,1])$ 中收敛的意义下, 我们有

$$f(x) = \sum_{n=0}^{\infty} c_n L_n(x),$$

其中

$$c_n = \int_{-1}^{1} L_n(x) f(x)\mathrm{d}x, \quad n \geqslant 0.$$

下面我们来给出 $L_n(x)$ 的表达式.

既然 $L_n(x)$ 是 n 次多项式, 从而有 $2n$ 次多项式 $u_n(x)$, 使

$$u_n^{(n)}(x) = L_n(x), \tag{6.26}$$

并且

$$u_n^{(k)}(-1) = 0, \quad k = 0, 1, \cdots, n-1. \tag{6.27}$$

另一方面, 由式 (6.26) 及 $L_n(x)$ 的性质知对任何低于 n 次的多项式 $v(x)$, 有

$$0 = \int_{-1}^{1} u_n^{(n)}(x) v(x)\mathrm{d}x$$

$$= \left[u_n^{(n-1)}(x)v(x) - u_n^{(n-2)}(x)v'(x) + \cdots + (-1)^{n-1}u_n(x)v^{(n-1)}(x)\right]\Big|_{-1}^{1}$$
$$+ (-1)^n \int_{-1}^{1} u_n(x)v^{(n)}(x)\mathrm{d}x. \tag{6.28}$$

由于 $v^{(n)}(x) = 0$, 从而由式 (6.27) 和式 (6.28) 得知对任何低于 n 次多项式 $v(x)$ 有

$$u_n^{(n-1)}(1)v(1) - u_n^{(n-2)}(1)v'(1) + \cdots + (-1)^{n-1}u_n(1)v^{(n-1)}(1) = 0.$$

由 v 的任意性, 我们有

$$u_n^{(k)}(1) = 0, \quad k = 0, 1, \cdots, n-1. \tag{6.29}$$

根据式 (6.27) 和式 (6.29), -1 和 1 都是 u_n 的 n 重零点. 但 u_n 是 $2n$ 次多项式, 从而

$$u_n(x) = k_n(x^2-1)^n, \quad L_n(x) = k_n \frac{\mathrm{d}^n(x^2-1)^n}{\mathrm{d}x^n}.$$

为求 k_n, 我们注意 (利用分部积分)

$$\int_{-1}^{1} [u_n^{(n)}(x)]^2 \mathrm{d}x = (-1)^n \int_{-1}^{1} u_n(x)u_n^{(2n)}(x)\mathrm{d}x. \tag{6.30}$$

又

$$u_n^{(2n)}(x) = L_n^{(n)}(x) = (2n)!k_n,$$

所以由式 (6.30),

$$\begin{aligned} 1 &= \int_{-1}^{1} [L_n(x)]^2 \mathrm{d}x = (-1)^n (2n)! k_n \int_{-1}^{1} u_n(x)\mathrm{d}x \\ &= (-1)^n (2n)! k_n^2 \int_{-1}^{1} (x^2-1)^n \mathrm{d}x = (2n)! k_n^2 \cdot 2 \cdot \frac{(2n)!!}{(2n+1)!!} \\ &= \frac{[(2n)!!]^2}{2n+1} \cdot 2k_n^2, \end{aligned}$$

从而

$$k_n = \frac{1}{(2n)!!}\sqrt{\frac{2n+1}{2}}.$$

第 6 章习题与例题

1. 设 $f \in L^p(\mathbf{R}), 1 \leqslant p < \infty$. 求证: 当 $\lambda \to \infty$ 时,

$$\int_{\{|f|>\lambda\}} |f(x)|^p \mathrm{d}x \to 0, \quad \int_{|x|>\lambda} |f(x)|^p \mathrm{d}x \to 0.$$

2. 设 $f \in L^p(\mathbf{R}), 1 \leqslant p < \infty$, 求证：当 $\lambda \to 0^+$ 及 $\lambda \to +\infty$ 时皆有 $\lambda^p m(\{|f| > \lambda\}) \to 0$.
(提示：对 $\lambda \to 0^+$, 取 $A > 0$ 使 $\int_{|x|>A} |f(x)|^p \mathrm{d}x < \varepsilon$. 令
$$E_\lambda^{(1)} = \{|f| > \lambda\} \bigcap \{|x| \leqslant A\}, \quad E_\lambda^{(2)} = \{|f| > \lambda\} \bigcap \{|x| > A\},$$
研究 $\lambda^p m(E_\lambda^{(1)})$ 及 $\lambda^p m(E_\lambda^{(2)})$.)
3. (i) 设 $m(E) < \infty, 1 \leqslant p_1 < p_2 < \infty$, 求证：$L^\infty(E) \subset L^{p_2}(E) \subset L^{p_1}(E)$;
(ii) 设 $1 \leqslant p_1 < p_2 < \infty$, 试列举函数 f 和 g, 使 $f \in L^{p_1}(\mathbf{R}) - L^{p_2}(\mathbf{R}), g \in L^{p_2}(\mathbf{R}) - L^{p_1}(\mathbf{R})$.
4. 求证: 为使定理 6.1.1 中的 Hölder 不等式成为等式. 充要条件是 $\|g\|_q^q |f(x)|^p = \|f\|_p^p |g(x)|^q$, a.e. 于 E. (提示：不等式 $x^{\frac{1}{p}} \leqslant \frac{1}{p}x + \frac{1}{q}$ 仅当 $x = 1$ 时成为等式.)
5. 设 $f_k \in L^{p_k}(E), k = 1, 2, \cdots, n$, 其中 $p_k > 1, \frac{1}{p_1} + \cdots + \frac{1}{p_n} = 1$. 求证：
$$\int_E \prod_{k=1}^n |f_k(x)| \mathrm{d}x \leqslant \prod_{k=1}^n \|f_k\|_{p_k}.$$
6. 设 f 和 g 在 $[a, b]$ 上非负可测而且 $g \in L([a, b])$, 求证：
$$\left(\int_a^b f(x)g(x)\mathrm{d}x\right)^p \leqslant \|g\|_1^{p-1} \cdot \int_a^b f^p(x)g(x)\mathrm{d}x (1 \leqslant p < \infty).$$
7. 设 $1 \leqslant p < \infty$, $\{E_n\}_{n \geqslant 1}$ 是 $\mathbf{R}$ 中一列两两不相交的可测集, $f_n \in L^p(\mathbf{R})$, 并且当 $x \notin E_n$ 时 $f_n(x) = 0$. 求证：为使 $f = \sum f_n \in L^p(\mathbf{R})$, 充要条件是 $\sum \|f_n\|_p^p < \infty$. 并且当条件满足时 $\left\|\sum_{k=1}^n f_k - f\right\|_p \to 0 (n \to \infty)$.
8. 设 $1 < p < \infty$,
(i) 证明 $\frac{\sin x}{x} \in L^p((0, \infty))$;
(ii) 若 $f \in L^p((0, \infty))$, 求证：$g(x) = \int_0^\infty f(t) \frac{\sin xt}{t} \mathrm{d}t$ 存在且 $h^{-1/p}[g(x+h) - g(x)]$ 有界, $x > 0, h > 0$.
9. **例** 设 $f \in L^p([0, 1]), 1 \leqslant p \leqslant \infty, g(x) = \int_0^1 \frac{f(t)}{\sqrt{|x-t|}} \mathrm{d}t, 0 \leqslant x \leqslant 1$. 求证：$\|g\|_p \leqslant 2\sqrt{2}\|f\|_p$.

证明 首先注意 $\sqrt{x} + \sqrt{1-x} \leqslant \sqrt{2}$. 此外
$$\int_0^1 \frac{\mathrm{d}t}{\sqrt{|x-t|}} = 2(\sqrt{x} + \sqrt{1-x}) \leqslant 2\sqrt{2}.$$
这样由题 6 得
$$|g(x)|^p \leqslant (2\sqrt{2})^{p-1} \int_0^1 \frac{|f(t)|^p}{\sqrt{|x-t|}} \mathrm{d}t.$$
在上不等式两边对 $x \in [0, 1]$ 积分, 并利用 Fubini 定理, 即得 $\|g\|_p \leqslant 2\sqrt{2}\|f\|_p$.

10. 设 $f \in L^2([0,1]), F(x) = \int_0^x f(t)\mathrm{d}t$. 求证：$\|F\|_2 \leqslant \frac{1}{\sqrt{2}}\|f\|_2$.

11. 设 $f \in L^p(\mathbf{R}), 1 \leqslant p < \infty, \frac{1}{p} + \frac{1}{q} = 1, F(x) = \int_0^x f(t)\mathrm{d}t$. 求证：对任何 $x, F(x+h) - F(x) = o(|h|^{1/q})$.

12. 设 $1 \leqslant p \leqslant \infty$, f 和 f_k 都属于 $L^p([a,b]), k \geqslant 1$.
(i) 若 $f_k \to f(L^p)$, 求证：

$$\int_a^x f_k(t)\mathrm{d}t \to \int_a^x f(t)\mathrm{d}t(x \in [a,b], k \to \infty),$$

并且对任何 $g \in L^q([a,b])$, 其中 $\frac{1}{p} + \frac{1}{q} = 1$,

$$\int_a^b f_k(t)g(t)\mathrm{d}t \to \int_a^b f(t)g(t)\mathrm{d}t(k \to \infty).$$

(ii) 若 $1 \leqslant p < \infty, f_k(x) \to f(x)$, a.e., $\|f_k\|_p \to \|f\|_p(k \to \infty)$, 求证：$f_k \to f(L^p)$.
(提示：利用 $2^p[|f_k(x)|^p + |f(x)|^p] \pm |f_k(x) - f(x)|^p \geqslant 0$ 及 Fatou 定理.)

13. 设 $1 < p < \infty, f, f_k \in L^p(E)(k \geqslant 1)$. 求证：当 $f_k(x) \to f(x)$, a.e. 且 $\sup\limits_k \|f_k\|_p < \infty$ 时, 对任何 $g \in L^q(E), \frac{1}{p} + \frac{1}{q} = 1$, 有

$$\int_E f_k(x)g(x)\mathrm{d}x \to \int_E f(x)g(x)\mathrm{d}x.$$

14. 设 $f \in L^p([a,b]), 1 \leqslant p < \infty$, 在 $[a,b]$ 外 $f(x) = 0, \varphi_h(x) = \frac{1}{2h}\int_{x-h}^{x+h} f(t)\mathrm{d}t$. 求证：$\|\varphi_h\|_p \leqslant \|f\|_p$, 并且 $\|\varphi_h - f\|_p \to 0(h \to 0)$.

15. 设 f 和 $f_k(k \geqslant 1)$ 都是 $L^p(\mathbf{R})$ 中的非负函数, $1 \leqslant p < \infty$. 此外, $\varliminf\limits_{k\to\infty} f_k(x) \geqslant f(x), \|f_k\|_p \to \|f\|_p$. 求证：$\|f_k - f\|_p \to 0$.

16. 设 $f \in L^p(\mathbf{R}), 1 \leqslant p < \infty$. 求证：$\lim\limits_{y\to 0}\|f_y - f\|_p = 0$, 其中 $f_y(x) = f(x+y)$.

17. 设 $f \in L^p(\mathbf{R}), 1 \leqslant p < \infty$. 求证：有 $a_n > 0, a_n \to 0$, 使对任何实数列 $\{b_n\}$, 只要对一切 n 有 $|b_n| \leqslant a_n$, 就有 $f(x+b_n) \to f(x)$, a.e. (提示：利用题 16.)

18. 设 $m(E) < \infty, f \in L^\infty(E)$.
(i) 求证：$\|f\|_p \to \|f\|_\infty(p \to \infty)$;
(ii) 若 $\|f\|_\infty > 0$, 求证：$\frac{\|f\|_{n+1}^{n+1}}{\|f\|_n^n} \to \|f\|_\infty(n \to \infty)$.

19. 设 g 是 E 上的可测函数, 若有 $M > 0$, 使对任何 $f \in L^2(E)$ 有 $\|gf\|_2 \leqslant M\|f\|_2$, 求证：$g \in L^\infty(E)$.

20. 设 g 在 E 上可测. 若对任何 $f \in L^2(E)$ 有 $gf \in L(E)$, 求证：$g \in L^2(E)$.

21. 设 $f \in L([a,b])$, 并且有 $M > 0$ 及 $1 \leqslant p < \infty$, 使对 $[a,b]$ 上一切简单函数 g 有 $\left|\int_a^b f(x)g(x)\mathrm{d}x\right| \leqslant M\|g\|_p$, 求证：$f \in L^q([a,b])$, 其中 $\frac{1}{p} + \frac{1}{q} = 1$, 并且 $\|f\|_q \leqslant M$.

22. 设 $1<p<\infty$, f 在 $\mathbf{R}$ 的任一有限测度集上可积. 求证: 为使 $f\in L^p(\mathbf{R})$, 充要条件是存在 $M>0$, 使对 $\mathbf{R}$ 中任意有限个互不相交正测度集 $\{E_i\}_{1\leqslant i\leqslant k}$ 有

$$\sum_{i=1}^{k}\left[\frac{1}{m(E_i)}\right]^{p-1}\left|\int_{E_i}f(x)\mathrm{d}x\right|^p\leqslant M.$$

23. **例** (Hardy 不等式)　设 $1<p<\infty, f\in L^p((0,\infty)), F(x)=\dfrac{1}{x}\displaystyle\int_0^x f(t)\mathrm{d}t$. 求证: $\|F\|_p\leqslant \dfrac{p}{p-1}\|f\|_p$.

证明　不失一般性可设 f 非负. 首先注意 $F'(x)=\dfrac{1}{x}[f(x)-F(x)]$. 其次由 Hölder 不等式易证 $xF^p(x)\leqslant\displaystyle\int_0^x f^p(t)\mathrm{d}t\to 0(x\to 0)$. 再从

$$\begin{aligned}
x^{1/p}F(x)&=\frac{x^{1/p}}{x}\int_0^x f(t)\mathrm{d}t\\
&=\frac{x^{1/p}}{x}\left[\int_0^M f(t)\mathrm{d}t+\int_M^x f(t)\mathrm{d}t\right]\\
&\leqslant\frac{x^{1/p}}{x}\int_0^M f(t)\mathrm{d}t+\left(\int_M^x f^p(t)\mathrm{d}t\right)^{1/p}\left(1-\frac{M}{x}\right)^{1-1/p}
\end{aligned}$$

得知当 $x\to\infty$ 时也有 $xF^p(x)\to 0$. 于是由分部积分,

$$\begin{aligned}
\int_0^\infty F^p(x)\mathrm{d}x&=xF^p(x)\Big|_0^\infty-\int_0^\infty xpF^{p-1}(x)\frac{1}{x}[f(x)-F(x)]\mathrm{d}x\\
&=-p\int_0^\infty F^{p-1}(x)f(x)\mathrm{d}x+p\int_0^\infty F^p(x)\mathrm{d}x.
\end{aligned}$$

这样

$$\begin{aligned}
\int_0^\infty F^p(x)\mathrm{d}x&=\frac{p}{p-1}\int_0^\infty F^{p-1}(x)f(x)\mathrm{d}x\\
&\leqslant\frac{p}{p-1}\|F^{p-1}\|_q\cdot\|f\|_p\\
&=\frac{p}{p-1}\left[\int_0^\infty F^p(x)\mathrm{d}x\right]^{1/q}\cdot\|f\|_p,
\end{aligned}$$

从而 $\|F\|_p\leqslant\dfrac{p}{p-1}\|f\|_p$.

24. 设 $\{f_n\}_{n\geqslant 1}\subset L^2([0,1]), f_n\Rightarrow 0, \|f_n\|_2\leqslant 1$. 求证: $\|f_n\|_1\to 0$.

25. 设 f 是 $[a,b]$ 上几乎处处有限的可测函数, $D=\{g\in L^2([a,b]):gf\in L([a,b])\}$. 求证: D 在 $L^2([a,b])$ 中稠密.

26. $\mathbf{R}$ 上有紧支集且无穷次可微函数全体记为 C_c^∞. 设

$$g(x)=\begin{cases}c\mathrm{e}^{\frac{-1}{1-|x|^2}}, & |x|<1\\ 0, & |x|\geqslant 1\end{cases},\quad 其中\ c\ 使\ \|g\|_1=1.$$

(i) 求证：$g \in C_c^{\infty}$；

(ii) 若 $f \in L^p(\mathbf{R}), 1 \leqslant p < \infty, f$ 有紧支集，求证：$f_{\lambda}(x) = \displaystyle\int_{-\infty}^{+\infty} f(x-\lambda t)g(t)\mathrm{d}t \in C_c^{\infty}, \lambda \neq 0$；

(iii) 求证 C_c^{∞} 在 $L^p(\mathbf{R})$ 中稠密，$1 \leqslant p < \infty$.

27. 若 A 是紧集，B 是闭集，$A \bigcap B = \varnothing$，求证：有 $h \in C_c^{\infty}$，使

$$h(x) = \begin{cases} 1, & x \in A, \\ 0, & x \in B. \end{cases}$$

(提示：此时 $2\lambda = \inf\{|x-y| : x \in A, y \in B\} > 0$. 令 $G = \{x : d(x, A) < \lambda\}$，$f$ 是 G 上的特征函数. 研究 $f_{\lambda}(x)$，其中 f_{λ} 和 g 如题 26.)

28. 设 $f \in L^p([a,b]), 1 \leqslant p < \infty$. 求证有零测集 $Z \subset [a,b]$，使

$$\frac{\mathrm{d}}{\mathrm{d}x}\int_a^x |f(t)-\alpha|^p \mathrm{d}t = |f(x)-\alpha|^p, \quad \alpha \in \mathbf{R}, x \notin \mathbf{Z}.$$

(提示：参考定理 5.3.3.)

29. 设 f 在任何有界区间上绝对连续，$f, f' \in L^2(\mathbf{R})$. 求证：$\displaystyle\sum_{k=-\infty}^{\infty} |f(x+k)|^2$ 在 $\mathbf{R}$ 上连续.

30. 设 $f(x)$ 在 $\mathbf{R}$ 上非常数而且在任何有界区间上绝对连续，求证：

$$\int_{-\infty}^{\infty} |f(x)|^2 \mathrm{d}x \leqslant 2\left(\int_{-\infty}^{\infty} |xf(x)|^2 \mathrm{d}x\right)^{\frac{1}{2}} \cdot \left(\int_{-\infty}^{\infty} |f'(x)|^2 \mathrm{d}x\right)^{\frac{1}{2}}.$$

31. 设 $T > 0$. 求证：$\dfrac{1}{\sqrt{2T}}, \dfrac{1}{\sqrt{T}}\cos\dfrac{\pi x}{T}, \dfrac{1}{\sqrt{T}}\sin\dfrac{\pi x}{T}, \cdots, \dfrac{1}{\sqrt{T}}\cos\dfrac{n\pi x}{T}, \dfrac{1}{\sqrt{T}}\sin\dfrac{n\pi x}{T}, \cdots$ 是 $L^2([-T,T])$ 中的完备正交组.

32. 求证对任何 $f \in L^2([0,\pi])$ 有

$$\int_0^{\pi} (f(x)-\sin x)^2 \mathrm{d}x + \int_0^{\pi} (f(x)-\cos x)^2 \mathrm{d}x \geqslant \frac{\pi}{2},$$

并证明为使等号成立，充要条件是 $f(x) = \dfrac{1}{2}(\sin x + \cos x)$.

33. 设 $\{t_n\}_{n \geqslant 1}$ 是方程 $\tan t = t$ 的正根. 求证 $\{\sin t_n x\}_{n \geqslant 1}$ 是 $L^2([0,1])$ 中的正交组.

34. 证明：$\left\{\sqrt{\dfrac{2}{\pi}}\sin kx\right\}_{k \geqslant 1}$ 是 $L^2([0,\pi])$ 中的完备正交组. (提示：设 $f \in L^2([0,\pi])$ 与一切 $\sin kx$ 正交. 把 f 开拓成奇函数并证明此时的 f 在 $L^2([-\pi,\pi])$ 中与三角函数系中的所有元正交.)

35. 设 $\{f_n\}_{n \geqslant 1}$ 是 $L^2(E)$ 中标准正交组，$F = \{x \in E : \lim\limits_{n\to\infty} f_n(x)\text{存在}\}$. 求证：在 F 上几乎处处有 $\lim\limits_{n\to\infty} f_n(x) = 0$.

36. 设 $\{e_n\}_{n\geqslant 1}$ 是 $L^2([a,b])$ 中的完备正交组. 求证:

(i) $\sum\limits_n e_n^2(x)=\infty$, a.e;

(ii) 对 $[a,b]$ 中任何正测度集 E 有 $\sum\limits_n \int_E e_n^2(x)\mathrm{d}x=\infty$.

37. 设 $\{f_n\}_{n\geqslant 1}$ 是 $L^2([a,b])$ 中的标准正交组. 求证 $\sup\limits_{n\geqslant 1} T_a^b(f_n)=\infty$. (提示: 利用第 5 章题 14.)

38. 设 $\{e_n\}_{n\geqslant 1}$ 是 $L^2([a,b])$ 中完备正交组, 求证: 对任何 $f\in L^2([a,b])$ 及可测集 $E\subset[a,b]$, 有

$$\int_E f(x)\mathrm{d}x=\sum_{n=1}^{\infty}\langle f,e_n\rangle\int_E e_n(x)\mathrm{d}x.$$

39. 设 $\{e_n\}_{n\geqslant 1}$ 是 $L^2(E)$ 中完备正交组, $\{f_n\}_{n\geqslant 1}$ 是标准正交组. 若 $\sum\limits_{n=1}^{\infty}\|e_n-f_n\|_2^2<1$, 求证 $\{f_n\}$ 也是完备的. (提示: 若 f 与一切 f_n 正交, 证明 $\|f\|_2=0$.)

40. 设 φ_0 在 $\mathbf{R}$ 上以 1 为周期并且

$$\varphi_0(x)=\begin{cases}1, & 0\leqslant x<\dfrac{1}{2},\\ -1, & \dfrac{1}{2}\leqslant x<1,\end{cases}$$

$$\varphi_n(x)=\varphi_0(2^n x),n=1,2,\cdots$$

求证: $\{\varphi_n\}_{n\geqslant 0}$ 是 $L^2([0,1])$ 中的标准正交组, 并且对任何 $\sum\limits_n |c_n|^2<\infty$ 的实数组 $\{c_n\}$, $\sum\limits_{n=0}^{\infty}c_n\varphi_n(x)$ 在 $[0,1]$ 上几乎处处收敛. (提示: 设 E 是 $[0,1]$ 中形加 $j\cdot 2^{-N}$ 的点的全体, 其中 j 和 N 是非负整数. 今设 $f=\sum\limits_{n=0}^{\infty}c_n\varphi_n\in L^2([0,1])$, 其中 $\sum\limits_n |c_n|^2<\infty$, $s_n=\sum\limits_{k=0}^{n-1}c_k\varphi_k$, 而 $t\in(0,1)-E$ 并且 $a=j\cdot 2^{-N}<t<(j+1)2^{-N}=b$. 则当 $n>N$ 时, 可证

$$s_N(t)=\frac{1}{b-a}\int_a^b s_N(x)\mathrm{d}x=\frac{1}{b-a}\int_a^b s_n(x)\mathrm{d}x.$$

从而证明当 t 为 f 的 Lebesgue 点时, 有 $s_N(t)\to f(t)(N\to\infty)$.)

41. 设 f 在 $[-\pi,\pi]$ 上绝对连续, $f(-\pi)=f(\pi)$ 且 $\int_{-\pi}^{\pi}f(x)\mathrm{d}x=0$. 若 $f'\in L^2([-\pi,\pi])$, 求证: $\|f\|_2\leqslant\|f'\|_2$, 此外当且仅当 $f(x)=a\cos x+b\sin x$ 时等式成立. (提示: 利用 6.3 节中由三角函数系构成的完备正交组.)

42. 设 $\{f_n\}_{n\geqslant 1}$ 是 $L^2(E)$ 中的正交组, $|f_n(x)|\leqslant M, m(E)<\infty$, 求证: $\sum\dfrac{1}{n}f_n(x)$ 在 E 上几乎处处收敛.

43. 设 $1 < p < \infty$, 求证: 为使 $[a,b]$ 上的函数 F 是某个 $L^p([a,b])$ 中函数的不定积分, 充要条件是有 $M > 0$, 使对 $[a,b]$ 上的任何网 $\{x_k\}_{0 \leqslant k \leqslant n}$ 有

$$\sum_{k=1}^{n} \left| \frac{F(x_k) - F(x_{k-1})}{x_k - x_{k-1}} \right|^p (x_k - x_{k-1}) \leqslant M.$$

44. 设 $\{f_k\}_{1 \leqslant k \leqslant n}$ 是 $L^2(E)$ 中的线性无关组, 求证: 有 $f_{n+1} \in L^2(E)$, 使 $\{f_k\}_{1 \leqslant k \leqslant n+1}$ 也是线性无关组.

45. 若 $\{f_n\}_{n \geqslant 1}$ 是 $L^2(E)$ 中的稠子集, 求证有无穷子列 $\{f_{n_k}\}_{k \geqslant 1}$, 使其为线性无关组.

部分习题参考答案与提示

第 1 章

3. 若 $\lim\limits_{n\to\infty} f_n(x_0)=f(x_0)$, 则对任何 $r\geqslant 1$, 存在正整数 $n\geqslant 1$, 使得当 $k\geqslant n$ 时, $|f_k(x_0)-f(x_0)|<\dfrac{1}{r}$. 所以,

$$x_0\in\bigcap_{r=1}^{\infty}\bigcup_{n=1}^{\infty}\bigcap_{k=n}^{\infty}\left\{x:|f_k(x)-f(x)|<\frac{1}{r}\right\}.$$

另一方面, 若上式成立, 对任何 $\varepsilon>0$ 及正整数 $r_0>1/\varepsilon$, 存在 $n\geqslant 1$, 使得当 $k\geqslant n$ 时, $|f_k(x_0)-f(x_0)|<\dfrac{1}{r_0}<\varepsilon$. 所以, $\lim\limits_{n\to\infty} f_n(x_0)=f(x_0)$.

4. (i) $C=A\triangle B$. (iii) 用归纳法.

8. 证明 $\left\{x:|f(x)|>\dfrac{1}{n}\right\}$ 是有限集, $n\geqslant 1$.

11. 若 A_2 是有限集, 则结论成立. 若 A_2 无限, 则结论不一定. 例如, 当 $A_2=A_1=B_2=\mathbf{Z}$, $B_1=\mathbf{Q}$ 时, 结论不成立.

12. 只需证明两个可数集的直积是可数集. 无限个可数集的直积不可数. 例如, 二元数列全体不可数.

15. 令 $f_n(x)=\dfrac{1}{2^n}\chi_{(x_n,+\infty)}(x)$, $f(x)=\sum\limits_{n=1}^{\infty}f_n(x)$. 则 $f(x)=\sum\limits_{n:\,x_n<x}2^{-n}$.

16. 令 $E=\{x: f(x+0)和f(x-0)都存在\}$, $E_+=\{x\in E:|f(x+0)-f(x)|>0\}$, $E_-=\{x\in E:|f(x-0)-f(x)|>0\}$. 只需证明 E_+ 和 E_- 都是至多可数集.

令 $E_n=\{x\in E:|f(x+0)-f(x)|>1/n\}$, 则 $E_+=\bigcup\limits_{n\geqslant 1}E_n$. 下证 E_n 至多可数. 对任何 $x\in E_n$, 存在 $\delta_x>0$, 当 $x<y<x+\delta_x$ 时,

$$|f(y)-f(x+0)|<\frac{1}{4n}.$$

因此, 对任何 $x_1,x_2\in(x,x+\delta_x)$, 有

$$|f(x_1)-f(x_2)|<\frac{1}{2n}. \tag{1}$$

下证 $(x,x+\delta_x)\bigcap E_n=\varnothing$. 若存在 $x_0\in(x,x+\delta_x)\bigcap E_n$, 则存在 $\delta_0>0$, 使得对任何 $y\in(x_0,x_0+\delta_0)$,

$$|f(y)-f(x_0+0)|<\frac{1}{2n}.$$

不妨设 $x_0+\delta_0<x+\delta_x$. 再从 $|f(x_0)-f(x_0+0)|>1/n$ 可知

$$|f(x_0)-f(y)|>\frac{1}{2n}, \qquad \forall y\in(x_0,x_0+\delta_0).$$

这与 (1) 矛盾. 因此, $(x,x+\delta_x)\bigcap E_n=\varnothing$. 所以, $\{(x,x+\delta_x): x\in E_n\}$ 是一族两两不相交的开区间, 从而 E_n 是至多可数集.

17. 分两种情况.

(i) E 中的点都在同一直线上, 则 E 与有理数集的一个子集等价, 从而至多可数.

(ii) E 中的点不在同一直线上. 取定 E 中不在同一直线上的三点 P_1, P_2, P_3, 令 $X=\{P\in\mathbf{R}^3: d(P,P_i)\text{是有理数}, i=1,2,3\}$. 任意固定 3 个有理数 r_1, r_2, r_3, 则满足 $d(P,P_i)=r_i\ (1\leqslant i\leqslant 3)$ 的点 P 至多有两个 (空间中两个不同的圆至多相交于两点). 因此, X 可数. 又 $E\subset X$, 所以 E 至多可数.

19. 令

$$F_+=\{x\in A: \text{存在}\delta_x>0, (x,x+\delta_x)\bigcap A=\varnothing\},$$
$$F_-=\{x\in A: \text{存在}\delta_x>0, (x-\delta_x,x)\bigcap A=\varnothing\}.$$

任取 $x_1,x_2\in F_+$, 则 $(x_1,x_1+\delta_{x_1})\bigcap A=\varnothing$, $(x_2,x_2+\delta_{x_2})\bigcap A=\varnothing$. 因此, $x_1\notin(x_2,x_2+\delta_{x_2})$ 并且 $x_2\notin(x_1,x_1+\delta_{x_1})$. 所以, $(x_2,x_2+\delta_{x_2})\bigcap(x_1,x_1+\delta_{x_1})=\varnothing$. 因为两两不相交的开区间所组成的集合是至多可数集, 所以 F_+ 至多可数. 类似可证 F_- 至多可数. 因此, $A-(F_+\bigcup F_-)$ 是不可数集.

24. 因为 $A\bigcap B=\varnothing$, 所以 $B\subset A^c$, 从而 $B^\circ\subset A^c$, $A\subset(B^\circ)^c$. 于是 $\overline{A}\subset(B^\circ)^c$. 故 $\overline{A}\bigcap B^\circ=\varnothing$.

33. 设 E 为 A 的孤立点全体, 则 E 为可数集, 于是 $A-E$ 不可数. 又 $A-E\subset A'$, 所以 A' 不可数.

37. (i) 必要性. 设 F 是有界闭集, 则 F 的任一无限子集 E 必有聚点, 并且聚点属于 F, 于是 $E'\bigcap F\neq\varnothing$.

(ii) 充分性. 若 F 无界, 则存在 $E:=\{x_k: k\geqslant 1\}\subset F$, 使得 $d(x_k,0)>k$ 并且 $d(x_k,x_n)>1$, $n\neq k$. 此时, $E'\bigcap F=\varnothing$. 这说明 F 有界.

另一方面, 设 $E:=\{x_k: k\geqslant 1\}\subset F$ 是一个收敛点列, $x_k\to x$. 则 $E'=\{x\}$. 由 $E'\bigcap F\neq\varnothing$ 可知 $x\in F$. 所以 F 是闭集.

38. 令 a_λ 和 b_λ 分别是 I_λ 的左、右端点,

$$A=\{a_\lambda\}_{\lambda\in\Lambda},$$
$$B=\{b_\lambda\}_{\lambda\in\Lambda},$$
$$C=\bigcup_{\lambda\in\Lambda}(a_\lambda,b_\lambda).$$

则存在 $\Lambda_1 \subset \Lambda$, 使得

$$A - C = \{a_\lambda : \lambda \in \Lambda_1\}.$$

若 λ_1 和 λ_1' 是 Λ_1 中两个不同的元素, 则 $(a_{\lambda_1}, b_{\lambda_1}) \bigcap (a_{\lambda_1'}, b_{\lambda_1'}) = \varnothing$. 于是 Λ_1 中元素所对应的开区间两两不相交, 从而至多可数. 类似可证存在至多可数集 $\Lambda_2 \subset \Lambda$, 使得

$$B - C = \{b_\lambda : \lambda \in \Lambda_2\}.$$

任取 $x \in E \bigcap C$, 存在 λ_x, 使得 $x \in (a_{\lambda_x}, b_{\lambda_x})$. 于是存在有理数 r_x, R_x, 使得 $a_{\lambda_x} < r_x < x < R_x < b_{\lambda_x}$. 从而

$$E \bigcap C \subset \bigcup \{(r_x, R_x) : x \in E \bigcap C\}.$$

因为所有形如 (r_x, R_x) 的开区间可数, 于是存在 $x_n \in E \bigcap C$, 使得

$$\bigcup \{(r_x, R_x) : x \in E \bigcap C\} = \bigcup \{(r_{x_n}, R_{x_n}) : n \in \Gamma\},$$

其中 Γ 是 $\mathbf{Z}$ 的子集. 记 $\Lambda_3 = \{\lambda_{x_n} : n \in \Gamma\}$. 则

$$E \bigcap C \subset \bigcup_{\lambda \in \Lambda_3} I_\lambda.$$

合并以上结果, 有 $E \subset \bigcup \{I_\lambda : \lambda \in \Lambda_1 \bigcup \Lambda_2 \bigcup \Lambda_3\}$.

45. 设 E 是 $\mathbf{R}$ 上实函数 f 的连续点全体, 对任意 $x \in E$ 以及 $n \geqslant 1$, 存在 $\delta_x^{(n)} > 0$ 使得

$$|f(x) - f(y)| < \frac{1}{n}, \qquad y \in G_x^{(n)} := (x - \delta_x^{(n)}, x + \delta_x^{(n)}).$$

令 $F = \bigcap\limits_{n=1}^{\infty} \bigcup\limits_{x \in E} G_x^{(n)}$. 则 $E \subset F$.

另一方面, 任取 $y_0 \in F$ 以及 $\varepsilon > 0$, 存在 n_0 使得 $2/n_0 < \varepsilon$. 于是存在 $x_0 \in E$ 使得 $y_0 \in G_{x_0}^{(n_0)}$, 从而 $|f(y_0) - f(x_0)| < 1/n_0$. 取 $\delta > 0$ 使得 $(y_0 - \delta, y_0 + \delta) \subset G_{x_0}^{(n_0)}$. 则对任何 $y \in (y_0 - \delta, y_0 + \delta)$, 有

$$|f(y) - f(y_0)| \leqslant |f(y) - f(x_0)| + |f(x_0) - f(y_0)| < \frac{1}{n_0} + \frac{1}{n_0} < \varepsilon.$$

即 f 在 y_0 点连续. 所以, $F \subset E$. 因此, $E = F$ 为可数个开集的交.

49. 由已知, $G^c \subset \bigcup\limits_{\lambda \in \Lambda} F_\lambda^c$. 任取 $\lambda_0 \in \Lambda$, 则 $F_{\lambda_0} \bigcap G^c \subset \bigcup\limits_{\lambda \in \Lambda} F_\lambda^c$. 因为 G^c 为闭集, 所以 $F_{\lambda_0} \bigcap G^c$ 是紧集. 从而存在 Λ 中有限个元素 $\lambda_1, \cdots, \lambda_k$, 使得 $F_{\lambda_0} \bigcap G^c \subset \bigcup\limits_{s=1}^{k} F_{\lambda_s}^c$. 因此, $\bigcap\limits_{s=1}^{k} F_{\lambda_s} \subset F_{\lambda_0}^c \bigcup G$. 于是 $\bigcap\limits_{s=0}^{k} F_{\lambda_s} \subset F_{\lambda_0} \bigcap \left(F_{\lambda_0}^c \bigcup G\right) = F_{\lambda_0} \bigcap G \subset G$.

50. 只需证明对任何 $\alpha \in \mathbf{R}$, $E := \{x : f'(x) > \alpha\}$ 和 $F := \{x : f'(x) < \alpha\}$ 都是开集. 由已知, $E \bigcup F$ 是开集. 从而对任何 $x \in E$, 存在 $\delta > 0$, 使得 $(x-\delta, x+\delta) \subset E \bigcup F$.

若 $(x-\delta, x+\delta) \bigcap F \neq \varnothing$, 则存在 $y \in (x-\delta, x+\delta) \bigcap F$. 此时 $f'(x) > \alpha$, $f'(y) < \alpha$. 不妨设 $x < y$. 若 $\dfrac{f(y)-f(x)}{y-x} \leqslant \alpha$, 则由

$$\lim_{z \to x+0} \frac{f(z)-f(x)}{z-x} = f'(x) > \alpha$$

可知存在 $z \in (x, y]$ 使得 $\dfrac{f(z)-f(x)}{z-x} = \alpha$. 若 $\dfrac{f(y)-f(x)}{y-x} \geqslant \alpha$, 类似可证存在 $z \in [x, y)$ 使得 $\dfrac{f(y)-f(z)}{y-z} = \alpha$. 再从微分中值定理可知存在 $z_0 \in (x, y)$ 使得 $f'(z_0) = \alpha$. 但 $z_0 \in (x-\delta, x+\delta) \subset E \bigcup F$, $f'(z_0) \neq \alpha$. 矛盾. 因此, $(x-\delta, x+\delta) \bigcap F = \varnothing$. 从而 $(x-\delta, x+\delta) \subset E$. 故 E 是开集. 类似可证 F 是开集.

51. 对任何 $x \in [0,1]$, 存在正整数列 $\{x_n : n \geqslant 1\}$ 使得 $x = \sum\limits_{n=1}^{\infty} x_n/10^n$, 其中 $0 \leqslant x_n \leqslant 9$. 令

$$E = \{x \in [0,1] : x_n \neq 7, n \geqslant 1\}.$$

任取 $x \in E$. 对任何 $n \geqslant 1$, 令

$$x^{(n)} = \begin{cases} 10^{-n}, & 0 \leqslant x_n \leqslant 5 \text{ 或 } x_n = 8, \\ -10^{-n}, & x_n = 6 \text{ 或 } x_n = 9. \end{cases}$$

则 $x + x^{(n)} \in E$, $|(x+x^{(n)}) - x| = 10^{-n} \to 0\ (n \to \infty)$. 所以 x 是 E 的聚点. 从而, E 没有孤立点.

为证明 E 是闭集, 只需证明 $G := [0,1] - E$ 是开集. 任取 $x \in G$, 则 $\{x_n : n \geqslant 1\}$ 中至少有一个 7. 令 $n_0 = \min\{n : x_n = 7\}$. 此时, x_{n_0} 之后的项不可能全为 9, 也不可能全为 0. 记 $x' = \sum\limits_{n=1}^{n_0} x_n/10^n$. 则 $0 < x - x' < 10^{-n_0}$. 取 $0 < \delta < \min\{x-x', 10^{-n_0} - x + x'\}$. 则对任何 $y \in (x-\delta, x+\delta)$, $x' < y < x' + 10^{-n_0}$, 从而 $y \in G$. 因此, G 为开集.

53. 设 E 是 $\mathbf{R}$ 中不可数闭集, F 如习题 1.52 中所定义, 则 F 为完备集. 又 E 为闭集, 所以 $F \subset E$. 对任何 $x \in E - F$, 存在 $\delta_x > 0$ 使得 $(x-\delta_x, x+\delta_x) \bigcap E$ 至多可数, 从而存在有理数 r_x 与 R_x, 使得 $x - \delta_x < r_x < x < R_x < x + \delta_x$ 并且 $(r_x, R_x) \bigcap E$ 至多可数. 于是 $E - F \subset \bigcup\limits_{x \in E-F} \Big((r_x, R_x) \bigcap E \Big)$ 是至多可数集.

54. 任取一个闭区间 I, 使得 $I \bigcap E$ 是无限集.

(i) 在 I 中取两个不相交并且长度小于 $1/2$ 的闭区间 I_1 和 I_2, 使得 $I_1 \bigcap E$ 和 $I_2 \bigcap E$ 都是无限集. 因为 E 没有孤立点, 所以这样的闭区间是存在的.

(ii) 在每个 I_{i_1} 中取两个不相交并且长度小于 $1/2^2$ 的闭区间 $I_{i_1,1}$ 和 $I_{i_1,2}$, 使得 $I_{i_1,i_2} \bigcap E$ 为无限集, $i_1, i_2 \in \{1, 2\}$.

(iii) 在每个 I_{i_1,i_2} 中取两个不相交并且长度小于 $1/2^3$ 的闭区间 $I_{i_1,i_2,1}$ 和 $I_{i_1,i_2,2}$, 使得 $I_{i_1,i_2,i_3}\bigcap E$ 为无限集, $i_1,i_2,i_3\in\{1,2\}$.

一直这样下去, 第 n 步之后得到 2^n 个长度小于 $1/2^n$ 的两两不相交的闭区间 $\{I_{i_1,i_2,\cdots,i_n}: i_k=1,2,1\leqslant k\leqslant n\}$, 其中每一个闭区间与 E 的交集为无限集, 并且 $I_{i_1,i_2,\cdots,i_n}$ 是 $I_{i_1,i_2,\cdots,i_{n-1}}$ 的子区间.

对任何只取 1, 2 的正整数列 $\{i_k: k\geqslant 1\}$, 由上述过程可以得到一列闭区间:

$$I_{i_1}, I_{i_1,i_2},\cdots, I_{i_1,i_2,\cdots,i_n},\cdots$$

由闭区间套定理, 存在唯一的 x 属于这列闭区间的交. 因为 E 为完备集, 所以 $x\in E$. 很明显, 不同的正整数列 $\{i_k: k\geqslant 1\}$ 对应于不同的 x. 因为这样的数列全体具有连续统势, 所以 $\overline{\overline{E}}\geqslant c$. 又 $\overline{\overline{E}}\leqslant c$, 所以, $\overline{\overline{E}}=c$.

56. (ii) 反证. 设 I 为一区间, $I=\bigcup\limits_{n=1}^{\infty}E_n$, 每一 E_n 为疏集. 因为 E_1 为疏集, 所以存在 $a_1<b_1$, 使得 $(a_1,b_1)\subset I$ 并且 $(a_1,b_1)\bigcap E_1=\varnothing$. 因为 E_2 为疏集, 所以存在 a_2,b_2, 使得 $a_1<a_2<b_2<b_1$ 并且 $(a_2,b_2)\bigcap E_2=\varnothing$. 一直这样下去, 得到 $a_1<a_2<\cdots<a_n<\cdots<b_n<\cdots<b_2<b_1$, 使得 $(a_n,b_n)\bigcap E_n=\varnothing$. 由闭区间套定理, $\bigcap\limits_{n\geqslant 1}(a_n,b_n)\supset\bigcap\limits_{n\geqslant 1}[a_{n+1},b_{n+1}]\neq\varnothing$. 但 $(\bigcup\limits_{k\geqslant 1}E_k)\bigcap(\bigcap\limits_{n\geqslant 1}(a_n,b_n))=\varnothing$. 矛盾.

(iii) 设 $E=\bigcap\limits_{n\geqslant 1}G_n$ 在 $[a,b]$ 中稠密并且 G_n 是开集, 则 G_n^c 是疏集, 从而 $E^c=\bigcup\limits_{n\geqslant 1}G_n^c$ 是第一纲集, 但 $[a,b]=E\bigcup E^c$ 是第二纲集, 所以 E 是第二纲集.

57. 由已知, $\mathbf{R}=\bigcup\limits_{n=1}^{\infty}\bigcap\limits_{k=1}^{\infty}\{x: |f_k(x)|<n\}$. 因为 $\mathbf{R}$ 是第二纲集, 所以存在某个 n_0, 使得 $A:=\bigcap\limits_{k=1}^{\infty}\{x: |f_k(x)|<n_0\}$ 不是疏集. 从而存在某个区间 I, 使得 $I\bigcap A$ 在 I 中稠密. 于是,

$$|f_k(x)|<n_0,\qquad \forall k\geqslant 1,\forall x\in I\bigcap A.$$

由 f_k 的连续性以及 $I\bigcap A$ 在 I 中稠密得, 对任何 $k\geqslant 1$ 以及 $x\in I$, $|f_k(x)|\leqslant n_0$.

60. 设 Ω 是正整数集的所有无限子集组成的集合. 对任何 $x\in[0,1)$, 存在正整数列 $\{x_n: n\geqslant 1\}$ 使得 $x=\sum\limits_{n=1}^{\infty}x_n/10^n$, 其中 $0\leqslant x_n\leqslant 9$. 约定: 不允许 x_n 从某项之后全为 9 (这样的数可以表示为有限小数). 对任何 $E\in\Omega$, 令

$$\lambda(E)=\left\{x=\sum_{n=1}^{\infty}\frac{x_n}{10^n}: x_n\neq 9, n\in E \text{ 且 } x_n=9, n\notin E\right\}.$$

容易验证, 当 $E\neq F$ 时, $\lambda(E)\neq\lambda(F)$. 另一方面, 对任何 $x\in[0,1)$, 因为 $E:=\{n\geqslant 1: x_n\neq 9\}$ 是无限集, 所以 $x\in\lambda(E)$. 因此, $[0,1)=\bigcup\{\lambda(E): E\in\Omega\}$. 下证 $\{\lambda(E): E\in\Omega\}$ 即为所求的分解. 只需证明 $\lambda(E)$ 为完备集.

首先, $\lambda(E)$ 没有孤立点. 事实上, 设 E 为无限集, $x \in \lambda(E)$. 对任何 $k \in E$, 令

$$x^{(k)} = \begin{cases} 10^{-k}, & 0 \leqslant x_k \leqslant 7, \\ -10^{-k}, & x_k = 8, \end{cases}$$

则 $x + x^{(k)} \in \lambda(E)$ 并且 $|(x + x^{(k)}) - x| = 10^{-k} \to 0$.

其次证明 $\lambda(E)$ 是闭集. 只需证明对任何 $y \notin \lambda(E)$, $d(y, \lambda(E)) > 0$.

当 $y < 0$ 时, $d(y, \lambda(E)) \geqslant |y| > 0$. 而当 $y \geqslant 1$ 时, 任取 $n_0 \in E$, 对任何 $x \in \lambda(E)$, 有 $0 \leqslant x_{n_0} \leqslant 8$, 从而 $d(y, \lambda(E)) \geqslant 1 - x \geqslant 10^{-n_0}$.

当 $y \in [0,1) - \lambda(E)$ 时, 有两种情形.

(i) 存在 $n_0 \notin E$, 使得 $y_{n_0} \neq 9$, 即 $0 \leqslant y_{n_0} \leqslant 8$.

由于 y 的十进制表示中不可能从某项后全为 9, 因此存在 $k_0 > 0$, 使得 $y_{n_0+k_0} \leqslant 8$. 又因为 E 是无限集, 所以存在 $k_1 > 0$, 使得 $n_0 + k_1 \in E$.

任取 $x \in \lambda(E)$. 若 $x > y$, 则

$$x - y \geqslant \left(\sum_{i=1}^{n_0-1} \frac{y_i}{10^i} + \frac{9}{10^{n_0}} \right) - \left(\sum_{i=1}^{n_0-1} \frac{y_i}{10^i} + \frac{8}{10^{n_0}} + \sum_{i=n_0+1}^{n_0+k_0} \frac{9}{10^i} \right) = \frac{1}{10^{n_0+k_0}}.$$

若 $x < y$, 令 $m_0 = \min\{m : 1 \leqslant m \leqslant n_0 - 1, x_m < y_m\}$. 注意到 $x_{n_0+k_1} \leqslant 8$, 我们有

$$y - x \geqslant \left(\sum_{i=1}^{m_0-1} \frac{x_i}{10^i} + \frac{y_{m_0}}{10^{m_0}} \right) - \left(\sum_{i=1}^{m_0-1} \frac{x_i}{10^i} + \frac{x_{m_0}}{10^{m_0}} + \sum_{i=m_0+1}^{n_0+k_1} \frac{9}{10^i} \right) \geqslant \frac{1}{10^{n_0+k_1}}.$$

因此, $d(y, \lambda(E)) > 0$.

(ii) 存在 $n_0 \in E$ 使得 $y_{n_0} = 9$.

此时存在 $k_0, k_1 > 0$ 使得 $n_0 + k_0 \in E$, $y_{n_0+k_1} \leqslant 8$. 任取 $x \in \lambda(E)$. 若 $x < y$, 则

$$y - x \geqslant \left(\sum_{i=1}^{n_0-1} \frac{x_i}{10^i} + \frac{y_{n_0}}{10^{n_0}} \right) - \left(\sum_{i=1}^{n_0-1} \frac{x_i}{10^i} + \frac{x_{n_0}}{10^{n_0}} + \sum_{i=n_0+1}^{n_0+k_0} \frac{9}{10^i} \right) \geqslant \frac{1}{10^{n_0+k_0}}.$$

若 $x > y$, 令 $m_0 = \min\{m : 1 \leqslant m \leqslant n_0 - 1, x_m > y_m\}$. 则

$$x - y \geqslant \left(\sum_{i=1}^{m_0-1} \frac{y_i}{10^i} + \frac{x_{m_0}}{10^{m_0}} \right) - \left(\sum_{i=1}^{m_0-1} \frac{y_i}{10^i} + \frac{y_{m_0}}{10^{m_0}} + \sum_{i=m_0+1}^{n_0+k_1} \frac{9}{10^i} \right) \geqslant \frac{1}{10^{n_0+k_1}}.$$

此时同样有 $d(y, \lambda(E)) > 0$.

第 2 章

4. 设区间列 $\{I_n : n \geqslant 1\}$ 是 $E_1 \bigcup E_2$ 的一个开覆盖, 证明 $m^*(E_1) + m^*(E_2) \leqslant \sum\limits_{n=1}^{\infty} \ell(I_n)$.

5. 用习题 2.4 结论.

9. 用习题 2.7.

17. 任取一列开区间 $\{I_n : n \geqslant 1\}$, 使得 $E \subset \bigcup_{n=1}^{\infty} I_n$. 则有 $m^*(E) \leqslant \sum_{n=1}^{\infty} m^*(I_n \bigcap E)$.

19. 不妨设 $0 < \varepsilon < b-a$. 由习题 2.17, 存在开区间 I, 使得 $\ell(I) < \varepsilon/2$ 并且 $m(E \bigcap I) > \alpha \cdot \ell(I)$, 其中 $\alpha = \dfrac{b-a-\varepsilon}{b-a-\varepsilon/2} < 1$. 取 $[a,b]$ 的一个分划

$$a = y_0 < y_1 < \cdots < y_n < y_{n+1} = b,$$

其中 $y_k - y_{k-1} = \ell(I)$, $1 \leqslant k \leqslant n$, $y_{n+1} - y_n \leqslant \ell(I) < \varepsilon/2$. 取 x_k 使得 I 关于 x_k 的平移 I_{x_k} 为 (y_{k-1}, y_k). 则

$$\begin{aligned} m\left(\bigcup_{k=1}^{n}(E_{x_k} \bigcap I_{x_k})\right) &= \sum_{k=1}^{n} m(E_{x_k} \bigcap I_{x_k}) = n \cdot m(E \bigcap I) \\ &\geqslant n\alpha \cdot \ell(I) = \alpha(y_n - a) \\ &> \alpha(b-a-\varepsilon/2) = b-a-\varepsilon. \end{aligned}$$

又 $[a,b] - \bigcup_{k=1}^{n} E_{x_k} \subset [a,b] - \bigcup_{k=1}^{n}(E_{x_k} \bigcap I_{x_k})$, 所以其测度小于 ε.

23. 把区间分为四类: 开区间、左开右闭区间、左闭右开区间、闭区间. 分别证明每一类区间的并为可测集. 注意: 此处要求闭区间不能是 (退化的) 一个点.

例如, 设 I_λ 是一族闭区间. 对任何 $x \in E := \bigcup_{\lambda \in \Lambda} I_\lambda$, 令 $a_x = \inf\{a : [a,x] \subset E\}$, $b_x = \sup\{b : [x,b] \subset E\}$, 则 $a_x < b_x$ 并且 $(a_x, b_x) \subset E$. 对于 $x_1 \neq x_2$, (a_{x_1}, b_{x_1}) 与 (a_{x_2}, b_{x_2}) 或者不相交, 或者相同. 因此, 这些开区间的端点集 F 是至多可数集, 从而 $E = \bigcup_{x \in E}(a_x, b_x) \bigcup (E \bigcap F)$ 是可测集.

24. 只证 (iii) $\Rightarrow$ (i). 设 $\{E_n : n \geqslant 1\}$ 为一列可测集, $E_n \subset E$ 并且 $m(E_n) \to m^*(E)$. 因为 E_n 可测, 所以 $m^*(E) = m^*(E \bigcap E_n) + m^*(E \bigcap E_n^c) = m^*(E_n) + m^*(E - E_n)$. 因此, $m^*(E - E_n) \to 0$. 于是 $m^*(E - \bigcup_{n\geqslant 1} E_n) \leqslant m^*(E - E_n) \to 0$. 所以, $E - \bigcup_{n \geqslant 1} E_n$ 是零测集, 从而 E 可测.

26. 取 G_δ 集 H 使 $H \supset B$ 并且 $m(H) = m^*(B)$. 则 $E := (A \bigcup B) \bigcap H^c$ 是 A 的可测子集. 因为

$$m^*(B) \leqslant m((A \bigcup B) \bigcap H) \leqslant m(H) = m^*(B),$$

所以 $m^*(B) = m((A \bigcup B) \bigcap H)$. 再从

$$m^*(A) + m^*(B) = m(A \bigcup B) = m((A \bigcup B) \bigcap H^c) + m((A \bigcup B) \bigcap H)$$

可得 $m^*(A) = m((A \bigcup B) \bigcap H^c)$.

对任何 $\varepsilon>0$, 存在开集 $G\supset A$, 使得 $m(G)<m^*(A)+\varepsilon$; 存在闭集 $F\subset E$, 使得 $m(E-F)<\varepsilon$. 于是, $F\subset E\subset A\subset G$ 并且 $m(G)<m^*(A)+\varepsilon=m(E)+\varepsilon=m(E-F)+m(F)+\varepsilon$. 因此, $m(G-F)=m(G)-m(F)\leqslant m(E-F)+\varepsilon<2\varepsilon$. 所以 A 可测. 类似可证 B 可测.

30. 先考虑 E 为有限开区间的情形.

32. 先证明存在 $x\in\mathbf{R}$, 使得 $A\bigcap B_x$ 是正测集.

由习题 2.17, 存在 $0<\alpha<1$ 以及区间 $I=[a,b]$ 使得 $m(A\bigcap I)>\alpha(b-a)$. 由习题 2.19, 存在有限个实数 $x_1,\cdots,x_n$, 使得 $m\Big(I-\bigcup\limits_{k=1}^{n}B_{x_k}\Big)<\alpha(b-a)$. 因此, $m\Big(\bigcup\limits_{k=1}^{n}B_{x_k}\bigcap I\Big)+m(A\bigcap I)>b-a$. 故 $m\Big(\bigcup\limits_{k=1}^{n}B_{x_k}\bigcap A\Big)>0$. 从而存在某个 k, 使得 $m(B_{x_k}\bigcap A)>0$.

因为 $\{a-b:a\in A,b\in B\}\supset\{a'-b'+x:a',b'\in A\bigcap B_x\}$, 由习题 2.31, x 是 $\{a-b:a\in A,b\in B\}$ 的内点. 类似可证 $\{a+b:a\in A,b\in B\}$ 存在内点.

34. 对 $n\geqslant 1$, 令

$$B_n=\{x\in[0,1]:x_n=9,0\leqslant x_k\leqslant 8,1\leqslant k\leqslant n-1\}.$$

固定 n 以及 $n-1$ 个小于 9 的非负整数 $x_1,\cdots,x_{n-1}$, 则前 n 位小数分别是 $x_1,\cdots,x_{n-1},9$ 的数 x 构成一个区间 $\left[\sum\limits_{k=1}^{n-1}\dfrac{x_k}{10^k}+\dfrac{9}{10^n},\sum\limits_{k=1}^{n-1}\dfrac{x_k}{10^k}+\dfrac{10}{10^n}\right]$, 它的长度为 $\dfrac{1}{10^n}$. 从而 $m(B_n)=9^{n-1}/10^n$. 因为 $B_n\bigcap B_{n+1}$ 为有限集并且当 $k\geqslant 2$ 时 $B_n\bigcap B_{n+k}=\varnothing$, 由 $A_9=\bigcup\limits_{n\geqslant 1}B_n$ 可得

$$m(A_9)=\sum_{n=1}^{\infty}m(B_n)=\sum_{n=1}^{\infty}\frac{9^{n-1}}{10^n}=1.$$

35. 由习题 2.34, $\{x\in(0,1):\max\{x_n\}<9\}$ 是零测集.

任意固定 n 个不超过 9 的非负整数 $y_1,\cdots,y_n$. 令 $B_n=\{x\in[0,1]:x_k=y_k,1\leqslant k\leqslant n,x_k<9,k\geqslant n+1\}$. 则 $10^nB_n-\sum\limits_{k=1}^{n}10^{n-k}x_k=\{x\in(0,1):\max\{x_k\}<9\}$ 是零测集, 从而 B_n 是零测集, 所以 $\{x\in[0,1]:x_k<9,k\geqslant n+1\}$ 是零测集. 故 A 是零测集.

37. 反证. 设对任何 $n\geqslant 1$, 存在可测集 $E_n\subset[0,1]$ 使得 $m(E_n)>1-1/n$ 并且 $F\bigcap E_n$ 可测. 则 $E=\bigcup\limits_{n\geqslant 1}E_n$ 可测并且 $m(E)=1$. 此时 $\bigcup\limits_{n\geqslant 1}(F\bigcap E_n)=F\bigcap E$ 可测. 由于 $F\bigcap E^c=F\bigcap([0,1]-E)$ 是零测集, 所以 $F=(F\bigcap E)\bigcup(F\bigcap E^c)$ 可测, 矛盾.

38. 设 E 是零测集并且 $m(f(E))>0$, 则 $f(E)$ 有不可测子集 F. 从而有 E 的子集 E^* 使得 $F=f(E^*)$. 但 E^* 为零测集, 可测, 而 $f(E^*)=F$ 不可测, 矛盾.

39. 必要性由习题 2.38 可得.

下证充分性. 若 F 是有界闭集, 则 $f(F)$ 是闭集, 可测. 若 F 是无界闭集, 则 $f(F) = \bigcup\limits_{n\geqslant 1} f(F\bigcap[-n,n])$ 可测. 因此对任何闭集 F, $f(F)$ 可测. 从而, 对任何 F_σ 集 F, $f(F)$ 可测.

因为 E 可测, 所以存在 F_σ 集 F, 使得 $F\subset E$ 并且 $m(E-F)=0$. 此时 $f(E-F)$ 是零测集, 从而 $f(E)=f(E-F)\bigcup f(F)$ 可测.

40. 此时 f 严格单增, 故 $g(y)=f^{-1}(y)$ 在 $I:=(f(-\infty),f(+\infty))$ 上有定义, 并且是严格单增可微函数. 此外, 对任何 $y\in I$,

$$g'(y)=\frac{1}{f'(x)},\quad y=f(x).$$

因为 f' 连续且大于 0, 所以 $g(y)$ 在任何有界区间上的导函数有界. 由习题 2.39, 为证结论成立, 只需证明 g 把零测集映射到零测集, 而这又只需证明 g 把有界零测集映射到零测集.

设 E 是有界区间 (a,b) 中的零测集, 令 $M=\max\limits_{x\in[a,b]}|g'(x)|$. 对任何 $\varepsilon>0$, 存在开集 $G=\bigcup\limits_{n\geqslant 1}(a_n,b_n)\subset(a,b)$ 使得 $E\subset G$, $m(G)=\sum\limits_{n\geqslant 1}(b_n-a_n)<\varepsilon/M$. 注意到 $g((a_n,b_n))$ 是一个区间, 记为 I_n. 对 (a_n,b_n) 中任何两点 x,y, $|g(x)-g(y)|\leqslant M|x-y|$. 因此, $m(I_n)\leqslant M(b_n-a_n)$. 于是

$$m(g(E))\leqslant m(g(G))=m\Bigg(\bigcup_{n\geqslant 1}g((a_n,b_n))\Bigg)\leqslant\sum_{n\geqslant 1}m(I_n)\leqslant M\cdot m(G)<\varepsilon.$$

令 $\varepsilon\to 0$, 得到 $m(g(E))=0$.

42. 第一步, 在 $[0,1]$ 中间取走长度为 $(1-\varepsilon)/3$ 的开区间.

第二步, 在剩下的两个闭区间的中间分别取走长度为 $(1-\varepsilon)/3^2$ 的开区间.

第三步, 在剩下的 4 个闭区间的中间分别取走长度为 $(1-\varepsilon)/3^3$ 的开区间.

$\cdots$

43. 设 $G=\bigcup\limits_{n\geqslant 1}(a_n,b_n)$ 是一个开集, 其中 $\{(a_n,b_n): n\geqslant 1\}$ 两两不相交. 对任何 $n\geqslant 1$, 由习题 2.42, 存在 (a_n,b_n) 的稠开子集 B_n, 使得 $m(B_n)<\dfrac{1}{2}(b_n-a_n)$. 令 $B=\bigcup\limits_{n=1}^{\infty}B_n$, 则 B 是 G 中稠开子集, 并且对 G 的每个构成区间 (a_n,b_n), $m((a_n,b_n)-B)=m((a_n,b_n)-B_n)>\dfrac{1}{2}(b_n-a_n)$.

设 $A_0=(0,1)$. 归纳地定义 A_n, 使得 A_{n+1} 是 A_n 的稠开子集, $m(A_{n+1})<\dfrac{1}{2}m(A_n)$, 并且对 A_n 的任一构成区间 I, $m(I-A_{n+1})>\dfrac{1}{2}m(I)$. 令

$$\tilde{A}=\bigcup_{n=0}^{\infty}(A_{2n}-A_{2n+1}),\quad \tilde{B}=\bigcup_{n=0}^{\infty}(A_{2n+1}-A_{2n+2}),\quad \tilde{C}=\bigcap_{n=0}^{\infty}A_n.$$

则 $\tilde{A},\tilde{B},\tilde{C}$ 这三个集合两两不相交. 若 $x\in(0,1)-\tilde{C}$, 则存在 n 使得 $x\notin A_n$. 设 n_0 是使得 $x\notin A_n$ 的最小的 n, 则 $n_0\geqslant 1$, $x\in A_{n_0-1}-A_{n_0}$. 因此, $x\in\tilde{A}\bigcup\tilde{B}$. 于是, $\tilde{A}\bigcup\tilde{B}\bigcup\tilde{C}=(0,1)$. 再从 $m(A_n)\to 0$ 知 $m(\tilde{C})=0$. 所以 $m(\tilde{A}\bigcup\tilde{B})=1$.

设 I 是 $[0,1]$ 中任一区间. 由于 A_{2n} 是 $(0,1)$ 的稠开子集且 $m(A_{2n})\to 0$, 所以存在 N, 使得 A_{2N} 的某个构成区间 $(a_{2N},b_{2N})\subset I$. 于是

$$m(I\bigcap(A_{2N}-A_{2N+1}))\geqslant m((a_{2N},b_{2N})-A_{2N+1})\geqslant\frac{1}{2}(b_{2N}-a_{2N})>0.$$

从而 $m(I\bigcap\tilde{A})>0$. 类似可证 $m(I\bigcap\tilde{B})>0$.

令 $A=\tilde{A}$, $B=\tilde{B}\bigcup\tilde{C}\bigcup\{0,1\}$, 则 A,B 即为所求.

第 3 章

7. 一般来说, f 不一定可测. 例如, 取 E 为 $[0,1]$ 中的不可测集,

$$f_\lambda(x)=\begin{cases}1, & x=\lambda,\\ 0, & x\neq\lambda,\end{cases}\qquad \lambda\in E.$$

则 $\{f_\lambda(x)\}_{\lambda\in E}$ 是 $[0,1]$ 上的一族可测函数, 而 $f(x)=\chi_E$ 是一个不可测函数.

若所有 $f_\lambda(x)$ 都连续, 则对任何 $\alpha\in\mathbf{R}$, $\{f_\lambda\leqslant\alpha\}$ 是闭集, 从而 $\{f\leqslant\alpha\}=\bigcap\limits_{\lambda\in\Lambda}\{f_\lambda\leqslant\alpha\}$ 是闭集, 可测. 故 f 可测.

13. **定理**: 设 $\{f_n:n\geqslant 1\}$ 是测度有限的可测集 D 上的可测函数列. 若 $\lim\limits_{n\to+\infty}f_n(x)=+\infty$, a.e., 则对任何 $M,\varepsilon>0$, 存在 D 的闭子集 F, 使 $m(D-F)<\varepsilon$, 并且 $f_n(x)>M$, $\forall x\in F$.

证明 令

$$D_1=\{x\in D:\lim_{n\to\infty}f_n(x)=+\infty\},$$

则 $m(D_1)=m(D)$. 对每个 $n,r\geqslant 1$, 令

$$A_n^{(r)}=\bigcap_{k=n}^{\infty}\{x\in D_1:f_k(x)>r\}.$$

当 r 固定时, $\{A_n^{(r)}\}_{n\geqslant 1}$ 单增并且 $D_1\subset\bigcup\limits_{n=1}^{\infty}A_n^{(r)}=\lim\limits_{n\to\infty}A_n^{(r)}$. 由测度的性质, 存在 n_r, 使

$$m(D_1-A_{n_r}^{(r)})<\frac{\varepsilon}{2^{r+1}}.$$

令 $E=\bigcap\limits_{r=1}^{\infty}A_{n_r}^{(r)}$, 则 f_n 在 E 上一致发散于 $+\infty$. 此外,

$$\begin{aligned}m(D-E)&=m(D_1-E)=m\left(\bigcup_{r=1}^{\infty}(D_1-A_{n_r}^{(r)})\right)\\&\leqslant\sum_{r=1}^{\infty}m(D_1-A_{n_r}^{(r)})<\sum_{r=1}^{\infty}\frac{\varepsilon}{2^{r+1}}=\frac{\varepsilon}{2}.\end{aligned}$$

再取 E 的闭子集 F 使 $m(E-F)<\dfrac{\varepsilon}{2}$. 则 f_n 在 F 上一致发散于 $+\infty$ 并且 $m(D-F)\leqslant m(D-E)+m(E-F)<\varepsilon$.

16. 由 Lusin 定理, 对每个 $k\geqslant 1$, 存在连续函数 $h_k(x)$ 使 $\max\limits_{a\leqslant x\leqslant b}|h_k(x)|\leqslant\sup\limits_{a\leqslant x\leqslant b}|f(x)|$ 并且 $m(\{h_k\neq f\})<1/k$. 从而对任何 $\delta>0$, $m(\{|h_k-f|\geqslant\delta\})\leqslant m(\{h_k\neq f\})<1/k\to 0$, 即 $h_k\Rightarrow f$. 由 Riesz 定理, 有子列 $h_{k_n}\to f(x)$, a.e. 取 $g_n(x)=h_{k_n}(x)$ 即可.

18. 不一定. 取 $f=\chi_{[0,1/2]}$ 即可.

20. 由习题 2.34, $\{f=9\}$ 是可测集, 测度为 1. 故 $f(x)=9$, a.e.

22. 设存在 $x_0\in(0,1)$ 使 $f(x_0)>g(x_0)$. 由于 g 左连续, 故有 $\varepsilon>0$, 使对任何 $x\in(x_0-\varepsilon,x_0)$ 皆有 $f(x_0)>g(x)$, 即 $(x_0-\varepsilon,x_0)\bigcap\{g\geqslant f(x_0)\}=\varnothing$. 再由 g 单减知 $m(\{g\geqslant f(x_0)\})\leqslant x_0-\varepsilon$. 但 $m(\{f\geqslant f(x_0)\})\geqslant x_0$, 与题设矛盾. 从而 $f(x)\leqslant g(x)$. 同理 $g(x)\leqslant f(x)$. 因此, 结论成立.

24. 若 $g\circ f_k\not\Rightarrow g\circ f$, 则存在 $\delta_0>0$, $\varepsilon_0>0$ 及子列 $\{f_{k_n}: n\geqslant 1\}$, 使得

$$m(\{|g\circ f_{k_n}-g\circ f|\geqslant\delta_0\})\geqslant\varepsilon_0,\quad n\geqslant 1.$$

又 $f_{k_n}\Rightarrow f$, 故存在子列几乎处处收敛, 不妨设 f_{k_n} 几乎处处收敛于 f. 由 g 连续知 $(g\circ f_{k_n})\to g\circ f$, a.e. 又 $[a,b]$ 是有界区间, 故 $g\circ f_{k_n}\Rightarrow g\circ f$, 与上式矛盾.

29. 令 $h_1(x,y)=f(x)$, $h_2(x,y)=g(y)$. 易知 h_1 和 h_2 都是 $\mathbf{R}^2$ 上的可测函数, 从而它们的乘积也是可测函数.

32. 令 $g(x)=\inf\{\lambda: m(\{f>\lambda\})\leqslant x\}$, $x\in(0,1)$. 若 $0<x_1<x_2<1$, 则 $\{\lambda: m(\{f>\lambda\})\leqslant x_1\}\subset\{\lambda: m(\{f>\lambda\})\leqslant x_2\}$, 从而 $g(x_1)\geqslant g(x_2)$, 即 g 单减. 为证结论成立, 只需证明 $\{g>\lambda\}=(0,m(\{f>\lambda\}))$.

事实上, 若 $m(\{f>\lambda\})\leqslant x$, 则 $g(x)\leqslant\lambda$. 从而 $\{g>\lambda\}\subset(0,m(\{f>\lambda\}))$. 反之, 若 $0<x<m(\{f>\lambda\})$, 由于 $m(\{f>\lambda\})$ 关于 λ 右连续, 故存在 $\lambda_0>\lambda$ 使 $0<x<m(\{f>\lambda_0\})$, 从而对一切 $t\leqslant\lambda_0$ 有 $0<x<m(\{f>t\})$. 于是 $g(x)\geqslant\lambda_0>\lambda$. 所以 $(0,m(\{f>\lambda\}))\subset\{g>\lambda\}$. 故结论成立.

34. 由 Lusin 定理, 存在正测集 E 使 f 沿 E 连续. 不妨设 E 是有界闭集, 则 f 在 E 上一致连续. 由习题 2.32, 0 是 $\{x-y: x,y\in E\}$ 的内点. 故对任何 $z_n\to 0$, 当 z_n 充分小时, 存在 $x_n, y_n\in E$ 使 $z_n=x_n-y_n$. 于是 $f(z_n)=f(x_n)-f(y_n)\to 0$. 所以 f 在点 0 连续, 从而在 $\mathbf{R}$ 上连续.

35. $f_n(x)=x^n$.

36. 先证 $f(x)$ 几乎处处为常数. 由习题 3.12, 只需证明对任何 $\lambda\in\mathbf{R}$, $\{f>\lambda\}$ 和 $\{f<\lambda\}$ 必有一个是零测集.

设 $E_1=\{f>\lambda\}$ 是正测集. 因为 $\{x+y: x,y\in E_1\}\subset E_1$, 所以 E_1 中有内点, 即存在 $a,\varepsilon>0$, 使得 $(a,a+\varepsilon)\subset E_1$. 于是 $(2a,2a+2\varepsilon)\subset E_1$, $\cdots$, $(na,na+n\varepsilon)\subset E_1$, $n\geqslant 1$. 所以, 当 n 充分大时, $(na,na+a]\subset E_1$. 因此, 存在 $x_1>0$, 使得 $(x_1,\infty)\subset E_1$.

若 $E_2 = \{f < \lambda\}$ 也是正测集, 类似可证存在 $x_2 > 0$, 使得 $(x_2, \infty) \subset E_2$, 与 $E_1 \bigcap E_2 = \varnothing$ 矛盾.

所以, 存在常数 c 以及集合 F, 使得 $m((0,\infty) \setminus F) = 0$ 并且

$$f(x) = c, \quad x \in F.$$

对任何 $x > 0$, 令 $F_1 = F \bigcap (0, x)$, $F_2 = \{x - y : y \in F_1\}$, 则 $m(F_1) = m(F_2) = x$. 于是, $m(F_1 \bigcap F_2) = x > 0$. 所以, 存在 $y, z \in F_1$, 使得 $z = x - y$, $x = y + z$. 因为 $f(z) = f(y) = c$, 所以 $f(x) = c$.

第 4 章

4. (i) 令 $f_k = f \cdot \chi_{\{|f| \leqslant k\}}$. 则 $|f_k(x) - f(x)| \leqslant |f(x)|$ 并且 $|f_k(x) - f(x)| \to 0$, a.e. 由控制收敛定理, $\int_a^b |f(x) - f_k(x)| \mathrm{d}x \to 0 (k \to \infty)$. 所以, 当 k_0 充分大时, $\int_a^b |f(x) - f_{k_0}(x)| \mathrm{d}x < \varepsilon$. 取 $g(x) = f_{k_0}(x)$ 即可.

(ii) 由 (i), 存在有界可测函数 g 使 $\int_a^b |f(x) - g(x)| \mathrm{d}x < \varepsilon/2$. 设 $|g(x)| \leqslant M$. 由 Lusin 定理, 存在连续函数 h, 使 $m(\{h \neq g\}) < \dfrac{\varepsilon}{4M}$ 并且 $\max |h(x)| \leqslant M$. 这样

$$\begin{aligned} \int_a^b |f - h| \mathrm{d}x &\leqslant \int_a^b |f - g| \mathrm{d}x + \int_a^b |g - h| \mathrm{d}x \\ &\leqslant \frac{\varepsilon}{2} + 2M \cdot m(\{g \neq h\}) \\ &< \frac{\varepsilon}{2} + 2M \cdot \frac{\varepsilon}{4M} = \varepsilon. \end{aligned}$$

注意到连续函数可由多项式或者阶梯函数一致逼近, (iii) 和 (iv) 类似可证.

9. 注意到 $\int_a^\lambda |f(x)| \mathrm{d}x = \int_a^b |f(x)| \cdot \chi_{(a,\lambda)}(x) \mathrm{d}x$, 由单调收敛定理可知结论成立.

11. (i) 若 $x_1 < x_2$, 则 $F(x_2) - F(x_1) = \int_{[x_1, x_2) \bigcap E} f(t) \mathrm{d}t$. 任给 $\varepsilon > 0$, 由积分绝对连续性, 存在 $\delta > 0$, 只要 $m(e) < \delta$, 就有 $\int_e |f(t)| \mathrm{d}t < \varepsilon$. 因此, 当 $|x_2 - x_1| < \delta$ 时, $|F(x_1) - F(x_2)| < \varepsilon$. 所以 $F(x)$ 一致连续.

(ii) 令 $E_+ = \{f > 0\}$, $E_- = \{f < 0\}$. 由控制收敛定理,

$$F_+(x) := \int_{(-\infty, x) \bigcap E_+} f(t) \mathrm{d}t \to \begin{cases} \displaystyle\int_{E_+} f(t) \mathrm{d}t, & x \to \infty, \\ 0, & x \to -\infty, \end{cases}$$

再由 (i) 知 $F_+(x)$ 连续, 故 $F_+(x)$ 的值域包含 $\left(0, \int_{E_+} f(t) \mathrm{d}t\right)$. 同理, $F_-(x) :=$

$\int_{(-\infty,x)\bigcap E_-} f(t)\mathrm{d}t$ 的值域包含 $\left(\int_{E_-} f(t)\mathrm{d}t, 0\right)$. 但对任何 $e \subset E$, $\int_{E_-} f \leqslant \int_e f \leqslant \int_{E_+} f$, 所以 (ii) 中的区间 $I = \left[\int_{E_-} f(t)\mathrm{d}t, \int_{E_+} f(t)\mathrm{d}t\right]$.

13. 只需证 $E = \{x \in [0, 2\pi] : \sin n_k x$ 收敛$\}$ 是零测集. 令

$$f(x) = \begin{cases} \lim\limits_{k\to\infty} \sin n_k x, & x \in E, \\ 0, & x \notin E, \end{cases}$$

则 $f(x)$ 是有界可测函数. 由习题 4.5, $\int_0^{2\pi} f(x)\sin n_k x\mathrm{d}x \to 0$. 另一方面, 由控制收敛定理, $\int_0^{2\pi} f(x)\sin n_k x\mathrm{d}x \to \int_E f(x)^2\mathrm{d}x$. 这样 $\int_E f(x)^2\mathrm{d}x = 0$. 故有零测集 $E_0 \subset E$, 使在 $F = E - E_0$ 上 $\sin n_k x \to 0$. 从而当 $x \in F$ 时，$\cos 2n_k x = 1 - 2\sin^2 n_k x \to 1$. 令 $g = \chi_F$. 由控制收敛定理, $\int_0^{2\pi} g(x)\cos 2n_k x\mathrm{d}x = \int_F \cos 2n_k x\mathrm{d}x \to \int_F \mathrm{d}x = m(F)$. 而由习题 4.5, $\int_0^{2\pi} g(x)\cos 2n_k x\mathrm{d}x \to 0$. 所以 $m(F) = 0$. 这样 $E = E_0 \bigcup F$ 是零测集.

15. 由已知, 对任何多项式函数 $P(x)$, 有 $\int_a^b f(x)P(x)\mathrm{d}x = 0$.

设 g 为 $[a, b]$ 上的有界可测函数, $|g(x)| \leqslant M$. 由 Lusin 定理, 对任何 $n \geqslant 1$, 存在 $[a, b]$ 上的连续函数 h_n, 使得 $|h_n(x)| \leqslant M$ 并且 $m(\{g \neq h_n\}) < 1/n$. 取多项式 $P_n(x)$, 使得 $|h_n(x) - P_n(x)| \leqslant 1/n$, $\forall x \in [a, b]$. 于是,

$$\begin{aligned} \left|\int_a^b f(x)g(x)\mathrm{d}x\right| &= \left|\int_a^b f(x)(g(x) - P_n(x))\mathrm{d}x\right| \\ &\leqslant \int_a^b |f(x)(g(x) - h_n(x))|\mathrm{d}x + \int_a^b |f(x)(h_n(x) - P_n(x))|\mathrm{d}x \\ &\leqslant 2M \int_{\{g\neq h_n\}} |f(x)|\mathrm{d}x + \frac{1}{n}\int_a^b |f(x)|\mathrm{d}x. \end{aligned}$$

令 $n \to \infty$, 由积分的绝对连续性, 得 $\int_a^b f(x)g(x)\mathrm{d}x = 0$.

令 $f_k = f \cdot \chi_{\{|f|\leqslant k\}}$, $k \geqslant 1$, 则 f_k 是有界可测函数, 故 $\int_a^b f_k(x)f(x)\mathrm{d}x = 0$. 因为 $f_k(x)f(x) \geqslant 0$ 并且 $f_k(x)f(x) \to f(x)^2$, a.e., 由单调收敛定理, $\int_a^b f(x)^2\mathrm{d}x = 0$. 所以, $f(x) = 0$, a.e.

对于第二问, 以 $x^{k_0}f(x)$ 代替 $f(x)$ 即可.

17. 任取 $a<b$, 设 g 为 $[a,b]$ 上的连续函数. 对任何 $\varepsilon>0$, 令

$$h(x)=\begin{cases}0, & x\notin[a-\varepsilon,b+\varepsilon],\\ g(x), & x\in[a,b],\\ \text{线性}, & \text{其他}.\end{cases}$$

则 h 为紧支集连续函数. 于是,

$$\left|\int_a^b f(x)g(x)\mathrm{d}x\right|=\left|\int_a^b f(x)g(x)\mathrm{d}x-\int_{a-\varepsilon}^{b+\varepsilon}f(x)h(x)\mathrm{d}x\right|$$
$$\leqslant \max_{x\in[a,b]}|g(x)|\cdot\int_{[a-\varepsilon,a]\cup[b,b+\varepsilon]}|f(x)|\mathrm{d}x$$

令 $\varepsilon\to 0$, 由积分的绝对连续性, $\int_a^b f(x)g(x)\mathrm{d}x=0$. 由习题 15, $f(x)$ 在 $[a,b]$ 上几乎处处为 0. 因为 a, b 是任意的, 所以结论成立.

另一证明：设 $h(x)$ 是任一有界可积函数, $|h(x)|\leqslant M$. 由定理 4.5.1, 对每一 $k\geqslant 1$, 存在紧支集连续函数 g_k 使 $|g_k(x)|\leqslant M$ 并且 $\int_{\mathbf{R}}|h(x)-g_k(x)|\mathrm{d}x<1/k$, $k\geqslant 1$. 从而 g_k 测度收敛于 h, 于是存在子列几乎处处收敛. 不妨设 $g_k(x)\to h(x)$, a.e. 则 $g_k(x)f(x)\to h(x)f(x)$, a.e. 并且 $|g_k(x)f(x)|\leqslant M|f(x)|$. 由控制收敛定理, $\int_{\mathbf{R}}h(x)f(x)\mathrm{d}x=\lim_{k\to\infty}\int_{\mathbf{R}}g_k(x)f(x)\mathrm{d}x=0$. 以下与习题 15 类似.

21. 对任何有界区间 $[a,b]$, 由控制收敛定理,

$$\lim_{n\to\infty}\int_a^b n\left(f\left(x+\frac{1}{n}\right)-f(x)\right)\mathrm{d}x=0.$$

另一方面,

$$\begin{aligned}\int_a^b n\left(f\left(x+\frac{1}{n}\right)-f(x)\right)\mathrm{d}x&=n\int_a^b f\left(x+\frac{1}{n}\right)\mathrm{d}x-n\int_a^b f(x)\mathrm{d}x\\&=n\int_{a+1/n}^{b+1/n}f(x)\mathrm{d}x-n\int_a^b f(x)\mathrm{d}x\\&=n\left(\int_b^{b+1/n}f(x)\mathrm{d}x-\int_a^{a+1/n}f(x)\mathrm{d}x\right)\to f(b)-f(a).\end{aligned}$$

所以, $f(a)=f(b)$. 既然 a,b 是任意的, 所以 f 是常数.

24. 因为

$$\int_0^1\sum_{n=1}^{\infty}\frac{1}{n^2\sqrt{|x-r_n|}}\mathrm{d}x=\sum_{n=1}^{\infty}\frac{1}{n^2}\int_0^1\frac{\mathrm{d}x}{\sqrt{|x-r_n|}}=\sum_{n=1}^{\infty}\frac{2(\sqrt{r_n}+\sqrt{1-r_n})}{n^2}<\infty,$$

所以 $\sum_{n=1}^{\infty}\frac{1}{n^2\sqrt{|x-r_n|}}<\infty$, a.e.

25. 与 24 题类似.

27. 由已知, $\sum_{k=1}^{n}\chi_{E_k}(x)\geqslant q,\forall x\in[0,1]$. 所以 $\int_0^1\sum_{k=1}^{n}\chi_{E_k}(x)\mathrm{d}x\geqslant\int_0^1 q\mathrm{d}x$. 因此 $\sum_{k=1}^{n}m(E_k)\geqslant q$, 从而至少有一个 k 使 $m(E_k)\geqslant q/n$.

28. 由已知, $\int_0^1 f^k(x)(1-f(x))^2\mathrm{d}x=0$. 因为 f 非负, 所以 $f^k(x)(1-f(x))^2=0$, a.e. 若 $k=0$, 则 $f(x)=1$, a.e. 取 $E=[0,1]$ 即可. 若 $k\geqslant 1$, 令 $E=\{f=1\}$, 则当 $x\notin E$ 时 $f(x)=0$, a.e. 故 $f(x)=\chi_E(x)$, a.e.

29. 因为 $m(\{f<1/n\})\to 0(n\to\infty)$, 所以存在某个 n_0 使 $m(\{f<1/n_0\})<\lambda/2$. 于是对任何 $E\subset[0,1]$, 当 $m(E)\geqslant\lambda$ 时, $E-\{f<1/n_0\}$ 的测度不小于 $\lambda/2$. 所以 $\int_E f\mathrm{d}x\geqslant\int_{E-\{f<1/n_0\}}f\mathrm{d}x\geqslant\frac{1}{n_0}\cdot m\left(E-\{f<1/n_0\}\right)\geqslant\frac{1}{n_0}\cdot\frac{\lambda}{2}$.

30. 假设 $\int_{\bigcap F_\lambda}f(x)\mathrm{d}x<1$. 由积分绝对连续性, 存在开集 $G\supset\bigcap F_\lambda$ 使 $\int_G f(x)\mathrm{d}x<1$. 因为 F_λ 是有界闭集并且 $\bigcap F_\lambda\subset G$, 所以 $\{F_\lambda\}_{\lambda\in\Lambda}$ 中存在有限个元使得它们的交是 G 的子集. 由条件知这有限个元中必有最小的, 即存在 $\lambda_0\in\Lambda$ 使 $F_{\lambda_0}\subset G$. 这样 $\int_{F_{\lambda_0}}f(x)\mathrm{d}x\leqslant\int_G f(x)\mathrm{d}x<1$, 与题设矛盾.

31. 设 $m(\{f>0\})>0$, 则 $m(\{f<0\})>0$. 取 $A_1\subset\{f>0\}$, $A_2\subset\{f<0\}$ 使 $0<m(A_1)=m(A_2)<\min\{\lambda,1-\lambda\}$. 再取 $B\subset[0,1]-(A_1\bigcup A_2)$ 使 $m(B)+m(A_1)=\lambda$. 令 $E_1=B\bigcup A_1$, $E_2=B\bigcup A_2$, 则 $m(E_1)=m(E_2)=\lambda$. 从而 $0=\int_{E_1}f\mathrm{d}x-\int_{E_2}f\mathrm{d}x=\int_{A_1}f\mathrm{d}x-\int_{A_2}f\mathrm{d}x>\int_{A_1}f\mathrm{d}x>0$, 矛盾.

32. 由习题 2.12, 对任何测度为 λ 的集 E, 存在测度皆为 λ 的开集列 $\{G_n\}$ 使 $m(E\triangle G_n)\to 0$. 于是,

$$\begin{aligned}\left|\int_E f\mathrm{d}x\right|&=\left|\int_E f\mathrm{d}x-\int_{G_n}f\mathrm{d}x\right|=\left|\int_{E-G_n}f\mathrm{d}x-\int_{G_n-E}f\mathrm{d}x\right|\\&\leqslant\int_{E\triangle G_n}|f|\mathrm{d}x\to 0.\end{aligned}$$

所以 $\int_E f\mathrm{d}x=0$. 再由习题 4.31 知 $f(x)=0$, a.e.

33. (i)⇒(ii). 设 $f \in L(E)$. 则 $m(\{f=\infty\})=0$. 令 $E_s=\{2^s \leqslant f < 2^{s+1}\}$, 我们有

$$\begin{aligned}\sum_{k=1}^{\infty} 2^k \cdot m(\{f \geqslant 2^k\}) &= \sum_{k=1}^{\infty} 2^k \sum_{s=k}^{\infty} m(E_s) \\ &= \sum_{s=1}^{\infty}\sum_{k=1}^{s} 2^k m(E_s) \leqslant \sum_{s=1}^{\infty} 2^{s+1} m(E_s) \\ &\leqslant \sum_{s=1}^{\infty} 2\int_{E_s} f\mathrm{d}x \leqslant 2\int_E f\mathrm{d}x.\end{aligned}$$

(ii)⇒(iii).

$$\begin{aligned}\sum_{k=2}^{\infty} m(\{f \geqslant k\}) &= \sum_{s=1}^{\infty}\sum_{k=2^s}^{2^{s+1}-1} m(\{f \geqslant k\}) \leqslant \sum_{s=1}^{\infty}\sum_{k=2^s}^{2^{s+1}-1} m(\{f \geqslant 2^s\}) \\ &\leqslant 4\sum_{s=1}^{\infty} 2^s \cdot m(\{f \geqslant 2^s\}) < \infty.\end{aligned}$$

(iii)⇒(i). 由 (iii) 知 $m(\{f=\infty\})=0$. 令 $F_s=\{s \leqslant f < s+1\}$, 则

$$\begin{aligned}\int_{\{f\geqslant 1\}} f\mathrm{d}x &= \sum_{s=1}^{\infty}\int_{F_s} f\mathrm{d}x \leqslant \sum_{s=1}^{\infty}(s+1)\cdot m(F_s) \leqslant m(E) + \sum_{s=1}^{\infty} s\cdot m(F_s) \\ &= m(E) + \sum_{s=1}^{\infty} m(\{f \geqslant s\}) < \infty.\end{aligned}$$

再从 $m(E)<\infty$ 可知 $\displaystyle\int_{\{f<1\}} f\mathrm{d}x < \infty$, 所以 $f \in L(E)$.

35. 用 Fatou 定理.

37. 由积分性质, $\displaystyle\lim_{\lambda\to 0+}\int_0^{\lambda}|f(x)|\mathrm{d}x = 0$. 因此, 存在 $\lambda_n \to 0$, 使 $\displaystyle\int_0^{\lambda_n}|f(x)|\mathrm{d}x < 1/n^2$, $n \geqslant 1$. 令 $\lambda_0=1$, $g(x)=\sqrt{n}$, $\lambda_{n+1}<x\leqslant\lambda_n, n\geqslant 0$. 则 $\displaystyle\lim_{x\to 0+} g(x)=\infty$ 并且

$$\begin{aligned}\int_0^1 |g(x)f(x)|\mathrm{d}x &= \sum_{n=1}^{\infty}\int_{\lambda_{n+1}}^{\lambda_n}|g(x)f(x)|\mathrm{d}x = \sum_{n=1}^{\infty}\sqrt{n}\int_{\lambda_{n+1}}^{\lambda_n}|f(x)|\mathrm{d}x \\ &< \sum_{n=1}^{\infty}\frac{\sqrt{n}}{n^2} < \infty.\end{aligned}$$

38. 把 $\{\alpha_k\}$ 分成两个无穷数列 $\{\alpha_{m_k}\}$ 和 $\{\alpha_{n_k}\}$, 使 $\displaystyle\sum_{k=1}^{\infty} 2k\alpha_{m_k}$ 收敛. 定义 $\mu_{n_k}(x)\equiv 0$, $\mu_{m_k}(x)=\chi_{[-k,k]}$. 则

$$\sum_{k=1}^{\infty}\alpha_k\int_{\mathbf{R}}\mu_k(x)\mathrm{d}x = \sum_{k=1}^{\infty}\alpha_{m_k}\int_{\mathbf{R}}\mu_{m_k}(x)\mathrm{d}x = \sum_{k=1}^{\infty}2k\alpha_{m_k} < \infty,$$

但 $\{\mu_k(x)\}_{k\geqslant 1}$ 在 $\mathbf{R}$ 上任一点不收敛.

39. 由已知, 存在 $E \subset [a,b]$, 使 $0 < m(E) < \delta/2$ 并且 $\sum\limits_{k=1}^{\infty} |\alpha_k| \chi_{E_k}(x)$ 在 E^c 上有界. 因为 $m(E^c) > (b-a) - \delta/2$, 所以 $m(E^c \bigcap E_k) \geqslant \delta/2$. 从而

$$\begin{aligned}\frac{\delta}{2}\sum_{k=1}^{\infty}|\alpha_k| &\leqslant \sum_{k=1}^{\infty}|\alpha_k|\, m\left(E^c \bigcap E_k\right)\\ &= \sum_{k=1}^{\infty}|\alpha_k| \int_{E^c} \chi_{E_k}(x)\mathrm{d}x\\ &= \int_{E^c}\sum_{k=1}^{\infty}|\alpha_k|\chi_{E_k}(x)\mathrm{d}x < \infty.\end{aligned}$$

40. 先设 $[a,b]$ 是有界区间. 此时存在连续函数 g 使 $\int_{a-1}^{b+1} |f-g|\mathrm{d}x < \varepsilon/3$. 因为 g 在 $[a,b]$ 上一致连续, 所以存在 $\delta > 0$ 使 $|g(x+h) - g(x)| < \dfrac{\varepsilon}{3(b-a)}, |h| < \delta, x \in [a,b]$. 于是当 $|h| < \delta$ 时,

$$\begin{aligned}&\int_a^b |f(x+h) - f(x)|\mathrm{d}x\\ \leqslant &\int_a^b \Big(|f(x+h) - g(x+h)| + |g(x+h) - g(x)| + |g(x) - f(x)|\Big)\mathrm{d}x\\ = &\int_{a+h}^{b+h} |f(x) - g(x)|\mathrm{d}x + \int_a^b |g(x+h) - g(x)|\mathrm{d}x + \int_a^b |g(x) - f(x)|\mathrm{d}x\\ < &\,\varepsilon/3 + \varepsilon/3 + \varepsilon/3 = \varepsilon.\end{aligned}$$

当 $a = -\infty, b = \infty$ 时, $f \in L(\mathbf{R})$. 取 n 充分大, 使得 $\int_{|x|>n} |f(x+h) - f(x)|\mathrm{d}x < \varepsilon/2$, $\forall |h| < 1$. 再由 $\lim\limits_{h\to 0}\int_{-n}^{n} |f(x+h) - f(x)|\mathrm{d}x = 0$ 可知当 h 充分小时, $\int_{-n}^{n} |f(x+h) - f(x)|\mathrm{d}x < \varepsilon/2$. 所以结论成立.

42. 易知 $(E^c \bigcap E') \bigcup (E \bigcap (E^c)')$ 是 χ_E 的不连续全体. 因此为使 χ_E 在 $[a,b]$ 上 R 可积, 充要条件是 $E^c \bigcap E'$ 和 $E \bigcap (E^c)'$ 都是零测集.

43. 取 G_δ 集 Z, 使 Z 包含 $[a,b]$ 中所有有理数且 $m(Z) = 0$. 由习题 1.56(iii), Z 是第二纲集. 任取 $[a,b]$ 上 R 可积函数 f, 设其连续点全体为 E, 则 $m(E) = b - a$. 由习题 1.45, $E = \bigcap\limits_{n=1}^{\infty} G_n$ 是一个 G_δ 集, 其中 G_n 为开集. 因为 $m\left(E^c\right) = m\left(\bigcup\limits_{n=1}^{\infty} G_n^c\right) = 0$, 所以每个 $G_n^c = [a,b] - G_n$ 都是闭零测集, 故是疏集, 于是 E^c 是第一纲集. 若 $Z \bigcap E = \varnothing$, 则 $Z \subset E^c, Z$ 是第一纲集, 矛盾. 所以 $Z \bigcap E \neq \varnothing$.

48. 当且仅当 $p > -2$ 时 $(1 - xy)^p \in L([0,1] \times [0,1])$.

50. 由已知, $\int_0^1 |f(x)|\mathrm{d}x > 0$. 取 $E_1 \subset [0,1]$ 使 $0 < \int_{E_1} |f(x)|\mathrm{d}x \leqslant \frac{1}{2}\int_0^1 |f(x)|\mathrm{d}x$, 取 $E_2 \subset [0,1] - E_1$, 使 $0 < \int_{E_2} |f(x)|\mathrm{d}x \leqslant \frac{1}{4}\int_0^1 |f(x)|\mathrm{d}x, \cdots$, 取 $E_n \subset [0,1] - \bigcup\limits_{k=1}^{n-1} E_k$, 使 $0 < \int_{E_n} |f(x)|\mathrm{d}x \leqslant \frac{1}{2^n}\int_0^1 |f(x)|\mathrm{d}x$. 一直这样下去, 得到 $[0,1]$ 中一列两两不交的可测集 $\{E_n\}_{n\geqslant 1}$ 使 $I_n = \int_{E_n} |f(x)|\mathrm{d}x > 0$. 由于 $\sum I_n \leqslant \int_0^1 |f(x)|\mathrm{d}x < \infty$, 所以 $I_n \to 0$. 从而存在子列 $\{I_{n_k}\}_{k\geqslant 1}$ 使 $\sum\limits_{k=1}^{\infty} I_{n_k}^{1/2} < \infty$. 令 $g = \sum\limits_{k=1}^{\infty} I_{n_k}^{-1/2}\chi_{E_{n_k}}$. 则

$$\int_0^1 |f(x)g(x)|\mathrm{d}x = \sum_{k=1}^{\infty}\int_{E_{n_k}} |f(x)g(x)|\mathrm{d}x = \sum_{k=1}^{\infty} I_{n_k}^{1/2} < \infty,$$

$$\int_0^1 |f(x)g(x)^2|\mathrm{d}x = \sum_{k=1}^{\infty}\int_{E_{n_k}} |f(x)g(x)^2|\mathrm{d}x = \sum_{k=1}^{\infty} 1 = \infty.$$

51. 设 (i) 满足, 则对任何 $x \in \mathbf{R}$, $\int_{-\infty}^{x} f(t)\mathrm{d}t = \sum\limits_{k=0}^{\infty}\int_{x-k-1}^{x-k} f(t)\mathrm{d}t = 0$. 于是当 $x < y$ 时, $\int_x^y f(t)\mathrm{d}t = \int_{-\infty}^{y} f(t)\mathrm{d}t - \int_{-\infty}^{x} f(t)\mathrm{d}t = 0$. 从而对任何开集 G 有 $\int_G f = 0$. 再由积分的绝对连续性可得对任何可测集 E, 有 $\int_E f(t)\mathrm{d}t = 0$. 所以 $f(x) = 0$, a.e.

设 (ii) 满足, $I = [a,b]$ 是一个区间, $\{r_n\}_{n\geqslant 1}$ 为 (a,b) 中有理数全体. 对任何 $\varepsilon > 0$, 存在 $\delta > 0$, 使得当 $m(E) < \delta$ 时, $\left|\int_E f\mathrm{d}x\right| < \varepsilon$. 取 (a,b) 中开集 G 使 $\{r_n\}_{n\geqslant 1} \subset G$ 且 $m(G) < \delta$. 则

$$\left|\int_a^b f\mathrm{d}x\right| = \left|\int_{\bar{G}} f\mathrm{d}x\right| = \left|\int_G f\mathrm{d}x\right| < \varepsilon.$$

因此 $\int_a^b f\mathrm{d}x = 0$. 于是对任何开集 G 有 $\int_G f\mathrm{d}x = 0$. 从而对任何可测集 E 有 $\int_E f\mathrm{d}x = 0$. 故 $f(x) = 0$, a.e.

54. 设 I 是一个有界区间 $[a,b]$, 则

$$\left\{x : x - \frac{1}{x} \in [a,b]\right\} = I_1 \bigcup I_2,$$

其中 $I_1 = \left(\frac{a+(a^2+4)^{1/2}}{2}, \frac{b+(b^2+4)^{1/2}}{2}\right)$, $I_2 = \left(\frac{a-(a^2+4)^{1/2}}{2}, \frac{b-(b^2+4)^{1/2}}{2}\right)$, 并且

$\ell(I)=b-a=\ell(I_1)+\ell(I_2)$. 这样若 f 是 I 上的特征函数, 则

$$\begin{aligned}\int_{\mathbf{R}} g(x)\mathrm{d}x &= \int_{\mathbf{R}} f\left(x-\frac{1}{x}\right)\mathrm{d}x = \int_{x-1/x\in I}\mathrm{d}x = \int_{I_1\cup I_2}\mathrm{d}x = \ell(I_1)+\ell(I_2)\\ &= \ell(I) = \int_{\mathbf{R}} f(x)\mathrm{d}x.\end{aligned}$$

因此若 f 是有界区间上的阶梯函数, 结论成立.

若 f 是紧支集连续函数, 则存在阶梯函数列 $f_n(x)$ 使 $|f_n(x)|\leqslant|f(x)|$, $f_n(x)\to f(x)$. 由控制收敛定理,

$$\int_{\mathbf{R}} g(x)\mathrm{d}x = \lim_{n\to\infty}\int_{\mathbf{R}} g_n(x)\mathrm{d}x = \lim_{n\to\infty}\int_{\mathbf{R}} f_n(x)\mathrm{d}x = \int_{\mathbf{R}} f(x)\mathrm{d}x.$$

因为可积函数可以用紧支集连续函数来逼近, 所以结论成立.

55. (i) 当 $\alpha=1$ 时, 因为当 $x\geqslant 0$ 时 $\ln(1+x)\leqslant x$, 所以 $n\ln(1+f(x)/n)\leqslant f(x)$ 且 $n\ln(1+f(x)/n)\to f(x)$. 由控制收敛定理知极限为 $\displaystyle\int_0^1 f(x)\mathrm{d}x$.

(ii) 当 $0<\alpha<1$ 时, $n^{\alpha}\ln(1+(f(x)/n)^{\alpha})\leqslant f(x)^{\alpha}\in L([0,1])$. 由控制收敛定理, $\displaystyle\int_0^1 n^{\alpha}\ln[1+(f(x)/n)^{\alpha}]\mathrm{d}x\to\int_0^1 f(x)^{\alpha}\mathrm{d}x>0$. 所以 $\displaystyle\int_0^1 n\ln[1+(f(x)/n)^{\alpha}]\mathrm{d}x = n^{1-\alpha}\int_0^1 n^{\alpha}\ln[1+(f(x)/n)^{\alpha}]\mathrm{d}x\to\infty$.

注: 当 $\alpha>1$ 时, 不能保证 $\ln[1+(f(x)/n)^{\alpha}]\in L([0,1])$. 例如, 取 $f(x)=x^{-1/2}$, 则 $\ln[1+(f(x)/n)^2]=\ln\left(1+\dfrac{1}{n^2x}\right)\geqslant\dfrac{1}{2n^2x}\notin L([0,1])$. 所以当 $\alpha>1$ 时, 无法讨论题中的极限.

57. 对任何 $\delta>0$,

$$\begin{aligned}\delta\cdot m(\{|\chi_{A_m}-\chi_{A_n}|\geqslant\delta\}) &\leqslant \int_{\{|\chi_{A_m}-\chi_{A_n}|\geqslant\delta\}}|\chi_{A_m}-\chi_{A_n}|\mathrm{d}x\\ &\leqslant \rho(A_m,A_n)\to 0,\quad m,n\to\infty.\end{aligned}$$

所以 $\{\chi_{A_n}\}_{n\geqslant 1}$ 是测度基本列, 从而测度收敛于 $[0,1]$ 上的某个可测函数 f. 故有子列几乎处处收敛于 f. 从而存在可测集 $A\subset[0,1]$ 使 $f(x)=\chi_A(x)$, a.e. 由控制收敛定理知 $\rho(A_{n_k},A)\to 0$. 再从 $\rho(A_n,A)\leqslant\rho(A_n,A_{n_k})+\rho(A_{n_k},A)$ 知 $\rho(A_n,A)\to 0$.

59. 不妨设 $m(E)>0$. 由条件易知 $m(\{|\varphi|=\infty\})=0$. 令 $A_k=\{k\leqslant|\varphi|<k+1\}$, $k\geqslant 0$.

为证结论成立, 只需证明使 $m(A_k)>0$ 的 k 只有有限多个.

反证. 设 $m(A_{k_n})>0$, $n\geqslant 1$, 则存在可测子集 $B_{k_n}\subset A_{k_n}$ 使 $0<m(B_{k_n})<\infty$.

令 $f(x)=\sum_{n=1}^{\infty}\frac{1}{n^2m(B_{k_n})}\cdot\chi_{B_{k_n}}$, 则 $\int_E f(x)\mathrm{d}x=\sum 1/n^2<\infty$. 但

$$\int_E\varphi(x)f(x)\mathrm{d}x=\sum_n\int_{B_{k_n}}\varphi(x)f(x)\mathrm{d}x=\sum_n\frac{1}{n^2m(B_{k_n})}\int_{B_{k_n}}\varphi(x)\mathrm{d}x$$
$$\geqslant\sum_n\frac{k_n}{n^2}\geqslant\sum\frac{1}{n}=\infty.$$

矛盾.

第 5 章

5. 不妨设 f 单增. 此时若 $0<x_1<x_2<a$, 则

$$x_1\int_{x_1}^{x_2}f(t)\,\mathrm{d}t\geqslant x_1(x_2-x_1)f(x_1)\geqslant(x_2-x_1)\int_0^{x_1}f(t)\,\mathrm{d}t,$$

故 $x_1\int_0^{x_2}f(t)\,\mathrm{d}t\geqslant x_2\int_0^{x_1}f(t)\,\mathrm{d}t$, 即 $\frac{1}{x_2}\int_0^{x_2}f(t)\,\mathrm{d}t\geqslant\frac{1}{x_1}\int_0^{x_1}f(t)\,\mathrm{d}t$. 所以 $F(x)$ 单增, 从而有界变差.

7. 对任何 $a<x<b$, $|f(b)-f(x)|\leqslant T_x^b(f)\leqslant M$. 故 $|f(x)|\leqslant M+|f(b)|$. 由此知 f 在 $[a,b]$ 上有界. 设 $|f(x)|<\lambda$. 此时对 $[a,b]$ 上任何网 $\{x_k\}_{0\leqslant k\leqslant n}$,

$$\sum_{k=1}^{n}|f(x_k)-f(x_{k-1})|\leqslant|f(x_1)-f(a)|+T_{x_1}^b(f)\leqslant 2\lambda+M.$$

故 f 在 $[a,b]$ 上有界变差.

8. 分两种情形.

情形 1. $T_a^b(f)=\infty$. 任取 $M>0$, 存在网 $Y=\{y_s\}_{0\leqslant s\leqslant N}$, 使 $V(Y)=\sum_{s=1}^{N}|f(y_s)-f(y_{s-1})|>M+1$. 由于 f 在 $[a,b]$ 上一致连续, 所以存在 $\delta>0$, 使 $|f(z_1)-f(z_2)|<\frac{1}{2N}$, $|z_1-z_2|<\delta$. 现任取网 $X=\{x_k\}_{0\leqslant k\leqslant n}$ 使 $|X|<\min\left\{\delta,\min\limits_{1\leqslant s\leqslant N}|y_s-y_{s-1}|\right\}$. 令 $Z=X\bigcup Y$, 则对每个 $1\leqslant s\leqslant N-1$, 有且只有一个 k_s 使 $x_{k_s}\leqslant y_s<x_{k_s+1}$, 而且当 s 不同时, k_s 也不同. 这时

$$\begin{aligned}1+M<V(Y)&\leqslant V(Z)\\&\leqslant V(X)+\sum_{s=1}^{N-1}\Big(|f(x_{k_s+1})-f(y_s)|+|f(y_s)-f(x_{k_s})|\Big)\\&\leqslant V(X)+2N\cdot\frac{1}{2N}.\end{aligned}$$

因此 $V(X)>M$. 所以 $\lim\limits_{|X|\to 0}V(X)=\infty$.

情形 2. $T_a^b(f) < \infty$. 任给 $\varepsilon > 0$, 存在网 $Y = \{Y_S\}_{0 \leqslant s \leqslant N}$ 使 $V(Y) > T_a^b(f) - \frac{\varepsilon}{2}$. 取 $\delta > 0$, 使 $|f(z_1) - f(z_2)| < \frac{\varepsilon}{4N}$, $|z_1 - z_2| < \delta$. 任取网 X, 使 $|X| < \min\{\delta, \min\limits_{1 \leqslant s \leqslant N} |y_s - y_{s-1}|\}$. 令 $Z = X \bigcup Y$, k_s 如前所述, 则

$$\begin{aligned} V(Z) &\leqslant V(X) + \sum_{s=1}^{N-1} \Big(|f(x_{k_s+1}) - f(y_s)| + |f(y_s) - f(x_{k_s})| \Big) \\ &\leqslant V(X) + 2N \cdot \frac{\varepsilon}{4N} = V(X) + \frac{\varepsilon}{2}. \end{aligned}$$

故 $T_a^b(f) \geqslant V(X) \geqslant V(Z) - \frac{\varepsilon}{2} \geqslant V(Y) - \frac{\varepsilon}{2} > T_a^b(f) - \frac{\varepsilon}{2} - \frac{\varepsilon}{2} = T_a^b(f) - \varepsilon$. 即 $T_a^b(f) - V(X) < \varepsilon$. 因此 $\lim\limits_{|X| \to 0} V(X) = T_a^b(f)$.

11. 不妨设 f 单增. 当 $h > 0$ 时,

$$\begin{aligned} F(h) &= \frac{1}{h} \int_a^b (f(x+h) - f(x))\,\mathrm{d}x = \frac{1}{h} \left(\int_a^b f(x+h)\,\mathrm{d}x - \int_a^b f(x)\,\mathrm{d}x \right) \\ &= \frac{1}{h} \left(\int_{a+h}^{b+h} f(x)\,\mathrm{d}x - \int_a^b f(x)\,\mathrm{d}x \right) \\ &= \frac{1}{h} \left(\int_b^{b+h} f(x)\,\mathrm{d}x - \int_a^{a+h} f(x)\,\mathrm{d}x \right) \\ &\leqslant \frac{1}{h} \Big(hf(b+h) - hf(a) \Big) \\ &\leqslant f(b+1) - f(a) \leqslant f(b+1) - f(a-1). \end{aligned}$$

当 $h < 0$ 时, 同样有 $F(h) \leqslant f(b+1) - f(a-1)$. 所以结论成立.

12. 任取 $x_0 \in [a,b]$. 因为 f' 有界变差, 所以 $A := \lim\limits_{x \to x_0^-} f'(x)$ 和 $B := \lim\limits_{x \to x_0^+} f'(x)$ 存在有限. 若 f' 在 x_0 点不连续, 则 $A \neq f'(x_0)$ 或者 $B \neq f'(x_0)$. 不妨设 $A < f'(x_0)$. 则存在 $\delta > 0$ 以及 $A < A_1 < f'(x_0)$, 使得

$$f'(x) < A_1, \qquad x \in (x_0 - 2\delta, x_0).$$

因此, f' 在 $[x_0 - \delta, x_0]$ 上不能取到 A_1 与 $f'(x_0)$ 之间的任何数值, 这与导数的介值定理矛盾.

14. 因为 $|f_n(x) - f_n(a)| \leqslant T_a^b(f_n)$, 所以, $|f_n(x)| \leqslant T_a^b(f_n) + |f_n(a)|$. 因此, $\{f_n(x)\}_{n \geqslant 1}$ 在 $[a,b]$ 上一致有界. 从而 $\{T_a^x(f_n)\}_{n \geqslant 1}$ 和 $\{T_a^x(f_n) - f_n(x)\}_{n \geqslant 1}$ 在 $[a,b]$ 上一致有界单增. 由 Helly 选择原理, 存在子列 $\{f_{n_k}\}_{k \geqslant 1}$, 使对每一 $x \in [a,b]$, $T_a^x(f_{n_k}) \to g(x)$, $T_a^x(f_{n_k}) - f_{n_k}(x) \to h(x)$, $k \to \infty$. 这样 $f_{n_k}(x) = T_a^x(f_{n_k}) - (T_a^x(f_n) - f_{n_k}(x)) \to g(x) - h(x)$. 由于 g 和 h 都单增, 所以 $g(x) - h(x)$ 有界变差.

15. 令 $F(x) = \int_a^x f(t)\,\mathrm{d}t$, $E = \{x : F'(x) = f(x)$ 且 $g'(x)$ 存在有限$\}$. 则 $m(E) = 1$. 任取 $x \in E$ 及 $\Delta > 0$, 由题设, $\left| \frac{1}{\Delta} \int_x^{x+\Delta} f(t)\,\mathrm{d}t \right|^2 \leqslant \frac{g(x+\Delta) - g(x)}{\Delta}$. 令 $\Delta \to 0^+$, 得

$|f(x)|^2 \leqslant g'(x)$, $x \in E$. 但 $g' \in L[0,1]$, 所以 $f^2 \in L[0,1]$.

19. 由微分中值定理, $|f(b_n)|^p - |f(a_n)|^p = p\xi^{p-1}(|f(b_n)| - |f(a_n)|)$, 其中 ξ 介于 $|f(b_n)|$ 和 $|f(a_n)|$ 之间. 因为 f 在 $[a,b]$ 上连续, 所以 f 有界. 设 $|f(x)| \leqslant M$, 则

$$\Big||f(b_n)|^p - |f(a_n)|^p\Big| \leqslant pM^{p-1}|f(b_n) - f(a_n)|.$$

再从 f 绝对连续可知 $|f|^p$ 也绝对连续, 其中 $1 \leqslant p < \infty$.

当 $0 < p < 1$ 时, 命题不一定成立. 例如, 取 $f(x) = x^2 \sin^2 \dfrac{1}{x}$, $f(0) = 0$, $p = \dfrac{1}{2}$. 此时 $f'(x) = 2x\sin^2 \dfrac{1}{x} - \sin \dfrac{2}{x}$ 在 $(0,1)$ 中有界, 故 f 在 $[0,1]$ 上绝对连续. 但 $|f(x)|^{1/2} = x\left|\sin \dfrac{1}{x}\right|$, $\left||f|^{1/2}\left(\dfrac{1}{n\pi}\right) - |f|^{1/2}\left(\dfrac{1}{(n+1/2)\pi}\right)\right| = \dfrac{1}{(n+1/2)\pi}$, 所以 $|f|^{1/2}$ 在 $[0,1]$ 上不绝对连续.

22. 因为 $\chi_E \in L(\mathbf{R})$ 并且

$$\begin{aligned}|f_n(x) - \chi_E(x)| &= \left|n\int_0^{1/n} \Big(\chi_E(x+t) - \chi_E(x)\Big)\,\mathrm{d}t\right| \\ &\leqslant n\int_0^{1/n} |\chi_E(x+t) - \chi_E(x)|\,\mathrm{d}t.\end{aligned}$$

所以,

$$\int_{\mathbf{R}} |f_n(x) - \chi_E(x)|\,\mathrm{d}x \leqslant n\int_0^{1/n} \mathrm{d}t \int_{\mathbf{R}} |\chi_E(x+t) - \chi_E(x)|\,\mathrm{d}x.$$

因为 $\lim\limits_{t\to 0^+} \displaystyle\int_{\mathbf{R}} |\chi_E(x+t) - \chi_E(x)|\,\mathrm{d}x = 0$, 对任何 $\varepsilon > 0$, 存在 n_0, 使得当 $0 < t < 1/n_0$ 时, $\displaystyle\int_{\mathbf{R}} |\chi_E(x+t) - \chi_E(x)|\,\mathrm{d}x < \varepsilon$. 因此, 当 $n > n_0$ 时, $\displaystyle\int_{\mathbf{R}} |f_n(x) - \chi_E(x)|\,\mathrm{d}x \leqslant n\int_0^{1/n} \varepsilon\,\mathrm{d}t = \varepsilon$. 故结论成立.

23. 用控制收敛定理.

24. 取 $[0,1]$ 上一个测度为 λ 的 Cantor 型完备集 F_λ. 设 $[0,1] - F_\lambda = \bigcup\limits_{n=1}^{\infty} (a_n, b_n)$, 其中 (a_n, b_n) 为构成区间. 定义

$$g(x) = \sum_{n=1}^{\infty} \chi_{(a_n,b_n)}(x), \quad f(x) = \int_0^x g_\lambda(t)\,\mathrm{d}t.$$

则 f 在 $[0,1]$ 上严格单增绝对连续并且 $f'(x) = g(x)$, a.e. 所以 $m(\{f' = 0\}) = \lambda$.

25. 由已知, 对任何有界区间 $[a,b]$, f 在 $[a,b]$ 上绝对连续, 所以 $f(b) - f(a) = \displaystyle\int_a^b f'(x)\,\mathrm{d}x$.

但 $f \in L(\mathbf{R})$, 故存在 $a_n \to -\infty$ 以及 $b_n \to \infty$ 使 $f(b_n) \to 0$, $f(a_n) \to 0$. 于是

$$\int_{\mathbf{R}} f'(x)\,\mathrm{d}x = \lim_{n\to\infty} \int_{a_n}^{b_n} f'(x)\,\mathrm{d}x = \lim_{n\to\infty} (f(b_n) - f(a_n)) = 0.$$

29. 若 $\alpha > \beta$, 则 $f'(x) = \alpha x^{\alpha-1}\sin x^{-\beta} - \beta x^{\alpha-\beta-1}\cos x^{-\beta}$. 由于 $\alpha-1 > -1$, $\alpha-\beta-1 > -1$, 故 $f'(x)$ 在 $[0,1]$ 上 L 可积, 并且 $f(x) = \int_0^x f'(t)\,\mathrm{d}t$. 即 f 是一个不定积分, 从而 f 绝对连续.

若 $\alpha \leqslant \beta$, 取 $x_0 = 0$, $x_n = \left(\frac{2}{n\pi}\right)^{1/\beta}$, $n \geqslant 1$, 则

$$\begin{aligned}\sum_{n=1}^{\infty}|f(x_n) - f(x_{n-1})| &= 2\sum_{n=1}^{\infty}\left(\frac{2}{(2n-1)\pi}\right)^{\alpha/\beta}\\ &= 2\cdot\left(\frac{2}{\pi}\right)^{\alpha/\beta}\sum_{n=1}^{\infty}\frac{1}{(2n-1)^{\alpha/\beta}} = \infty.\end{aligned}$$

所以 $f(x)$ 不是有界变差函数, 从而不绝对连续.

30. 注意到每个 f_n 都是单增绝对连续函数且 $|f_n(x)| \leqslant 1/2^n$, 易知 f 绝对连续.

31. 令 $F(x) = \int_a^x f(t)\,\mathrm{d}t$, $E = \{x : F'(x) = f(x)\}$, 则 $m(E) = b - a$. 任取 $x_1, x_2 \in E$, $x_1 < x_2$, 则

$$\begin{aligned}\left|\frac{1}{h}\int_{x_2}^{x_2+h} f(t)\,\mathrm{d}t - \frac{1}{h}\int_{x_1}^{x_1+h} f(t)\,\mathrm{d}t\right| &= \frac{1}{|h|}\left|\int_{x_1}^{x_2}(f(t+h) - f(t))\,\mathrm{d}t\right|\\ &\leqslant \frac{1}{|h|}\int_a^b |f(t+h) - f(t)|\,\mathrm{d}t \to 0.\end{aligned}$$

从而 $F'(x_2) = F'(x_1)$, 即 $f(x_1) = f(x_2)$.

33. 由已知, $f' \in L([0,1])$ 并且当 $0 \leqslant x < 1$ 时,

$$f(x) - f(0) = \int_0^x f'(t)\,\mathrm{d}t.$$

因为 f 在 $x = 1$ 处连续, 在上式中令 $x \to 1^-$, 得上式对 $x \in [0,1]$ 成立. 所以 f 在 $[0,1]$ 上绝对连续.

34. 与习题 5.33 类似.

35. (i) 由已知, 存在 $\varepsilon > 0$ 使 f 在 $[0,\varepsilon]$ 上有界. 因为

$$\begin{aligned}\int_0^1 |f(x^n)|\mathrm{d}x &= \frac{1}{n}\int_0^1 |f(y)|y^{1/n-1}\mathrm{d}y\\ &= \frac{1}{n}\left(\int_0^{\varepsilon}|f(y)|y^{1/n-1}\mathrm{d}y + \int_{\varepsilon}^1 |f(y)|y^{1/n-1}\mathrm{d}y\right),\end{aligned}$$

所以 $f(x^n)$ 可积.

(ii) 设 f 单增, 则 $f(x) \geqslant f(x^n) \geqslant f(x^{n+1})$, $0 \leqslant f(x) - f(x^n) \leqslant f(x) - f(x^{n+1})$. 故由 Levi 单调收敛定理,

$$\int_0^1\left(f(x) - \lim_{n\to\infty} f(x^n)\right)\mathrm{d}x = \lim_{n\to\infty}\int_0^1 (f(x) - f(x^n))\,\mathrm{d}x.$$

从而

$$\lim_{n\to\infty}\int_0^1 f(x^n)\,\mathrm{d}x=\int_0^1\lim_{n\to\infty}f(x^n)\,\mathrm{d}x=\int_0^1\lim_{t\to 0+}f(t)\,\mathrm{d}x=\lim_{t\to 0+}f(t).$$

若 f 单减, 则 $f(x)\leqslant f(x^n)\leqslant f(x^{n+1})$, $0\leqslant f(x^n)-f(x)\leqslant f(x^{n+1})-f(x)$. 同样得 $\int_0^1 f(x^n)\,\mathrm{d}x\to\lim\limits_{x\to 0+}f(x)$.

37. (i) 充分性. 设 $m(E)=0$. 由于 $f'\in L([a,b])$, 所以 $0<f'(x)<+\infty$, a.e. 因此, 对几乎所有的 x, $(f^{-1})'(f(x))=\dfrac{1}{f'(x)}$.

对任何 $y\in[f(a),f(b)]$, 由变量替换定理得,

$$\begin{aligned}\int_{f(a)}^{y}(f^{-1})'(s)\,\mathrm{d}s&=\int_a^x (f^{-1})'(f(t))f'(t)\,\mathrm{d}t\\&=\int_a^x\frac{f'(t)}{f'(t)}\,\mathrm{d}t\\&=x-a=f^{-1}(y)-a.\end{aligned}$$

即

$$f^{-1}(y)=a+\int_{f(a)}^{y}(f^{-1})'(s)\,\mathrm{d}s,\qquad y\in[f(a),f(b)].$$

所以 $f^{-1}(y)$ 绝对连续.

(ii) 必要性. 设 f^{-1} 绝对连续. 因为绝对连续函数把零测集映为零测集并且 $m(f(E))=\int_E f'(x)\,\mathrm{d}x=0$, 所以 $E=f^{-1}f(E)$ 是零测集.

第 6 章

1. 用控制收敛定理.
3. 分别在 $[0,1]$ 和 $[1,\infty)$ 上考虑 $x^{-1/(p_1p_2)^{1/2}}$.
5. 设不等式对某个 n 成立 ($n=2$ 时即 Hölder 不等式).

设 $\dfrac{1}{p_1}+\cdots+\dfrac{1}{p_n}+\dfrac{1}{p_{n+1}}=1$. 令 $\dfrac{1}{q}=\dfrac{1}{p_n}+\dfrac{1}{p_{n+1}}$. 则 $|f_n|^q\in L^{p_n/q}(E)$, $|f_{n+1}|^q\in L^{p_{n+1}/q}(E)$. 现在 $\dfrac{q}{p_n}+\dfrac{q}{p_{n+1}}=1$, 由 Hölder 不等式知

$$\int|f_nf_{n+1}|^q\mathrm{d}x\leqslant\||f_n|^q\|_{\frac{p_n}{q}}\cdot\||f_{n+1}|^q\|_{\frac{p_{n+1}}{q}}=\left(\|f_n\|_{p_n}\cdot\|f_{n+1}\|_{p_{n+1}}\right)^q.$$

即 $f_nf_{n+1}\in L^q(E)$, 由归纳假设,

$$\int_E|f_1\cdots f_{n-1}|\cdot|f_nf_{n+1}|\mathrm{d}x\leqslant\prod_{k=1}^{n-1}\|f_k\|_{p_k}\cdot\|f_nf_{n+1}\|_q\leqslant\prod_{k=1}^{n+1}\|f_k\|_{p_k}.$$

即不等式对 $n+1$ 也成立. 由归纳法, 结论成立.

11. 由 Hölder 不等式,

$$\begin{aligned}|F(x+h)-F(x)| &= \left|\int_x^{x+h} f(t)\mathrm{d}t\right| \\ &\leqslant \left(\int_x^{x+h} |f(t)|^p\mathrm{d}t\right)^{1/p} \cdot \left|\int_x^{x+h} \mathrm{d}t\right|^{1/q} \\ &= \left(\int_x^{x+h} |f(t)|^p\mathrm{d}t\right)^{1/p} \cdot |h|^{1/q}.\end{aligned}$$

再从积分的绝对连续性可知结论成立.

12. (i) $\left|\int_a^x (f_k(t)-f(t))\mathrm{d}t\right| \leqslant \int_a^b \left|f_k(t)-f(t)\right|\mathrm{d}t \leqslant \|f_k-f\|_p\|\chi_{[a,b]}\|_q \to 0$. 第二个结论类似可证.

(ii) 因为 $|f_k(x)-f(x)|^p \leqslant (2\max\{|f_k(x)|,|f(x)|\})^p \leqslant 2^p(|f_k(x)|^p+|f(x)|^p)$, 所以, $2^p(|f_k(x)|^p+|f(x)|^p) \pm |f_k(x)-f(x)|^p \geqslant 0$. 由 Fatou 定理

$$\begin{aligned}&\int_a^b 2^p(|f(x)|^p+|f(x)|^p)\mathrm{d}x \\ \leqslant\ &\varliminf_{k\to\infty}\int_a^b \{2^p(|f_k(x)|^p+|f(x)|^p) \pm |f_k(x)-f(x)|^p\}\,\mathrm{d}x \\ =\ &\int_a^b 2^p(|f(x)|^p+|f(x)|^p)\mathrm{d}x + \varliminf_{k\to\infty} \pm \int_a^b |f_k(x)-f(x)|^p\mathrm{d}x.\end{aligned}$$

因此, $\varliminf_{k\to\infty}\left(-\int_a^b |f_k(x)-f(x)|^p\mathrm{d}x\right) \geqslant 0$, 从而 $-\varlimsup_{k\to\infty}\int_a^b |f_k(x)-f(x)|^p\mathrm{d}x \geqslant 0$. 于是 $0 \leqslant \varlimsup_{k\to\infty}\|f_k-f\|_p \leqslant 0$, 即 $\|f_k-f\|_p \to 0$.

13. 令 $M=\sup_k\|f_k\|_p$.

先设 $m(E)<\infty$. 由于 $f_k(x)\to f(x)$, a.e. 故 $f_k \Rightarrow f$(测度收敛). 因为 $m(E)<\infty$, 所以当 $g\in L^q(E)$ 时 $g\in L(E)$. 对任何 $\delta>0$,

$$\begin{aligned}&\left|\int_E f_k g\mathrm{d}x - \int_E fg\mathrm{d}x\right| \leqslant \int_E |f_k-f|\cdot|g|\mathrm{d}x \\ =\ &\int_{\{|f_k-f|\geqslant\delta\}} |f_k-f|\cdot|g|\mathrm{d}x + \int_{\{|f_k-f|<\delta\}} |f_k-f|\cdot|g|\mathrm{d}x \\ \leqslant\ &\left(\int_{\{|f_k-f|\geqslant\delta\}} |f_k-f|^p\mathrm{d}x\right)^{1/p}\cdot\left(\int_{\{|f_k-f|\geqslant\delta\}} |g|^q\mathrm{d}x\right)^{1/q} + \delta\int_{\{|f_k-f|<\delta\}} |g|\mathrm{d}x \\ \leqslant\ &(\|f_k\|_p+\|f\|_p)\cdot\left(\int_{\{|f_k-f|\geqslant\delta\}} |g|^q\mathrm{d}x\right)^{1/q} + \delta\int_E |g|\mathrm{d}x.\end{aligned}$$

注意到 $f_k \Rightarrow f$, 我们有

$$\varlimsup_{k\to\infty}\left|\int_E f_k g\mathrm{d}x - \int_E fg\mathrm{d}x\right| \leqslant \delta\int_E |g|\mathrm{d}x.$$

令 $\delta\to 0$ 可知结论成立.

若 $m(E)=\infty$, 令 $E_1=E\bigcap\{|x|\leqslant A\}$, $E_2=E\bigcap\{|x|>A\}$. 则 $|\int_{E_2}f_kg\mathrm{d}x|\leqslant \left(\int_{E_2}|f_k|^p\mathrm{d}x\right)^{1/p}\cdot\left(\int_{E_2}|g|^q\mathrm{d}x\right)^{1/q}\leqslant M\left(\int_{\{|x|>A\}}|g|^q\mathrm{d}x\right)^{1/q}$ 可充分小 (只要 A 充分大). 同理 $\left|\int_{E_2}fg\mathrm{d}x\right|$ 也可充分小. 而在 E_1 上 $\int_{E_1}f_kg\mathrm{d}x\to\int_{E_1}fg\mathrm{d}x$. 所以 $\int_E f_kg\mathrm{d}x\to \int_E fg\mathrm{d}x$.

14. 设 $\dfrac{1}{p}+\dfrac{1}{q}=1$. 由 Hölder 不等式,

$$\begin{aligned}|\varphi_h(x)|&\leqslant\frac{1}{2h}\int_{x-h}^{x+h}|f(t)|\mathrm{d}t\leqslant\frac{1}{2h}\left(\int_{x-h}^{x+h}|f(t)|^p\mathrm{d}t\right)^{1/p}\cdot(2h)^{1/q}\\&=\left(\frac{1}{2h}\int_{x-h}^{x+h}|f(t)|^p\mathrm{d}t\right)^{1/p}.\end{aligned}$$

故

$$|\varphi_h(x)|^p\leqslant\frac{1}{2h}\int_{x-h}^{x+h}|f(t)|^p\mathrm{d}t=\frac{1}{2h}\int_a^b|f(t)|^p\chi_{[x-h,x+h]}(t)\mathrm{d}t.$$

于是

$$\int_a^b|\varphi_h(x)|^p\mathrm{d}x\leqslant\frac{1}{2h}\int_a^b|f(t)|^p\mathrm{d}t\int_a^b\chi_{[t-h,t+h]}(x)\mathrm{d}x\leqslant\int_a^b|f(t)|^p\mathrm{d}t,$$

即 $\|\varphi_h\|_p\leqslant\|f\|_p$.

为证 $\|\varphi_h-f\|_p\to 0$, 先设 f 在 $[a,b]$ 上连续. 此时 $\varphi_h(x)\to f(x)$, $x\in[a,b]$. 而 $\{\varphi_h(x)\}_{h>0}$ 是一致有界的, 从而由控制收敛定理得 $\|\varphi_h-f\|_p\to 0$.

对一般情形, 设 $f\in L^p[a,b]$, $\varepsilon>0$, 则存在连续函数 g 使 $\|f-g\|_p<\varepsilon/3$. 记 $\psi_h=\dfrac{1}{2h}\displaystyle\int_{x-h}^{x+h}g(t)\mathrm{d}t$. 则 $\|\varphi_h-\psi_h\|_p\leqslant\|f-g\|_p$ 并且当 h 足够小时, $\|\psi_h-g\|_p<\varepsilon/3$. 于是

$$\begin{aligned}\|\varphi_h-f\|_p&\leqslant\|\varphi_h-\psi_h\|_p+\|\psi_h-g\|_p+\|g-f\|_p\\&\leqslant 2\|\psi_h\|_p+\|\psi_h-g\|_p<\varepsilon\end{aligned}$$

故结论成立.

15. 因为

$$\int_{\mathbf{R}}f^p(x)\mathrm{d}x\leqslant\int_{\mathbf{R}}\varliminf_{k\to\infty}f_k^p(x)\mathrm{d}x\leqslant\varliminf_{k\to\infty}\int_{\mathbf{R}}f_k^p(x)\mathrm{d}x=\int_{\mathbf{R}}f^p(x)\mathrm{d}x,$$

所以, $\int_{\mathbf{R}}(\varliminf_{k\to\infty}f_k^p(x)-f^p(x))\mathrm{d}x=0$. 因此 $f(x)=\varliminf_{k\to\infty}f_k(x)$, a.e. 即 $\{\inf_{n\geqslant k}f_n(x)\}_{k\geqslant 1}$ 单调收敛于 $f(x)$, a.e.

令

$$f^p(x) - f_k^p(x) = g_k(x) = (g_k(x))_+ - (g_k(x))_-.$$

因为 $0 \leqslant (g_k(x))_+ \leqslant f^p(x) - (\inf_{n\geqslant k} f_n(x))^p \leqslant f^p(x)$, 由控制收敛定理, $\int_{\mathbf{R}} (g_k(x))_+ \mathrm{d}x \to 0$. 但当 $p \geqslant 1$, $0 \leqslant y \leqslant x$ 时有 $(x-y)^p \leqslant x^p - y^p$, 故

$$\int_{\{f\geqslant f_k\}} |f - f_k|^p \mathrm{d}x \leqslant \int_{\{f\geqslant f_k\}} (f^p - f_k^p)\mathrm{d}x = \int_{\mathbf{R}} (g_k(x))_+ \mathrm{d}x \to 0.$$

由已知, $\|f_k\|_p \to \|f\|_p$, 故 $\int_{\{f<f_k\}} (f_k^p - f^p)\mathrm{d}x = \int (g_k(x))_- \mathrm{d}x \to 0$. 从而 $\int_{\{f<f_k\}} |f - f_k|^p \mathrm{d}x \to 0$.

合并上述结果, 得到 $\|f - f_k\|_p \to 0$.

16. 任给 $\varepsilon > 0$, 存在 $\mathbf{R}$ 上的紧支集连续函数 g 使 $\|f - g\|_p < \varepsilon/3$. 设当 $|x| \geqslant A$ 时, $g(x) = 0$. 此时 g 在 $\mathbf{R}$ 上一致连续, 故存在 $0 < \delta < 1$, 当 $|y| < \delta$ 时, $|g(x+y) - g(x)| < \dfrac{1}{2A+2}\left(\dfrac{\varepsilon}{3}\right)^p$. 这样当 $|y| < \delta$ 时,

$$\begin{aligned}\|f_y - f\|_p &\leqslant \|f_y - g_y\|_p + \|g_y - g\|_p + \|g - f\|_p \\ &< \frac{\varepsilon}{3} + \left(\int_{-A-1}^{A+1} |g(x+y) - g(x)|^p \mathrm{d}x\right)^{1/p} + \frac{\varepsilon}{3} \\ &< \frac{\varepsilon}{3} + \frac{\varepsilon}{3} + \frac{\varepsilon}{3} = \varepsilon.\end{aligned}$$

17. 由习题 6.16, 存在 $a_n > 0$, 使得当 $|y| \leqslant a_n$ 时, $\int_{\mathbf{R}} |f(x+y) - f(x)|^p \mathrm{d}x < \dfrac{1}{n^2}$.

对任何实数列 $\{b_n\}$, 当 $|b_n| < a_n$ 时,

$$\begin{aligned}\int_{\mathbf{R}} \sum_{n=1}^{\infty} |f(x+b_n) - f(x)|^p \mathrm{d}x &= \sum_{n=1}^{\infty} \int_{\mathbf{R}} |f(x+b_n) - f(x)|^p \mathrm{d}x \\ &\leqslant \sum_{n=1}^{\infty} \frac{1}{n^2} < \infty.\end{aligned}$$

所以 $\sum_{n=1}^{\infty} |f(x+b_n) - f(x)|^p$ 在 $\mathbf{R}$ 上几乎处处收敛, 从而其通项几乎处处收敛于 0, 即 $f(x+b_n) \to f(x)$, a.e.

19. 令 $F = \{x \in E : |g(x)| > M\}$. 若 $m(F) > 0$, 不妨设 $0 < m(F) < \infty$. 令 $f(x) = \chi_F(x)$, 则 $\|f\|_2 < \infty$ 且 $\|gf\|_2 = \left(\int_F g^2(x)\mathrm{d}x\right)^{1/2} > Mm(F)^{1/2} = M\|f\|_2$. 矛盾.

21. 先设 $p > 1$, 设 g 为简单函数, 则 $|g(x)|\mathrm{sgn}\,(f(x))$ 也是简单函数, 于是

存在 $[a,b]$ 上的简单函数列 $\{f_n : n\geqslant 1\}$, 使其单增收敛于 $|f|$. 则

$$\int_a^b |f_n|^q \mathrm{d}x = \int_a^b |f_n|\cdot|f_n|^{q/p}\mathrm{d}x \leqslant \int_a^b |f|\cdot|f_n|^{q/p}\mathrm{d}x$$
$$\leqslant M\||f_n|^{q/p}\|_p = M\|f_n\|_q^{q/p}.$$

因此, $\|f_n\|_q \leqslant M$. 令 $n\to\infty$ 可知结论成立.

当 $p=1$ 时, 若 $\|f\|_\infty > M$, 则存在某个 $n\geqslant 1$ 使得 $E=\{x\in[a,b] : |f(x)| > M+1/n\}$ 是正测集. 于是

$$\left(M+\frac{1}{n}\right)m(E) \leqslant \int_a^b f(x)\chi_E(x)\mathrm{d}x \leqslant M\cdot m(E),$$

矛盾.

22. (i) 必要性. 设 $f\in L^p(\mathbf{R})$. 此时

$$\left|\int_{E_i} f(x)\mathrm{d}x\right|^p \leqslant \left(\int_{E_i} |f(x)|^p\mathrm{d}x\right)\cdot[m(E_i)]^{p/q}.$$

注意到 $p-1=p/q$, 我们有

$$\sum_{i=1}^k \left[\frac{1}{m(E_i)}\right]^{p-1}\left|\int_{E_i} f(x)\mathrm{d}x\right|^p \leqslant \sum_{i=1}^k \int_{E_i}|f(x)|^p\mathrm{d}x \leqslant \int_{\mathbf{R}}|f(x)|^p\mathrm{d}x.$$

(ii) 充分性. 此时, $m(\{|f|=\infty\})=0$. 令 $E_n=\{2^n\leqslant f(x)<2^{n+1}\}, n\in\mathbf{Z}$. 当 $m(E)=0$ 时, 定义 $\left[\frac{1}{m(E)}\right]^{p-1}\left|\int_E f(x)\mathrm{d}x\right|^p=0$.

对 $k\geqslant 1$, 令 $E_n^{(k)}=E_n\bigcap\{|x|\leqslant k\}$. 则 $0\leqslant m(E_n^{(k)})<\infty$ 并且

$$\left[\frac{1}{m(E_n^{(k)})}\right]^{p-1}\left|\int_{E_n^{(k)}} f(x)\mathrm{d}x\right|^p \geqslant 2^{np}\cdot m(E_n^{(k)}).$$

因为 $\{E_n^{(k)}\}_{n\geqslant 0}$ 两两不相交, 由题设, $\sum\limits_{n\in\mathbf{Z}} 2^{np}\cdot m(E_n^{(k)})\leqslant M$. 令 $E_+=\{f\geqslant 0\}$, 则

$$\int_{E_+\bigcap\{|x|\leqslant k\}} f^p(x)\mathrm{d}x = \sum_{n\in\mathbf{Z}}\int_{E_n^{(k)}} f^p(x)\mathrm{d}x \leqslant \sum_{n=0}^\infty 2^{(n+1)p}\cdot m(E_n^{(k)})$$
$$= \sum_{n\in\mathbf{Z}} 2^p 2^{np}\cdot m(E_n^{(k)}) \leqslant 2^p\cdot M.$$

令 $k\to\infty$, 得 $\int_{E_+} f^p(x)\mathrm{d}x \leqslant 2^p M$.

类似可证 $\int_{\{f<0\}} |f(x)|^p\mathrm{d}x \leqslant 2^p M$. 所以 $f\in L^p(\mathbf{R})$.

24. 对任何 $\delta>0$,

$$\begin{aligned}\int_0^1|f_n(x)|\mathrm{d}x&=\int_{\{|f_n|\geqslant\delta\}}|f_n(x)|\mathrm{d}x+\int_{\{|f_n|<\delta\}}|f_n(x)|\mathrm{d}x\\&\leqslant\left(\int_{\{|f_n|\geqslant\delta\}}|f_n(x)|^2\mathrm{d}x\right)^{1/2}\cdot(m(\{|f_n|\geqslant\delta\}))^{1/2}+\delta\\&\leqslant(m(\{|f_n|\geqslant\delta\}))^{1/2}+\delta.\end{aligned}$$

由此易知结论成立.

25. 由题设 $m(\{|f|>n\})\to 0(n\to\infty)$, 故 $m(\{|f|\leqslant n\})\to b-a(n\to\infty)$.

任取 $[a,b]$ 上有界可测函数 g, 令 $g_n=g\cdot\chi_{\{|f|\leqslant n\}}$. 则 $g_n\in D$, 并且 $\|g_n-g\|_2^2=\int_a^b|g_n(x)-g(x)|^2\mathrm{d}x=\int_{\{|f|>n\}}|g(x)|^2\mathrm{d}x\to 0$. 这说明 D 中函数可逼近任意有界可测函数, 故在 $L^2[a,b]$ 中稠密.

26. (i) 略.

(ii) 由定义,

$$\begin{aligned}f_\lambda(x)&=\int_{\mathbf{R}}f(x-\lambda t)g(t)\mathrm{d}t=\frac{1}{\lambda}\int_{\mathbf{R}}f(y)g\left(\frac{x-y}{\lambda}\right)\mathrm{d}y\\&=\frac{1}{\lambda}\int_{x-\lambda}^{x+\lambda}f(y)g\left(\frac{x-y}{\lambda}\right)\mathrm{d}y.\end{aligned}$$

因为 f 有紧支集, 所以当 $|x|$ 充分大时上述积分为 0, 即 $f_\lambda(x)$ 有紧支集. 设当 $|y|\geqslant A$ 时 $f(y)=0$, 则 $f_\lambda(x)=\dfrac{1}{\lambda}\displaystyle\int_{-A}^{A}f(y)g\left(\frac{x-y}{\lambda}\right)\mathrm{d}y$. 由 $g\in C_c^\infty$ 易知 $f_\lambda\in C_c^\infty$.

(iii) 设 $f\in L^p(\mathbf{R})$. 对任何 $\varepsilon>0$, 取 $A>0$ 使 $\|f-f_A\|_p<\varepsilon/2$, 其中 $f_A=f\cdot\chi_{[-A,A]}$ 具有紧支集. 此时 $\int_{\mathbf{R}}f_A(x-\lambda t)g(t)\mathrm{d}t\in C_c^\infty$, $\lambda\neq 0$. 因为 $\int_{\mathbf{R}}g(x)\mathrm{d}x=1$, 所以 $f_A(x)=\int_{\mathbf{R}}f_A(x)g(t)\mathrm{d}t$. 于是

$$\begin{aligned}\left\|\int_{\mathbf{R}}f_A(\cdot-\lambda t)g(t)\mathrm{d}t-f_A\right\|_p^p&=\int_{\mathbf{R}}\left|\int_{\mathbf{R}}\Big(f_A(x-\lambda t)-f_A(x)\Big)g(t)\mathrm{d}t\right|^p\mathrm{d}x\\&\leqslant\int_{\mathbf{R}}\left|\int_{-1}^{1}|f_A(x-\lambda t)-f_A(x)|g(t)\mathrm{d}t\right|^p\mathrm{d}x\\&\leqslant\int_{\mathbf{R}}\int_{-1}^{1}|f_A(x-\lambda t)-f_A(x)|^p\mathrm{d}t\|g\|_q^p\mathrm{d}x\\&=\|g\|_q^p\cdot\int_{-1}^{1}\mathrm{d}t\int_{\mathbf{R}}|f_A(x-\lambda t)-f_A(x)|^p\mathrm{d}x\\&\to 0,\qquad\lambda\to 0.\end{aligned}$$

所以, 当 λ 充分小时,

$$\left\|\int_{\mathbf{R}} f_A(\cdot-\lambda t)g(t)\mathrm{d}t - f_A\right\|_p < \frac{\varepsilon}{2}.$$

从而

$$\left\|f - \int_{\mathbf{R}} f_A(\cdot-\lambda t)g(t)\mathrm{d}t\right\|_p < \varepsilon.$$

这说明 C_c^∞ 在 $L^p(\mathbf{R})$ 中稠密.

27. 设 $2\lambda = \inf\{|x-y| : x\in A, y\in B\}$. 则 $\lambda > 0$. 令 $G = \{x : d(x,A) < \lambda\}$, f 是 G 上的特征函数. 由于 G 有界, 故 f 有紧支集. 此时令 g 和 f_λ 如习题 6.26 所定义. 则 $f_\lambda(x) = \int_{\mathbf{R}} f(x-\lambda t)g(t)\mathrm{d}t = \int_{-1}^1 f(x-\lambda t)g(t)\mathrm{d}t \in C_c^\infty$.

若 $x\in A$, 则当 $-1<t<1$ 时, $d(x-\lambda t, A)\leqslant |x-\lambda t - x| < \lambda$, 即 $x-\lambda t\in G$, 故 $f(x-\lambda t) = 1$, 从而 $f_\lambda(x) = \int_{-1}^1 g(t)\mathrm{d}t = 1$.

若 $x\in B$, 则对任何 $y\in A$ 以及 $-1<t<1$,

$$|x-\lambda t - y| \geqslant |x-y| - \lambda|t| \geqslant 2\lambda - \lambda = \lambda.$$

所以 $x-\lambda t\notin G$, 从而 $f(x-\lambda t)$ 当 $-1<t<1$ 时恒为 0, 故 $f_\lambda(x) = 0$. 因此 $f_\lambda(x)$ 满足条件.

28. 设 $\{r_n\}_{n\geqslant 1}$ 是有理数全体. 对每一 $n\geqslant 1$, 存在零测集 Z_n, 使当 $x\notin Z_n$ 时

$$\frac{\mathrm{d}}{\mathrm{d}x}\int_a^x |f(t)-r_n|^p\mathrm{d}t = |f(x)-r_n|^p.$$

令 $Z = \bigcup_{n=1}^\infty Z_n$. 则对任何 $n\geqslant 1$ 及 $x\notin Z$, 上式成立.

任取 $x\notin Z$, $\alpha\in\mathbf{R}$. 对任何 $n\geqslant 1$ 及 $h>0$, 由 Minkowski 不等式,

$$\begin{aligned}
&\left(\frac{1}{h}\int_x^{x+h} |f(t)-r_n|^p\mathrm{d}t\right)^{1/p} - |r_n-\alpha| \\
\leqslant &\left(\frac{1}{h}\int_x^{x+h} |f(t)-\alpha|^p\mathrm{d}t\right)^{1/p} \\
\leqslant &\left(\frac{1}{h}\int_x^{x+h} |f(t)-r_n|^p\mathrm{d}t\right)^{1/p} + |r_n-\alpha|.
\end{aligned}$$

令 $h\to 0$, 得

$$\begin{aligned}
|f(x)-r_n| - |r_n-\alpha| &\leqslant \varliminf_{h\to 0}\left(\frac{1}{h}\int_x^{x+h} |f(t)-\alpha|^p\mathrm{d}t\right)^{1/p} \\
&\leqslant \varlimsup_{h\to 0}\left(\frac{1}{h}\int_x^{x+h} |f(t)-\alpha|^p\mathrm{d}t\right)^{1/p} \\
&\leqslant |f(x)-r_n| + |r_n-\alpha|.
\end{aligned}$$

上述不等式对任何 $n \geqslant 1$ 成立. 特别地, 取一列有理数 r_{n_k} 使 $r_{n_k} \to \alpha$, 则有

$$\lim_{h\to 0+}\left(\frac{1}{h}\int_x^{x+h}|f(t)-\alpha|^p\mathrm{d}t\right)^{1/p}=|f(x)-\alpha|.$$

类似可证,

$$\lim_{h\to 0+}\left(\frac{1}{h}\int_{x-h}^{x}|f(t)-\alpha|^p\mathrm{d}t\right)^{1/p}=|f(x)-\alpha|.$$

所以 $\dfrac{\mathrm{d}}{\mathrm{d}x}\displaystyle\int_a^x|f(t)-\alpha|^p\mathrm{d}t=|f(x)-\alpha|^p,\ x\notin Z.$

29. 记 $F(x)=\displaystyle\sum_{k\in\mathbf{Z}}|f(x+k)|^2$, 首先,

$$\int_0^1 F(x)\mathrm{d}x=\sum_{k\in\mathbf{Z}}\int_0^1|f(x+k)|^2\mathrm{d}x=\sum_{k\in\mathbf{Z}}\int_k^{k+1}|f(x)|^2\mathrm{d}x=\|f\|_2^2<\infty.$$

所以, $F(x)<\infty$, a.e.

设 $F(x)<\infty$, $y\in(x,x+1)$, 则

$$\begin{aligned}|F(y)-F(x)|&\leqslant\sum_{k\in\mathbf{Z}}|f^2(y+k)-f^2(x+k)|\\&=\sum_{k\in\mathbf{Z}}\left|\int_{x+k}^{y+k}2f(t)f'(t)\mathrm{d}t\right|\\&\leqslant\sum_{k\in\mathbf{Z}}\int_{x+k}^{y+k}(|f(t)|^2+|f'(t)|^2)\mathrm{d}t\\&\leqslant\|f\|_2^2+\|f'\|_2^2<\infty.\end{aligned}$$

所以 $F(y)<\infty$. 这说明 $F(x)<\infty$ 对所有 $x\in\mathbf{R}$ 成立. 此外, 上述推导说明, 当 $0<y-x<1$ 时,

$$|F(y)-F(x)|\leqslant\int_x^y\sum_{k\in\mathbf{Z}}(|f(t+k)|^2+|f'(t+k)|^2)\mathrm{d}t.$$

由积分的绝对连续性可知 $F(x)$ 在 $\mathbf{R}$ 上一致连续.

30. 由已知, f' 不恒等于 0. 不妨设 $xf(x), f'(x)\in L^2(\mathbf{R})$. 则存在 $a_n\to-\infty$ 和 $b_n\to\infty$ 使

$$b_n^2(f(b_n))^2\to 0,\quad a_n^2(f(a_n))^2\to 0,\quad n\to\infty.$$

从而

$$b_n(f(b_n))^2\to 0,\quad a_n(f(a_n))^2\to 0,\quad n\to\infty.$$

由分部积分,

$$\begin{aligned}\int_{a_n}^{b_n}f^2(x)\mathrm{d}x&=xf^2(x)\Big|_{a_n}^{b_n}-2\int_{a_n}^{b_n}xf(x)f'(x)\mathrm{d}x\\&\leqslant xf^2(x)\Big|_{a_n}^{b_n}+2\|xf(x)\|_2\cdot\|f'(x)\|_2.\end{aligned}$$

令 $n\to\infty$, 得

$$\int_{-\infty}^{\infty}f^2(x)\mathrm{d}x\leqslant 2\|xf(x)\|_2\cdot\|f'(x)\|_2.$$

33. 当 $n \neq m$ 时,

$$\begin{aligned}
&\int_0^1 \sin t_m x \sin t_n x \mathrm{d}x \\
=&-\frac{\cos t_m x}{t_m}\sin t_n x\Big|_0^1+\frac{t_n}{t_m}\int_0^1 \cos t_m x \cos t_n x \mathrm{d}x \\
=&-\frac{\cos t_m \sin t_n}{t_m}+\frac{t_n}{t_m}\left(\frac{\sin t_m x}{t_m}\cos t_n x\Big|_0^1+\frac{t_n}{t_m}\int_0^1 \sin t_m x \sin t_n x \mathrm{d}x\right) \\
=&-\frac{\cos t_m \sin t_n}{t_m}+\frac{t_n \sin t_m \cos t_n}{t_m^2}+\frac{t_n^2}{t_m^2}\int_0^1 \sin t_m x \sin t_n x \mathrm{d}x.
\end{aligned}$$

但

$$-\frac{\cos t_m \sin t_n}{t_m}+\frac{t_n \sin t_m \cos t_n}{t_m^2}=\cos t_m \cos t_n\left(\frac{-\tan t_n}{t_m}+\frac{t_n}{t_m^2}\cdot \tan t_m\right)=0.$$

所以当 $m \neq n$ 时,

$$\int_0^1 \sin t_m x \sin t_n x \mathrm{d}x=\frac{t_n^2}{t_m^2}\int_0^1 \sin t_m x \sin t_n x \mathrm{d}x.$$

因此 $\int_0^1 \sin t_m x \sin t_n x \mathrm{d}x=0$.

34. 设 $f \in L^2[0,\pi]$ 与一切 $\sin kx$ 正交. 把 f 开拓成 $[-\pi,\pi]$ 上的奇函数, 此时的 f 在 $L^2[-\pi,\pi]$ 与一切 $\sin kx, \cos kx (k \geqslant 0)$ 正交, 从而 $f(x)=0$, a.e.

35. 令

$$f(x)=\begin{cases} \lim\limits_{n\to\infty} f_n(x), & x \in F \\ 0, & x \notin F, \end{cases}$$

则 $\int_{\mathbf{R}} f^2(x)\mathrm{d}x = \int_F f^2(x)\mathrm{d}x \leqslant \varliminf\limits_{n\to\infty}\int_F f_n^2(x)\mathrm{d}x \leqslant 1$. 因此 $f \in L^2(\mathbf{R})$, 从而 $\sum\limits_n |\langle f, f_n\rangle|^2<\infty$, 所以

$$0=\lim_{n\to\infty}\langle f, f_n\rangle=\lim_{n\to\infty}\int_F f(x) f_n(x)\mathrm{d}x=\int_F f^2(x)\mathrm{d}x,$$

上述最后一步用到习题 6.13. 故 $f(x)=0$, a.e.

36. 只需证 (i). 设 $E=\left\{x \in [a,b]: \sum e_n^2(x)<\infty\right\}$. 若 $m(E)>0$, 则必有 N 使 $m(E_N)>0$, 其中 $E_N=\left\{x \in [a,b]: \sum e_n^2(x)<N\right\}$.

取 $F \subset E_N$ 使 $0<m(F)<\frac{1}{N}$. 则

$$\begin{aligned}
m(F)=\|\chi_F\|^2=&\sum_{n=1}^{\infty}\langle\chi_F, e_n\rangle^2=\sum_{n=1}^{\infty}\left(\int_F e_n(x)\mathrm{d}x\right)^2 \\
\leqslant&\sum_{n=1}^{\infty} m(F)\int_F e_n^2(x)\mathrm{d}x \\
=&m(F)\int_F \sum_{n=1}^{\infty} e_n^2(x)\mathrm{d}x<m(F)\cdot N\cdot m(F)<m(F).
\end{aligned}$$

矛盾.

37. 假设 $\sup_n T_a^b(f_n) = M < \infty$. 先证 $\{f_n(a)\}_{n\geqslant 1}$ 有界.

若 $\{f_n(a)\}_{n\geqslant 1}$ 无界, 不妨设 $|f_{n_k}(a)| \to \infty$. 此时对任何 k 及 $x \in [a,b]$, $|f_{n_k}(x) - f_{n_k}(a)| \leqslant T_a^b(f_{n_k}) \leqslant M$, 从而 $|f_{n_k}(x)| \geqslant |f_{n_k}(a)| - M$. 于是当 k 充分大时, $\|f_{n_k}\|_2^2 = \int_a^b |f_{n_k}(x)|^2 \mathrm{d}x > 1$, 与题设矛盾. 所以 $\{f_n(a)\}$ 有界.

由习题 5.14, 存在 $\{f_n\}_{n\geqslant 1}$ 的子列 $\{f_{n_k}\}_{k\geqslant 1}$, 使得 $\{f_{n_k}\}_{k\geqslant 1}$ 在 $[a,b]$ 上收敛于某个函数 $f(x)$. 再从 $|f_{n_k}(x)| \leqslant M + |f_{n_k}(a)|$ 知 $\{f_{n_k}(x)\}_{k\geqslant 1}$ 一致有界. 由控制收敛定理, $1 = \lim\limits_{k\to\infty} \int_a^b |f_{n_k}(x)|^2 \mathrm{d}x = \int_a^b |f(x)|^2 \mathrm{d}x$. 另一方面, 由习题 6.35 知 $f(x) = 0$, a.e. 矛盾.

38. 由已知, $S_n(x) = \sum\limits_{k=1}^n \langle f, e_k\rangle e_k(x)$ 在 $L^2([a,b])$ 中收敛于 $f(x)$. 从而

$$\left|\int_E (f(x) - S_n(x))\mathrm{d}x\right|^2 \leqslant m(E)\cdot \|f - S_n\|_2^2 \to 0.$$

39. 设 $f \in L^2(E)$ 与一切 f_n 正交. 则

$$\begin{aligned}\|f\|_2^2 &= \sum_{n=1}^\infty \langle f, e_n\rangle^2 = \sum_{n=1}^\infty \langle f, e_n - f_n\rangle^2 \\ &\leqslant \sum_{n=1}^\infty \|f\|_2^2 \|e_n - f_n\|_2^2.\end{aligned}$$

由于 $\sum\limits_{n=1}^\infty \|e_n - f_n\|_2^2 < 1$, 上述不等式说明 $\|f\|_2^2 = 0$, 即 $f(x) = 0$, a.e.

40. 设 $m > n \geqslant 0$. 则

$$\begin{aligned}\int_0^1 \varphi_0(2^m x)\varphi_0(2^n x)\mathrm{d}x &= \sum_{k=0}^{2^n-1} \int_{\frac{k}{2^n}}^{\frac{k+1}{2^n}} \varphi_0(2^m x)\varphi_0(2^n x)\mathrm{d}x \\ &= \frac{1}{2^n}\sum_{k=0}^{2^n-1} \int_k^{k+1} \varphi_0(2^{m-n}y)\varphi_0(y)\mathrm{d}y.\end{aligned}$$

由 φ_0 的定义,

$$\int_k^{k+1} \varphi_0(2^{m-n}y)\varphi_0(y)\mathrm{d}y = \int_k^{k+1/2} \varphi_0(2^{m-n}y)\mathrm{d}y - \int_{k+1/2}^{k+1} \varphi_0(2^{m-n}y)\mathrm{d}y.$$

因为 φ_0 周期为 1, 所以

$$\int_{k+1/2}^{k+1} \varphi_0(2^{m-n}y)\mathrm{d}y = \int_k^{k+1/2} \varphi_0\left(2^{m-n}\left(t + \frac{1}{2}\right)\right)\mathrm{d}t = \int_k^{k+1/2} \varphi_0(2^{m-n}t)\mathrm{d}t.$$

合并上述结果，得到

$$\int_0^1 \varphi_0(2^m x)\varphi_0(2^n x)\mathrm{d}x = 0, \quad m \neq n.$$

因为 $\|\varphi_n\|_2 = 1$，所以 $\{\varphi_n\}_{n\geqslant 0}$ 是 $L^2[0,1]$ 上的标准正交组.

任取实数列 $\{c_n : n \geqslant 1\}$，使得 $\sum\limits_{n=0}^{\infty} c_n^2 < \infty$. 则 $f(x) := \sum\limits_{n=0}^{\infty} c_n\varphi_n(x) \in L^2[0,1]$. 令

$$S_n(x) = \sum_{k=0}^{n-1} c_k\varphi_k(x), \quad E = \{j/2^n : j, n \geqslant 0,\ j, n \in \mathbf{Z}\}.$$

任取 $t \in (0,1) - E$，存在非负整数列 $\{j_n\}_{n\geqslant 1}$ 使得 $j_n/2^n < t < (j_n+1)/2^n$. 由 φ_k 的定义可知 S_n 在 $(j_n/2^n, (j_n+1)/2^n)$ 内为常数并且当 $k > n$ 时，$\int_{j_n/2^n}^{(j_n+1)/2^n} \varphi_k(x)\mathrm{d}x = 0$. 所以

$$\begin{aligned} S_n(t) &= 2^n \int_{j_n/2^n}^{(j_n+1)/2^n} S_n(x)\mathrm{d}x \\ &= 2^n \int_{j_n/2^n}^{(j_n+1)/2^n} S_k(x)\mathrm{d}x, \quad k > n. \end{aligned}$$

令 $k \to \infty$，得

$$S_n(t) = 2^n \int_{j_n/2^n}^{(j_n+1)/2^n} f(x)\mathrm{d}x.$$

于是

$$|S_n(t) - f(t)| = \left|2^n \int_{j_n/2^n}^{(j_n+1)/2^n} (f(x) - f(t))\mathrm{d}x\right| \leqslant 2^n \int_{j_n/2^n}^{(j_n+1)/2^n} |f(x) - f(t)|\mathrm{d}x.$$

若 t 是 f 的 Lebesgue 点，则当 $n \to \infty$ 时，上式右端趋于 0. 所以 $S_n(t) \to f(t)$.

注：$\{\varphi_n\}_{n\geqslant 0}$ 在 $L^2[0,1]$ 中不完备. 例如，取 $f(x) = 1$, $0 \leqslant x \leqslant 1$，则对任意 $n \geqslant 0$，$\int_0^1 \varphi_n(x)f(x)\mathrm{d}x = \int_0^1 \varphi_n(x)\mathrm{d}x = 0$.

41. 由条件知在 $L^2[-\pi,\pi]$ 中收敛的意义下有

$$\begin{aligned} f(x) &= \sum_{n=1}^{\infty} a_n \cos nx + b_n \sin nx, \\ f'(x) &= \sum_{n=1}^{\infty} nb_n \cos nx - na_n \sin nx. \end{aligned}$$

于是

$$\|f\|_2^2 = \pi \sum_{n=1}^{\infty} (a_n^2 + b_n^2) \leqslant \pi \sum_{n=1}^{\infty} n^2(a_n^2 + b_n^2) = \|f'\|_2^2.$$

为使上述不等式变为等式，充要条件是当 $n \geqslant 2$ 时 $a_n = b_n = 0$. 所以 $f(x) = a_1 \cos x + b_1 \sin x$.

42. 令

$$S_n(x)=\sum_{k=1}^{n}\frac{1}{k}f_k(x),\quad g_N(x)=\sum_{n=1}^{N}|S_{(n+1)^2}(x)-S_{n^2}(x)|.$$

则

$$\|S_{(n+1)^2}-S_{n^2}\|_2^2\leqslant\sum_{k=n^2+1}^{(n+1)^2}\frac{C_1}{k^2}\leqslant\frac{C_2}{n^3}.$$

由 Minkowski 不等式,

$$\begin{aligned}\|g_{N_2}-g_{N_1}\|_2&=\left\|\sum_{n=N_1+1}^{N_2}|S_{(n+1)^2}(x)-S_{n^2}(x)|\right\|_2\\&\leqslant\sum_{n=N_1+1}^{N_2}\|S_{(n+1)^2}-S_{n^2}\|_2\\&\leqslant\sum_{n=N_1+1}^{N_2}\frac{C_2}{n^{3/2}}\to 0,\quad N_1,N_2\to\infty.\end{aligned}$$

因此, $\{g_N\}_{N\geqslant 1}$ 在 $L^2(E)$ 中收敛于 $g=\sum\limits_{n=1}^{\infty}|S_{(n+1)^2}(x)-S_{n^2}(x)|$. 从而

$$\sum_{n=1}^{\infty}|S_{(n+1)^2}(x)-S_{n^2}(x)|<\infty,\quad \text{a.e.}$$

于是

$$|S_{m^2}(x)-S_{n^2}(x)|\leqslant\sum_{k=n^2}^{m^2-1}|S_{(k+1)^2}(x)-S_{k^2}(x)|\to 0,\quad \text{a.e.}$$

从而 $\{S_{n^2}(x)\}_{n\geqslant 1}$ 在 E 上几乎处处收敛于 $f(x)=\sum\limits_{k=1}^{\infty}\frac{1}{k}f_k(x)$.

当 $n^2<p<(n+1)^2$ 时, 我们有

$$|S_p(x)-S_{n^2}(x)|\leqslant\sum_{k=n^2+1}^{(n+1)^2}\frac{M}{k}\leqslant\frac{M(2n+1)}{n^2}\to 0.$$

于是,

$$|f(x)-S_p(x)|\leqslant|f(x)-S_{n^2}(x)|+|S_{n^2}(x)-S_p(x)|\to 0,\quad \text{a.e.}$$

43. (i) 必要性. 设 $F(x)=\int_a^x f(t)\mathrm{d}t$, 其中 $f\in L^p[a,b]$. 设 $\frac{1}{p}+\frac{1}{q}=1$. 则

$$|F(x_k)-F(x_{k-1})|\leqslant\int_{x_{k-1}}^{x_k}|f(t)|\mathrm{d}t\leqslant\left(\int_{x_{k-1}}^{x_k}|f(t)|^p\mathrm{d}t\right)^{1/p}\cdot(x_k-x_{k-1})^{1/q}.$$

于是

$$\sum_{k=1}^{n}\left|\frac{F(x_k)-F(x_{k-1})}{x_k-x_{k-1}}\right|^p(x_k-x_{k-1})\leqslant\sum_{k=1}^{n}\int_{x_{k-1}}^{x_k}|f(t)|^p\mathrm{d}t\leqslant\|f\|_p^p.$$

(ii) 充分性. 对任何 $[c,d]\subset[a,b]$, 令

$$Y_c^d(F)=\sup_{\{x_k\}\text{ 是 }[c,d]\text{ 上的网}}\left\{\sum_{k=1}^{n}\left|\frac{F(x_k)-F(x_{k-1})}{x_k-x_{k-1}}\right|^p(x_k-x_{k-1})\right\}.$$

则 $Y_a^x(F)$ 是 $[a,b]$ 上的单调有界非负函数, M 是它的一个界.

因为 $|z|^p$ 是下凸函数, 所以对任何 A_1, $A_2>0$, $A_1+A_2=1$ 及 b_1 和 b_2,

$$\left|\frac{b_1}{A_1}\right|^p\cdot A_1+\left|\frac{b_2}{A_2}\right|^p\cdot A_2\geqslant\left|\frac{b_1}{A_1}\cdot A_1+\frac{b_2}{A_2}\cdot A_2\right|^p=|b_1+b_2|^P.$$

即

$$|b_1+b_2|^P\leqslant|b_1|^pA_1^{1-p}+|b_2|^pA_2^{1-p},A_1>0,A_2>0,A_1+A_2=1.$$

特别地, 取 $A_1=\dfrac{a_1}{a_1+a_2},A_2=\dfrac{a_2}{a_1+a_2}$, 得

$$\left|\frac{b_1+b_2}{a_1+a_2}\right|^p(a_1+a_2)\leqslant\left|\frac{b_1}{a_1}\right|^pa_1+\left|\frac{b_2}{a_2}\right|^pa_2.$$

与定理 5.2.3 类似可证当 $x_1\leqslant x_2\leqslant x_3$ 时,

$$Y_{x_1}^{x_3}(F)=Y_{x_1}^{x_2}(F)+Y_{x_2}^{x_3}(F).$$

设 $\{(a_k,b_k)\}$ 是 $[a,b]$ 中有限个两两不相交的区间, 则

$$\begin{aligned}\sum|F(b_k)-F(a_k)|&=\sum\left(\left|\frac{F(b_k)-F(a_k)}{b_k-a_k}\right|(b_k-a_k)^{1/p}\right)\cdot(b_k-a_k)^{1/q}\\&\leqslant\left(\sum\left|\frac{F(b_k)-F(a_k)}{b_k-a_k}\right|^p(b_k-a_k)\right)^{1/p}\cdot\left(\sum(b_k-a_k)\right)^{1/q}\\&\leqslant M^{1/p}\cdot\left(\sum(b_k-a_k)\right)^{1/q}.\end{aligned}$$

所以 F 绝对连续, 从而可以表示为不定积分 $F(x)=\displaystyle\int_a^x f(t)\mathrm{d}t$, 其中 $f\in L[a,b]$. 对任何 $a\leqslant x_1<x_2\leqslant b$, 把上述 $\{(a_k,b_k)\}$ 看成 $[x_1,x_2]$ 上的一个网, 则上述不等式又说明 $T_{x_1}^{x_2}(F)\leqslant[Y_{x_1}^{x_2}(F)]^{1/p}\cdot(x_2-x_1)^{1/q}$. 从而

$$\left[\frac{1}{x_2-x_1}T_{x_1}^{x_2}(F)\right]^p\leqslant\frac{Y_{x_1}^{x_2}(F)}{x_2-x_1}=\frac{Y_a^{x_2}(F)-Y_a^{x_1}(F)}{x_2-x_1}.$$

又 $T_a^x(F)=\displaystyle\int_a^x|f(t)|\mathrm{d}t$, 所以 $\dfrac{\mathrm{d}}{\mathrm{d}x}T_a^x(F)=|f(x)|$, a.e. 上述不等式说明 $|f(x)|^p\leqslant\dfrac{\mathrm{d}}{\mathrm{d}x}Y_a^x(F)\in L([a,b])$. 故 $f\in L^p[a,b]$, 并且 $\displaystyle\int_a^b|f(x)|^p\leqslant\int_a^b[Y_a^x(F)]'\mathrm{d}x\leqslant Y_a^b(F)$.

44. 若不然, 则对任何 $g\in L^2(E)$, g 是 $\{f_k\}_{1\leqslant k\leqslant n}$ 的线性组合, 从而 $L^2(E)$ 的维数为 n. 现在 $m(E)>0$, 从而存在 E 的 $n+1$ 个两两不相交的正测度子集 $\{E_k\}_{1\leqslant k\leqslant n+1}$. 令 g_k 是 E_k 的特征函数. 则 $\{g_k\}_{1\leqslant k\leqslant n+1}$ 线性无关, 矛盾.

45. 为证结论成立，只需证明对任意有限线性无关组 $\{f_{n_k}\}_{1\leqslant k\leqslant p}$，存在某个 $f_{n_{p+1}}$，使 $\{f_{n_k}\}_{1\leqslant k\leqslant p+1}$ 也是线性无关组.

反证. 设对任何 $n > n_p$, f_n 是 $\{f_{n_k}\}_{1\leqslant k\leqslant p}$ 的线性组合, 从而也可表示为 $\{f_k\}_{1\leqslant k\leqslant n_p}$ 的线性组合. 令 $H = \left\{\sum_{k=1}^{n_p} \alpha_k f_k : \alpha_k \in \mathbf{R}\right\}$. 则 H 在 $L^2(E)$ 中稠密, H 的维数 $N < \infty$. 设 H 的标准正交基为 $\{e_k\}_{1\leqslant k\leqslant N}$. 则对任何 $g_n \in H$, 存在 $\alpha_k^{(n)}$ 使得

$$g_n = \sum_{k=1}^{N} \alpha_k^{(n)} e_k.$$

不难验证, $\{g_n\}$ 收敛当且仅当 $\{\alpha_k^{(n)}\}_{n\geqslant 1}$ 对每个 k 收敛, 从而极限仍在 H 中, 故 $H = L^2(E)$. 但由习题 6.44, $L^2(E)$ 是无限维空间, 矛盾.